A ficção equilibrista:
narrativa, cotidiano e política

PUC
RIO

Reitor
Pe. Josafá Carlos de Siqueira SJ

Vice-Reitor
Pe. Anderson Antônio Pedroso SJ

Vice-Reitor para Assuntos Acadêmicos
Prof. José Ricardo Bergmann

Vice-Reitor para Assuntos Administrativos
Prof. Ricardo Tanscheit

Vice-Reitor para Assuntos Comunitários
Prof. Augusto Luiz Duarte Lopes Sampaio

Vice-Reitor para Assuntos de Desenvolvimento
Prof. Sergio Bruni

Decanos
Prof. Júlio Cesar Valladão Diniz (CTCH)
Prof. Luiz Roberto A. Cunha (CCS)
Prof. Luiz Alencar Reis da Silva Mello (CTC)
Prof. Hilton Augusto Koch (CCBS)

Vera Lúcia Follain de Figueiredo

A ficção equilibrista: narrativa, cotidiano e política

Editora PUC RIO

Relicário

© Vera Lúcia Follain de Figueiredo, 2020

© Editora PUC-Rio
Rua Marquês de S. Vicente, 225, casa Editora PUC-Rio
Rio de Janeiro, RJ – 22451-900
Tel.: (21) 3527-1760/1838
www.puc-rio.br/editorapucrio | edpucrio@puc-rio.br

Conselho gestor: Augusto Sampaio, Danilo Marcondes, Felipe Gomberg, Hilton Augusto Koch, José Ricardo Bergmann, Júlio Diniz, Luiz Alencar Reis da Silva Mello, Luiz Roberto Cunha e Sergio Bruni

© Relicário Edições
Rua Machado, 155, casa 2, Colégio Batista
Belo Horizonte, MG – 31110-080
www.relicarioedicoes.com | contato@relicarioedicoes.com

Coordenação editorial: Maíra Nassif
Conselho editorial: Eduardo Horta Nassif Veras (UFTM), Ernani Chaves (UFPA), Guilherme Paoliello (UFOP), Gustavo Silveira Ribeiro (UFMG), Luiz Rohden (Unisinos), Marco Aurélio Werle (USP), Markus Schäffauer (Universität Hamburg), Patrícia Lavelle (PUC-Rio), Pedro Süssekind (UFF), Ricardo Barbosa (Uerj), Romero Freitas (UFOP), Virginia Figueiredo (UFMG)

Preparação de originais: Débora de Castro Barros
Revisão tipográfica: Cristina da Costa Pereira
Projeto gráfico de miolo: Regina Ferraz
Projeto gráfico de capa: Rodrigo Sommer

Dados Internacionais de Catalogação na Publicação (CIP)

Figueiredo, Vera Lúcia Follain de

A ficção equilibrista : narrativa, cotidiano e política / Vera Lúcia Follain de Figueiredo. – Rio de Janeiro : Ed. PUC-Rio ; Belo Horizonte, MG : Relicário, c2020.

240 p. ; 15,5 x 22,5 cm

Inclui bibliografia
ISBN (PUC-Rio): 978-65-991801-2-5
ISBN (Relicário Edições): 978-65-86279-16-0

1. Literatura comparada. 2. Literatura e sociedade. 3. Arte e literatura. 4. Política e literatura. 5. Ficção. 6. Narrativa (Retórica). I. Título.

CDD: 809

Elaborado por Sabrina Dias do Couto – CRB-7/6138
Divisão de Bibliotecas e Documentação – PUC-Rio

Para os meus netos, Luiz Henrique e Vinícius.
Para o Cláudio, sempre.

*Como fazer a história dos povos? De onde falar
a palavra dos sem-nome, a escritura dos sem-papéis,
o lugar dos sem-teto, a reivindicação dos sem-direitos,
a dignidade dos sem-imagens? Onde achar o arquivo
daqueles de quem não se quer consignar nada, daqueles
cuja memória mesma, às vezes, se quer matar?*

Didi-Huberman

Sumário

Introdução	11
1. Arte, mercado e estetização do cotidiano	15
2. Ficção e cultura de arquivo: rastros do passado no cotidiano banal	33
3. *Arábia*: o trabalho e o lugar político da escrita	51
4. A crítica das imagens técnicas e a nostalgia do mundo verdadeiro	65
5. A redenção da imagem: práticas literárias e exercícios do ver	81
6. Interseção dos campos artísticos na cultura multimídia: literatura expandida e escrita cinematográfica	97
7. O mal-estar da crítica: estética do uso e diluição das esferas de competência	121
8. Fábulas da vida obscura: imagens técnicas e anonimato	137
9. O intelectual e a partilha do espaço urbano na ficção cinematográfica	155
10. Figurações do outro no cinema brasileiro	171
11. Fronteiras físicas e simbólicas: cosmopolitismo e cidadania global	191
12. O gênero policial como máquina de narrar	207
13. Cotidiano e anonimato nas cidades: a enunciação peregrina de Rubem Fonseca	223

Introdução

A ficção equilibrista: narrativa, cotidiano e política reúne textos que contemplam questões situadas nas fronteiras entre áreas diversas do conhecimento. Assim, um dos temas centrais do livro, como o próprio título deixa entrever, diz respeito à valorização da esfera do cotidiano, tanto no campo teórico das humanidades quanto no campo da arte, decorrente da recusa dos fechamentos teleológicos e da crítica à racionalidade moderna, intensificadas ao longo dos três últimos decênios do século passado. Para pensar esse culto contemporâneo das pequenas e efêmeras intervenções, consideradas como outra via para a arte, isto é, como uma micropolítica capaz de conciliar a autonomia do objeto estético e a reapropriação do mundo comum, tomou-se como ponto de referência a relação entre arte e vida tal como proposta pelas vanguardas históricas no início do século XX. O propósito manifesto, em textos teóricos de diferentes autores, como Arthur Danto e François Jost, de estabelecer distinções entre a reivindicação do banal pela arte e a representação da banalidade em outros campos da produção cultural, como o do mercado de entretenimento, tangenciou a análise realizada.

A reflexão sobre a estética do pequeno, do cotidiano e do banal foi pontuada, entretanto, por outra questão presente em todo o livro, relativa ao estatuto da ficção na sociedade midiatizada. A partir da década de 1990, o reconhecimento das possibilidades subversivas da ficção foi cada vez mais restringido ao fato de permear os discursos tidos como documentais, abalando o regime de verdade que pressupõem. Além disso, quando os boatos proliferam nas redes sociais, colocando na ordem do dia o termo "pós-verdade" como expressão definidora de nosso tempo, afirmar a importância da ficção como instrumento crítico de transformação da sociedade tornou-se, no mínimo, uma tarefa delicada: não é por acaso o protagonismo que as diversas formas de documentalismo vêm assumindo na cena cultural.

Por esse viés, procurou-se verificar as soluções formais adotadas pela ficção literária e cinematográfica que se propõe como lugar de resistência: resistência ao pensamento hegemônico, aos imperativos da sociedade de consumo, à arbitrariedade do poder político e econômico, ao esquecimento. Que relação se estabelece, no âmbito das narrativas ficcionais latino-americanas contemporâneas, entre cotidiano e história na representação das tensões sociais? Como o vazio deixado pela ausência da dimensão do projeto afeta essas narrativas? Interrogou-se, assim, o campo da ficção, priorizando o modo como tem lidado com certo cerceamento do imaginário, decorrente da vigência de um pensamento que, ao ditar os limites do possível na esfera política e econômica, impõe a descrença em caminhos alternativos.

A partir de tais indagações, a atenção voltou-se para as relações entre história, memória e poder na ficção latino-americana do século XXI. Romances como *O espírito dos meus pais continua a subir na chuva*, de Marcelo Pron, *O inventário das coisas ausentes*, de Carola Saavedra, e *A resistência*, de Julián Fuks, foram analisados com o objetivo de rastrear os recortes temáticos e os impasses formais enfrentados na representação do passado traumático das ditaduras militares por autores das gerações posteriores, cuja infância transcorreu durante os regimes totalitários. O livro *Relato de uma busca*, de Bernardo Kucinski, serviu de base para que se discutissem as tensões entre narrativa documental, ficção e ética. No campo cinematográfico, a reflexão sobre o lugar assumido pela ficção nas duas últimas décadas foi realizada, tendo-se como ponto de partida filmes como: *O clube*, de Pablo Larrain (Chile, 2015); *Los perros*, de Marcela Said (Chile, 2018); *Arábia*, de Affonso Uchôa e João Dumans (Brasil, 2018); *O invasor*, de Beto Brant (Brasil, 2002), baseado no romance de mesmo nome, de Marçal Aquino; *Hoje*, de Tata Amaral (Brasil, 2013), baseado no romance *Prova contrária*, de Fernando Bonassi.

Ao focalizar as implicações éticas e políticas da opção pela narrativa ficcional em tempos de hegemonia do documental, a questão da tecnologia digital tornou-se incontornável. As possibilidades oferecidas pelos novos meios tecnológicos de produção e armazenamento de imagens, em expansão desde o surgimento da fotografia, estão, sem dúvida, relacionadas com a importância crescente conferida ao arquivo no campo da arte e da filosofia. Acentuando-se uma tendência já presente desde o início do século passado, a coleta de objetos, textos, registros fotográficos ou audiovisuais, como também a montagem reunindo materiais de procedências diversas têm ocupado, nos dias de hoje, uma posição medular, chegando-se a falar do "arquivo como obra de arte" (Osthoff, 2009) e até do fim da narrativa (Manovich, 2006). O impacto desse "impulso de arquivo" (Foster, 2016) no paradigma estético centrado no trabalho formal do artista, que, durante longo tempo, orientou a crítica da arte moderna, desviou o eixo da discussão para o papel da crítica literária na contemporaneidade, considerando-se, inclusive, a expansão, na internet, de vários sites dedicados à literatura, e o espaço, cada vez maior, conquistado pelos chamados *booktubers*.

Retomaram-se, então, em outra perspectiva, questões abordadas no livro anterior, *Narrativas migrantes: literatura, roteiro e cinema* (2010), como a interseção entre diferentes esferas da produção cultural e o trânsito das narrativas por vários meios e suportes na cultura digital. A opção por uma perspectiva interdisciplinar foi mantida em consonância com o propósito de ultrapassar separações rígidas entre campos artísticos e esferas da produção cultural midiática, cujas fronteiras se expandem cada vez mais, criando zonas de indistinção.

Os artigos reunidos em *A ficção equilibrista: narrativa, cotidiano e política*, resultantes de pesquisa realizada como bolsista do Conselho Nacional de Desenvolvimento Científico e Tecnológico (CNPq), são reescrituras de textos publicados em revistas especializadas e como capítulos de livros: os trabalhos iniciais foram atualizados, ampliados e, por vezes, reestruturados pela junção de dois ou mais textos.

Referências

FIGUEIREDO, Vera Lúcia Follain de. *Narrativas migrantes*: literatura, roteiro e cinema. Rio de Janeiro: Ed. PUC-Rio/7Letras, 2010.

FOSTER, Hal. El impulso de archivo. *Nimio*: Revista de la Cátedra Teoría de la Historia, n. 3, p. 102-125, set. 2016.

MANOVICH, Lev. *El lenguaje de los nuevos medios de comunicación*. Buenos Aires: Paidós, 2006.

OSTHOFF, Simone. *Performing the archive*: the transformation of the archive in contemporary art from repository of documents to art medium. Nova York: Atropos Press, 2009.

Arte, mercado e estetização do cotidiano

> *A arte comporta-se em relação ao seu Outro*
> *como um ímã num campo de limalha de ferro.*
>
> Theodor Adorno

Ao abordarem o processo de constituição do campo da arte na modernidade, teóricos contemporâneos como Pierre Bourdieu, Andreas Huyssen, Arthur Danto, Thomas Crow, Jacques Rancière, entre outros, têm priorizado as pressões exercidas pela expansão do mercado de bens culturais, considerando a luta contra a cultura mercantil de massa um fator concernente à própria configuração interna do campo, não simplesmente à sua história externa. Retomam, assim, a seu modo e com objetivos diversos, a ideia defendida por Adorno, em *Teoria estética*, de que a autonomia da arte não pode ser dissociada de seu oposto, a heteronomia, estabelecendo-se, entre esses polos, uma relação dialética pela qual cada obra de arte seria resultado de um equilíbrio momentâneo, isto é, a noção de arte não constituiria jamais um domínio definitivamente garantido (Adorno, 2012: 19).

O fato de a arte ter se consolidado como campo autônomo no mesmo momento em que as técnicas de reprodução se aperfeiçoavam e as próprias obras de arte começavam a se banalizar em objetos comerciais, surgindo uma arte industrial e uma indústria literária, vem sendo, então, relido à luz da progressiva hegemonia do mercado como grande mediador da esfera cultural na sociedade de consumo. Huyssen, por exemplo, volta-se para o passado para destacar a volátil relação entre arte e cultura de massa, na Europa do século XIX, afirmando que a evolução do primeiro modernismo, em Flaubert e Baudelaire, não pode ser entendida a partir da lógica da evolução da alta arte por si só (Huyssen, 1996: 7). O modernismo teria se constituído por uma estratégia de exclusão, ou seja, em função do medo de contaminação por seu outro: o ideal da autonomia seria uma forma de resistência à tentação sedutora da cultura de massa, optando-se pela abstenção do prazer de tentar agradar a um público mais amplo (Huyssen, 1996: 8). A cultura de massa constituiria, assim, o subtexto oculto do projeto modernista.

Já para Bourdieu, a representação da cultura como realidade superior, refratária às necessidades vulgares da economia, isto é, a ideologia da criação fundada na inspiração livre e desinteressada, foi uma construção romântica, que visava a fazer frente às tensões geradas pela máquina econômica. Em defesa de seu argumento, lembra o paradoxo que está na origem da arte moderna: dominada por instâncias exteriores de legitimidade durante toda a Idade Média e parte do Renascimento e, na França, pela vida da Corte durante toda a Idade Clássica, a atividade intelectual e artística só se liberou da tutela da aristocracia e da Igreja, de suas demandas éticas e estéticas, quando se constituiu "um público de consumidores virtuais cada vez mais estendido e diversificado socialmente, capaz de assegurar aos produtores de bens simbólicos condições mínimas de independência econômica e também um princípio de legitimação concorrente" (Bourdieu, 1974: 100). A instituição de um mercado da arte, ironicamente, ocorreu quando o artista passou a afirmar a irredutibilidade da arte ao status de simples mercadoria. A oposição entre liberdade criadora e mercado, ou seja, o desenvolvimento que produz a arte pela arte e a indústria cultural, teria por princípio, segundo o autor, os progressos da divisão do trabalho e a organização racional dos meios técnicos (Bourdieu, 1974: 117). A autonomia seria consequência da divisão dos saberes e da divisão do trabalho realizadas pela modernidade, e, nessa divisão, a arte permaneceu como produção individual, ficando fora da produção em série: a contaminação do modo de produção da arte pelo modo de produção da indústria colocaria em xeque a divisão dos campos.

Por outro viés, Thomas Crow, preocupado não tanto em destacar a oposição entre o campo da arte e o da indústria do entretenimento, mas em ressaltar o movimento recíproco entre eles, aponta as contradições da cultura mercantil, dividida entre inovação e estandardização, indagando:

Como entender a contínua implicação mútua entre arte moderna e os materiais da cultura inferior ou de massas? Desde seus começos, a vanguarda artística se descobriu, renovou ou reinventou a si mesma, identificando-se com formas de expressão e visualização marginais e não artísticas – formas improvisadas por outros grupos sociais a partir dos materiais degradados da produção capitalista. (Crow, 2002: 11, tradução nossa)

Designando como vanguardas artísticas (distintas das chamadas vanguardas históricas do início do século XX) o impressionismo e o neoimpressionismo, o autor lembra que *Olimpia*, de Manet, por exemplo, oferecia ao público desconcertado da classe média a economia pictórica do signo barato, o que o leva a perguntar: "Pode, por acaso, a invenção de Manet e Baudelaire de poderosos modelos de modernidade separar-se da imagem sedutora e nauseabunda que a cidade capitalista parecia estar criando para si mesma?" (Crow, 2002: 11, tradução nossa). Para ele, o descobrimento impressionista da pintura como um jogo sensual não pode ser dissociado dos novos espaços de prazer comercial, das práticas sociais emergentes de diversão das massas. Restos desse mundo apareceriam na colagem cubista e dadaísta, chegando à pintura e aos *happenings* de artistas mais recentes, como Andy Warhol:

> O cubismo afiançou seu caráter crítico por meio de um reaproveitamento, nos domínios reservados da arte superior, de produtos e protocolos dos estratos inferiores ainda mais exóticos. A iconografia da mesa de café e o cabaré barato identificam seu ambiente com notável precisão. A marca, exatamente reproduzida, da etiqueta de uma garrafa era, para Picasso e Braque, tão importante como havia sido para Manet em *Bar no Folies-Bergère*. (Crow, 2002: 34, tradução nossa)

A repetição desse padrão, isto é, a convocação de formas culturais inferiores pela alta arte com o objetivo de ultrapassar práticas estabelecidas já desgastadas, permitiria afirmar, de acordo com Crow, que tal procedimento é constitutivo da arte moderna, exercendo papel fundamental em sua trajetória, mesmo que pouco reconhecido pelos críticos: estes tenderiam a avaliar as alianças entre vanguarda e cultura de massa emergente sempre em termos negativos. Grande parte dos principais críticos de arte no século XX, entre eles Clement Greenberg, leu a relação entre modernismo e cultura de massa como um incessante repúdio. Segundo Greenberg, o *kitsch*, ao se ampliar, apropriava-se de expedientes, regras e temas da cultura superior – em busca de matérias-primas, a cultura de massa teria extraído da arte tradicional suas qualidades comercializáveis, deixando como único caminho para a autenticidade um contínuo estado de alerta diante do estereotipado. Dessa resistência teria derivado a necessidade modernista de interioridade, autorreflexão e fidelidade aos meios (Greenberg, 2001). Distanciando-se da visão de Greenberg, Thomas Crow afirma:

> Para aceitar as posturas de oposição da arte moderna, não faz falta supor que esta, de algum modo, transcendia a cultura mercantil; antes, poderia ser considerada como uma arte que explorou com fim crítico as contradições de "dentro de" e "entre" distintos setores da cultura. (Crow, 2002: 32, tradução nossa)

Observa ainda que os pintores impressionistas, ao rejeitarem o academicismo decadente, visaram a construir uma nova ordem pictórica, centrando-se na contemplação das paisagens urbanas, nas percepções visuais efêmeras, nos fenômenos óticos irrepresentáveis: gente apressada fazendo compras, apenas entrevista, confusão dos cafés, dos teatros, do *music hall*, em uma celebração do gesto e da cor. Para Crow, ao contrário do que comumente se pensa, a negação modernista, em seus momentos mais vigorosos, procederia de uma confusão produtiva dentro da hierarquia normal do prestígio cultural. O caráter fronteiriço da arte impressionista decorreria, indiretamente, da emancipação política das massas – esta teria dado lugar a uma busca paralela nas artes, redimidas, graças à política, de uma tradição autoritária: a de uma prática purificada.

Também Jacques Rancière (2011) refere-se à proximidade entre as coisas da arte e as coisas do mundo profano no início do século XIX, associando-a à política e ao avanço da democracia estética.

Assim, a literatura moderna, que embaralha as fronteiras entre arte e vida, fazendo com que todos os temas sejam equivalentes, abolindo a separação entre o prosaico e o poético, harmonizava-se, de acordo com o autor, com a promoção social e política dos seres ordinários, ao contrário das belas-letras e de suas divisões rígidas entre gêneros, inclusive entre literatura e história. Em consonância com o novo mundo surgido após a Revolução Francesa e a industrialização, a verdade, na literatura moderna, passa a ser apreendida pelos sentidos, pela percepção efêmera do indivíduo, e não pela tradição. Revoga-se a distinção entre os poucos homens que atuavam, que se dedicavam aos grandes projetos e afrontavam os golpes e contragolpes da fortuna, e a massa de homens cuja atividade estava circunscrita ao círculo da vida, aos meios para mantê-la e à sua reprodução (Rancière, 2011: 29). Trata-se, então, de colocar em cena a verdade dos anônimos, a vida dos homens comuns.

Os microacontecimentos, cotidianos entretanto, entrelaçavam-se aos grandes, em função da leitura sintomática da sociedade realizada pela hermenêutica literária do século XIX:

> Analisar as realidades prosaicas como fantasmagorias que dão testemunho da verdade oculta de uma sociedade, dizer a verdade da superfície viajando às profundidades e enunciando o texto social inconsciente que assim se decifra, esse modelo da leitura sintomática é uma invenção da própria literatura. (Rancière, 2011: 43)

Desdobrando esse argumento, Rancière faz questão de ressaltar que o princípio da teoria marxista segundo o qual a mercadoria é uma fantasmagoria, uma coisa de aparência muito simples, mas que em realidade revela-se como um nó de sutilezas metafísicas, decorreria diretamente da revolução literária, que se desviou da lógica das ações governadas por fins racionais, indo até o mundo dos significados ocultos na aparente banalidade: "a mercadoria marxista sai da loja balzaquiana", afirma, aludindo à variedade de objetos da loja de antiguidades, minuciosamente descrita pelo escritor no romance *La peau de chagrin* (Rancière, 2015a: 20).

A transfiguração da mercadoria em fetiche realizada pelo capitalismo, libertando os objetos da obrigação de serem úteis e promovendo seu valor de exposição, aproxima-os das obras de arte. Na vida moderna, ao tornar-se obsoleta, indisponível para o consumo diário, qualquer mercadoria ou artigo familiar fica disponível para a arte como objeto de "prazer desinteressado", sendo estetizada novamente de outra maneira. Haveria, assim, uma dialética na poética romântica da permeabilidade da arte e da vida: "ao tornar o que é comum extraordinário, torna o que é extraordinário comum também" (Rancière, 2015a: 19). Segundo Rancière, o perigo, nesse caso, não seria de que tudo se tornasse prosaico, mas de que tudo se tornasse artístico – que o processo de troca, de atravessar a fronteira, alcançasse um ponto em que o limite se tornaria completamente distorcido, em que nada, por mais prosaico que fosse, escapasse do domínio da arte (Rancière, 2005b: 40). Chamando a atenção para o recorrente embaralhamento dos limites entre a linguagem da arte e a da vida qualquer, observa:

> Não há nenhuma necessidade de imaginar uma ruptura "pós-moderna", que borre a fronteira que separava a grande arte das formas da cultura popular. A diluição das fronteiras é tão velha como a modernidade, mesma. O distanciamento brechtiano é evidentemente devedor das colagens surrealistas, que fizeram entrar no terreno da arte as mercadorias obsoletas das passagens parisienses ou as ilustrações dos semanários e catálogos passados de moda. (Rancière, 2005b: 37)

A entrada dos objetos banais no terreno da arte, a relação entre arte e produtos comercializáveis serão também objeto de estudo de Arthur Danto (2005a), em *A transfiguração do lugar-comum*. O impacto causado pela obra de Andy Warhol, nos anos 1960, levou-o a reformular todo o seu conceito de arte:

> Meu ponto de vista é que o inevitável vazio das definições de arte tradicionais provém do fato de que todas elas se basearam em aspectos que as caixas de Warhol tornaram irrelevantes para definições dessa natureza; quer dizer, as revoluções no mundo da arte deixaram as definições bem-intencionadas da arte sem quaisquer recursos em face do

arrojo das novas obras. Qualquer definição que pretenda sustentar-se precisa adquirir imunidades contra essas revoluções; eu gostaria de crer que depois das caixas de Brillo as possibilidades para isso realmente se encerraram e a história da arte chegou, de certa maneira, a um fim. (Danto, 2005a: 20)

Ao perguntar-se por que as embalagens de papelão de Andy Warhol eram arte, enquanto as embalagens comuns dos supermercados não o eram, dúvida que, para ele, tinha a forma de um problema filosófico, Danto acabou chegando à conclusão de que a condição de obra de arte era resultado da história e da teoria. O trabalho de Warhol só teria se tornado viável como arte quando o mundo da arte – o mundo das obras de arte – estava pronto para recebê-lo entre seus pares. O filósofo chega, por esse caminho, à ideia de uma estética do sentido, em detrimento de uma estética da forma. "Obras de arte são significados corporificados" (Danto, 2005a: 12), diz, acrescentando que o problema fundamental da filosofia da arte seria explicar como a obra relaciona-se com o objeto. O objeto estético não seria uma entidade platônica eternamente fixa, "uma incessante felicidade além do tempo, do espaço e da história, eternamente presente para a deslumbrada apreciação dos especialistas" (Danto, 2005a: 166). As qualidades estéticas da obra seriam função de sua própria identidade histórica; daí talvez a necessidade de rever completamente a avaliação de uma obra à luz das informações obtidas sobre ela: "é possível até mesmo que a obra não seja o que se pensava dela a partir de informações históricas erradas" (Danto, 2005a: 166), conclui. Os atos de Duchamp, que impunham certo distanciamento estético a objetos nada edificantes, apresentando-os como improváveis candidatos à fruição estética, seriam, para Danto, demonstrações práticas de que se pode descobrir alguma espécie de beleza onde menos se espera:

> Por ser dadaísta, Duchamp se opunha à concepção do Grande Artista como um herói cultural. Ele sentia que a adoração exagerada do artista levaria a consequências políticas desastrosas. Então adotou uma postura antiartística. Tinha desprezo pelo olhar, pelo toque, pela mão do

artista. Criação sem intervenção direta era um ideal dadaísta – daí os *ready-mades*. (Danto, 2005b)

Os deslocamentos operados por Duchamp apontavam também para o fato de que uma coisa podia ser arte, independentemente de ser bela, indicando que a beleza não era consubstancial ao conceito de arte. Passando ao largo das dificuldades da arte, ao longo do século XX, com relação à beleza, vista muitas vezes sob o estigma de ser um atrativo a serviço de implicações comerciais, correntes críticas, na atualidade, renegam o belo como qualidade estética, mas por razões opostas às que levaram as vanguardas a questioná-lo.

Teorias recentes no campo da cultura, buscando combater o que classificam como preconceito ocidental contra uma cosmética feminina, têm proposto uma revaloração de categorias relativas ao gosto que foram marginalizadas ou excluídas pelo paradigma estético moderno. Pretendem tanto reavaliar procedimentos, como o uso e o abuso do colorido, do decorativo, do ornamento de superfície, quanto estabelecer categorizações que deem conta do que consideram uma estética doméstica e cotidiana. Pesquisadoras como Rosalind Galt e Sianne Ngai, por exemplo, propõem revisões no campo da estética a partir da afirmação de categorias tidas como triviais – como "lindo", no caso da primeira, ou "fofo", para a segunda –, tomadas agora como alternativas às noções de belo e de sublime, que seriam tributárias da tradição filosófica platônica. Para Galt (2015: 42), argumentos feministas em prol do valor da superfície ou do detalhe e teorias *queer* da *drag* e do performativo constituem epistemologias antiprofundidade que servem de modelos para transformar regimes dominantes de valor. Como contraponto ao discurso da estética ocidental, associado ao poder predominantemente masculino e branco, ao medo patriarcal da "cultura de massa vista como mulher" (Huyssen, 1996: 28), propõe-se uma teoria estética do "pequeno", livre "das poderosas ressonâncias morais e políticas do belo e do sublime" (Ngai, 2015: 9). De acordo com essas vertentes críticas, "categorias do gosto menor" seriam mais apropriadas para a análise da crescente integração, ao longo do século XX, entre a produção estética e a produção das mercadorias em geral do que conceitos estéticos prestigiosos como belo e sublime.

Como se pode perceber, o principal alvo dessa crítica, realizada por defensores da estética do pequeno, não é a mercadorização da arte, mas o paradigma estético da modernidade, que, segundo essas correntes de pensamento, estaria associado ao ideal de pureza, à absolutização dos padrões de gosto das culturas dominantes e, consequentemente, a procedimentos elitistas de exclusão. Fruto do declínio dos grandes sonhos de emancipação do ser humano, da recusa contundente dos universais, tal ênfase na valorização do pequeno, no cotidiano como dimensão democrática por excelência da vida humana, imprime outro estatuto às relações entre obras de arte e objetos banais na contemporaneidade. Já não se trata da convocação das coisas comuns movida por uma leitura sintomática, por meio da qual a arte pretendia desentranhar o que estaria oculto nos objetos, buscando em cada um deles as marcas da história: ficou para trás o tempo em que o universo da realidade prosaica era percebido como um imenso tecido de signos no qual estaria escrita a história de uma sociedade. O cotidiano agora vale por si, pelo que está em sua superfície. É valorizado por ser, como diz Blanchot (2007: 241), a esfera na qual nada aconteceria, em oposição ao grande acontecimento histórico, ao universal, visto como suspeito por sufocar o particular. Contrariando o clamor sensacionalista das mídias, no cotidiano a existência transcorreria em sua espontaneidade e insignificância: valorizam-se justamente a platitude, a banalidade do dia a dia, o fato de que, nele, o homem mantém-se como que à revelia no anonimato humano.

A opção pelo pequeno, pelo corriqueiro, na arte contemporânea, pode ser vista, então, como uma tomada de posição contra a crença nos grandes projetos coletivos de transformação do mundo e, secundariamente, como uma opção moral contra a espetacularização operada pela mídia de massa: em um mundo pós-utópico, no qual o desejo de atuar na história declina, o artista empenha-se na epopeia do diminuto. Daí decorre que, desde a última década do século XX, vem ganhando proeminência, entre outras tendências, a ideia do criador como usuário: intervenções a partir de usos imprevistos de dados de arquivos e de objetos cotidianos pontuam a prática artística atual, servindo a objetivos diversos e assumindo características próprias. Termos relativamente recentes, como cultura do uso, poética dos procedimentos, usuário de formas, apontam para outra maneira de mesclar arte e vida, referindo-se à determinada vertente artística que, sem partilhar a crença no poder subversivo da arte, desposada pelas vanguardas, optou por interferir em situações já existentes, por redispor objetos e imagens que formam o mundo comum, reciclando materiais variados, como imagens, sons e textos. Diferentemente do gesto de Duchamp, entretanto, o uso de imagens e objetos disponíveis pelo usuário-artista não tem intenção provocadora; objetos triviais não são introduzidos nos museus para questionar o estatuto da obra de arte, tampouco se lança mão da mistura de heterogêneos com o objetivo de provocar o choque – procedimento presente desde o dadaísmo até as diversas formas de arte contestatória dos anos 1960. Na arte da pós-produção, noções como originalidade e criação são revistas: produtos culturais disponíveis ou obras realizadas por terceiros são apropriados, abolindo a distinção entre produção e consumo, criação e cópia, *ready-made* e obra original.

Essa poética dos procedimentos, da manipulação da matéria-prima por usuários produtores dá lugar, na esfera da literatura, à chamada escrita não criativa, isto é, a composição de textos a partir da costura de fragmentos de obras publicadas por outros autores, em um trabalho de reciclagem próximo ao das mixagens realizadas no campo da música. O poeta nova-iorquino laureado pelo MoMA, Kenneth Goldsmith, por exemplo, tem se caracterizado pelo deslocamento de grandes massas textuais: *Día* (2003), um livro de 900 páginas, reproduz em sua totalidade a massa textual contida no *New York Times* de 1º de setembro de 2000, anúncios incluídos. Segundo o autor em entrevista ao jornal *El País*, é difícil imaginar um volume que contenha um número maior de possibilidades: "Não falta nada.

Em *Día* há paixão, amor, guerra, ódio, triunfos, fracassos, assassinatos, luxúria" (Goldsmith, 2014).

Para Goldsmith, a poesia, hoje, adota formas inusitadas, havendo desde poetas que fazem películas que funcionam como poemas até poetas que transcrevem documentos legais: as palavras converteram-se em material plástico; os textos anteriores, em *ready-made*; e a literatura aproxima-se, por esse caminho, da arte conceitual. A opção pela poesia como confissão de um "eu lírico" ou como voz do sentimento é posta em xeque diante de obras que interagem com o novo ambiente tecnológico da cultura: uma cultura midiática, de *talk shows*, outdoors, publicidade, TV e também de computadores e redes de informação. Quando se pergunta a ele quem são os leitores de seus livros, Goldsmith responde:

> Eu não tenho leitores. Não se trata disso. Meus livros são aborrecidíssimos e lê-los seria uma experiência espantosa. Não se trata de ler, mas de pensar em coisas acerca das quais jamais pensamos. A medida do êxito de um livro assim é a quantidade de debate que gera: se escreveram resenhas, se comentaram nos blogs e se foram incluídos nos programas de cursos universitários. Não nos enganemos, nisso não há diferença em relação às grandes obras da vanguarda. Quem lê os *Cantos* de Pound ou o *Ulisses* de Joyce? São livros de que todo mundo fala, mas que praticamente ninguém lê. (Goldsmith, 2014)

Já na chamada arte relacional, surgida nos anos 1990, a ênfase recai sobre a criação de situações dirigidas a modificar nosso olhar e nossas atitudes diante do entorno coletivo: o objetivo dessas microssituações é criar laços entre indivíduos e suscitar modos de confrontação e de participação novos. Assim, em oposição à heterogeneidade radical do choque, teríamos, por exemplo, a prática de um artista como Pierre Huyghe, fazendo aparecer sobre um painel publicitário, em vez da publicidade esperada, a fotografia aumentada do lugar e seus usuários. A arte relacional, cujos propósitos estariam em consonância com a noção de "partilha do sensível", de Jacques Rancière, proporia, segundo o filósofo, em vez da revolução, formas modestas de micropolítica:

As práticas da arte *in situ*, o deslizamento do cinema nas formas espacializadas da instalação museística, as formas contemporâneas de espacialização da música ou as práticas atuais do teatro e da dança vão na mesma direção: a de uma desespecificação dos instrumentos, materiais ou dispositivos próprios das diferentes artes, a da convergência até a mesma ideia prática da arte como forma de ocupar um lugar no qual se redistribuem as relações entre os corpos, as imagens, os espaços e os tempos. (Rancière, 2005b: 13)

Não se trata, desse modo, de tomar distância em relação às mercadorias, mas de buscar novas formas de proximidade entre as pessoas, de instaurar novas formas de relações sociais – reage-se à falta de vínculos, não tanto ao excesso de mercadorias e de signos. Como diz Bourriaud (2009: 46), principal teórico dessa arte, também chamada de "arte colaborativa": "mediante pequenos serviços, o artista corrige as falhas do vínculo social". A frase de Bourriaud deixa entrever a ambiguidade entre função utilitária e função estética dos objetos subjacente à estética relacional. Afinado com o pensamento de Félix Guattari, em *A revolução molecular* (1981), o crítico francês acrescenta ainda:

> As utopias sociais e a esperança revolucionária deram lugar a microutopias cotidianas e a estratégias miméticas: qualquer posição crítica direta contra a sociedade é inútil, se baseada na ilusão de uma marginalidade hoje impossível, até mesmo reacionária. (Bourriaud, 2009: 44)

Para fazer frente ao fetichismo da mercadoria, que se instala com a perda da autoridade que derivava do valor de uso do objeto, com o esvaziamento de seu caráter material em prol das relações simbólicas que o envolvem, a arte das "microutopias", em algumas de suas vertentes, busca recuperar a relação entre arte e vida a partir de intervenções que constituem usos inesperados do espaço comum.

Assim, diante da crescente estetização do cotidiano nas sociedades ocidentais, a questão do vínculo entre objeto artístico e valor de uso tem sido repensada por ângulos diversos. Em uma sociedade em que as vitrines capturaram a contemplação e a cena originária da experiência estética expande-se cada vez mais para além do campo artístico ou da natureza, a dimensão do uso, que, em princípio, estava associada aos objetos comuns, é evocada no campo da arte, visando a dar conta das características assumidas pelo jogo de intercâmbio entre o mundo da arte e o da não arte na contemporaneidade. O uso é convocado, algumas vezes, para que se reafirme a importância do lúdico, do gratuito, contra o pragmatismo do mercado, reiterando-se o papel do jogo como libertador dos objetos, já defendido por Schiller; outras vezes, é convocado para que se postule o procedimento de apropriação como estratégia contra os novos matizes do fetichismo da mercadoria. A inoperatividade e a profanação, por exemplo, propostas por Agamben (2007), contemplam esses dois tipos de reação ao que o capitalismo de consumo teria consagrado, isto é, a mercadoria e seu fetiche no consumo. O filósofo italiano, retomando a tese do capitalismo como religião, esboçada por Walter Benjamin, considera que, na mercadoria, a separação faz parte da própria forma do objeto, que, oscilando entre valor de uso e valor de troca, transforma-se em fetiche inapreensível.

Nesse contexto, em que as coisas tornam-se sagradas, reverenciáveis por si mesmas, o grau de compromisso da arte pós-utópica com a resistência ao mundo instrumentalizado do consumo é variável, sendo, por vezes, minimizado por correntes artísticas e teóricas que privilegiam, sobretudo, a crítica do paradigma estético da modernidade, o qual, para essas correntes, estaria intrinsecamente ligado aos grandes projetos totalitários. Sempre se pode indagar, então, até que ponto o culto contemporâneo das pequenas e efêmeras intervenções constitui de fato outra via para a arte, uma micropolítica capaz de conciliar a autonomia do objeto estético e a reapropriação do mundo comum, sem perder sua capacidade crítica. Se a reivindicação do banal pela arte contemporânea já não serve para revelar enigmas e fantasias escondidos na realidade íntima da vida cotidiana, nem sequer para operar deslocamentos que irreverentemente ponham em xeque as fronteiras entre os circuitos da arte e dos objetos comuns, não correria o risco de se perder em meio aos espetáculos de banalidades que se exibem nos meios de comunicação de massa?

Da mesma forma, as intervenções de cunho social nos espaços públicos pela arte colaborativa não correriam também o risco de derivar para uma espécie de simulacro de sociabilidade, como apontaram alguns críticos, entre eles Jean Galard (1998)?

Para Agamben, Duchamp talvez tenha sido o primeiro a dar-se conta do beco sem saída em que a arte se meteu e, certamente, ao tomar um objeto qualquer e introduzi-lo no museu, não queria produzir uma obra de arte, mas desobstruir o caminhar da arte, fechada entre o museu e a mercadorização. Diz o filósofo:

> Vocês sabem: o que de fato aconteceu é que um conluio, infelizmente ainda ativo, de hábeis especuladores e de "vivos" transformou o *ready-made* em obra de arte. E a chamada arte contemporânea nada mais faz do que repetir o gesto de Duchamp, enchendo com não obras e performances a museus, que são meros organismos do mercado, destinados a acelerar a circulação de mercadorias, que, assim como o dinheiro, já alcançaram o estado de liquidez e querem ainda valer como obras. Esta é a contradição da arte contemporânea: abolir a obra e ao mesmo tempo estipular seu preço. (Agamben, 2012)

Apesar de considerar que o próprio da arte hoje é mostrar que não há verdadeiramente o próprio da arte, que a saída da arte contemporânea estaria exatamente na indeterminação de seus poderes e limites, Jacques Rancière, como Agamben, também se ressente da abolição da obra – definindo "obra" como "expressão da vontade criadora de um autor numa materialidade específica trabalhada por ele, erigida como original distinto de todas as suas reproduções" (Rancière, 2003). Em um pequeno texto, intitulado "Autor morto ou artista vivo demais?" – publicado na *Folha de S.Paulo* –, o filósofo argumenta que a abolição da obra, no entanto, não se confunde com a morte do autor, nem com o fim da propriedade. Ao contrário, com o fim da obra a ideia de propriedade se reforçaria. Entretanto, como a obra, descartada a originalidade, é resultado da combinação de elementos de outras obras preexistentes ou tornou-se conceito, o artista passa a ser proprietário de uma ideia, como o inventor detém a patente de seu invento:

A "Salle des Martin" [Sala dos Martin] de Bertrand Lavier expõe 50 pinturas executadas por autores de nome Martin. Nenhuma dessas pinturas desempenha mais o papel de obra original. A originalidade da obra passou para a ideia, imaterial nela mesma, dessa reunião. Qualquer acúmulo de materiais pode então tomar seu lugar, por exemplo o monte de papéis velhos, elemento de uma instalação de Damien Hirst, que um funcionário de museu londrino, preocupado com limpeza, lançou inoportunamente ao cesto de lixo. (Rancière, 2003: 3)

Chamando a atenção para o fato de que as relações entre o autor, o proprietário e a pessoa são extremamente complexas, o filósofo considera que o que se perde na arte contemporânea não é nem a personalidade do autor, nem a materialidade da obra, mas a obra como afirmação da singularidade absoluta da forma. Rancière, que, em outros textos, se posiciona a favor da indeterminação concernente à identidade mesma da arte, pois essa indeterminação poderia servir para perturbar a distribuição dos territórios e das competências características da ordem consensual, no artigo mencionado, contraditoriamente, não deixa de revelar certa nostalgia de um tempo em que funcionários da limpeza de um museu, em razão do esmero do trabalho do artista, da primazia concedida à forma, não teriam dúvidas diante de uma obra de arte, identificando-a com facilidade.

Cabe lembrar ainda que, com o abandono do sonho de transformação radical do mundo, não só a noção de obra é abalada, mas também o próprio imaginário que a modernidade criara em torno da figura do artista e que, de alguma forma, mantém-se presente na expectativa do público. Cético no que diz respeito à importância de seu papel na mudança da sociedade, o artista cada vez mais afasta-se daquela imagem composta pelos críticos, pelas biografias romanceadas e pela imprensa, de contestador do sistema econômico que o explora, de alguém que vive uma vida à margem das ambições materiais, pouco afeito às amarras profissionais e às ilusões da fama. Ao contrário, sai à luta pela conquista de visibilidade para sua obra e de sucesso comercial, dando entrevistas na mídia, criando perfis nas redes sociais, participando de feiras literárias, disputando espaço nas exposições e em outros eventos do tipo.

Esse é o caso, por exemplo, dos escritores que participam do *reality show Masterpiece*, que vai ao ar na emissora italiana RAI.[1] Na edição de 2016, a produção do programa recebeu originais de 5 mil escritores interessados em pleitear uma vaga. Pouco mais de 30 foram selecionados para disputar um contrato de publicação de seu romance de estreia pela tradicional editora Bompiani, que está no mercado editorial italiano há quase 90 anos. Os jurados do programa, produzido pela mesma empresa responsável por *American Idol*, são escritores italianos já consagrados por suas publicações. Os aspirantes a escritor têm de escrever, sob pressão dos jurados e do público, um texto em 30 minutos. Além disso, precisam cumprir algumas outras provas, como recitar trechos de seus livros e abordar o diretor de uma grande editora em um elevador para convencê-lo a ler um texto original. No fim de cada episódio do programa, um finalista é selecionado e grandes escritores italianos dão dicas de como escrever melhor. Segundo Lucas Alencar, redator da matéria sobre o *reality show* publicada na *Revista Galileu* (2016), boa parte dos críticos culturais da Itália criticaram o programa, considerando que vulgariza a literatura e indagando se o provável sucesso de vendas do livro do vencedor seria decorrente da qualidade do texto ou da exposição do autor diante das câmeras.

O programa da televisão italiana, ironicamente, permite-nos dizer que o sonho das vanguardas de aproximar literatura e vida cotidiana foi finalmente realizado: não pela arte, mas pelo mercado de entretenimento, embora ao preço de reduzir o texto literário à condição de simples mercadoria, submetida, como qualquer outra, à lógica do valor de troca e aos rigores da competitividade capitalista. O *reality show*, tradução midiática da estética do pequeno, do culto do cotidiano, preconizado por teóricos contemporâneos, apro-

---

[1] Devo essa informação à minha orientanda de mestrado na PUC-Rio, Helena Schoenau de Azevedo.

veita-se da aura que a literatura como instituição, de certa forma, ainda conserva, para atrair o público, enredando-o na dinâmica de um jogo prosaico cujas regras comandam a rotina dos escritores regidos pelo processo de concorrência para a publicação de suas obras. Como se pode concluir, já não se trata, hoje, de discutir a validade ou não da mistura de heterogêneos, que, afinal, é constitutiva do que a modernidade convencionou chamar de obra de arte, mas de questionar o modo como essa mistura é realizada a partir do momento em que os grandes ideais de emancipação do ser humano são revogados e, consequentemente, a utopia estética declina. Trata-se de pensar os rumos da arte contemporânea, tendo em vista o frágil equilíbrio entre resistência e negociação em um cenário em que o choque também se banalizou.

Referências

ADORNO, Theodor W. *Teoria estética*. Lisboa: Edições 70, 2012.
AGAMBEN, Giorgio. Deus não morreu. Ele tornou-se dinheiro. Entrevista concedida a Peppe Salvà. *Ragusa News*, 16 ago. 2012. Disponível em: <http://www.ihu.unisinos.br/>. Acesso em: 19 ago. 2014.
———. *Profanações*. São Paulo: Boitempo, 2007.
ALENCAR, Lucas. Na Itália, escritores disputam contrato com editora em reality show. *Revista Galileu*, 14 jan. 2016. Disponível em: <http://revistagalileu.globo.com/>. Acesso em: 20 jun. 2016.
BLANCHOT, Maurice. *A conversa infinita 2*: a experiência limite. São Paulo: Escuta, 2007.
BOURDIEU, Pierre. *A economia das trocas simbólicas*. São Paulo: Perspectiva, 1974.
BOURRIAUD, Nicolas. *Estética relacional*. São Paulo: Martins Fontes, 2009.
CROW, Thomas. *El arte moderno en la cultura de lo cotidiano*. Madri: Akal, 2002.
DANTO, Arthur C. *A transfiguração do lugar-comum*. São Paulo: Cosac Naify, 2005a.
———. A filosofia da arte. Entrevista concedida a Natasha Degen. *Novos Estudos Cebrap*, São Paulo, n. 73, nov. 2005b.
GALARD, Jean. Estetización de la vida: abolición o generalización del arte?. In: DALLAL, Alberto (Org.). *La abolición de la arte*. México: Unam,1998.
GALT, Rosalind. Lindo: teoria do cinema, estética e a história da imagem incômoda. *Revista Eco-Pós*, v. 18, n. 3, 2015.

GOLDSMITH, Kenneth. La vanguardia vive en internet. Entrevista concedida a Eduardo Lago. *El País*, 15 fev. 2014. Disponível em: <http://cultura.elpais.com>. Acesso em: 10 out. 2014.

GREENBERG, Clement. *Vanguarda e kitsch*. Rio de Janeiro: Zahar, 2001.

GUATTARI, Félix. *A revolução molecular*: pulsações políticas do desejo. São Paulo: Brasiliense, 1981.

HUYSSEN, Andreas. *Memórias do modernismo*. Rio de Janeiro: UFRJ, 1996.

NGAI, Sianne. Nossas categorias estéticas. *Revista Eco-Pós*, v. 18, n. 3, 2015.

RANCIÈRE, Jacques. *A partilha do sensível*: estética e política. São Paulo: Ed. 34, 2005a.

———. A revolução estética e seus resultados. *Projeto Revoluções*. 2011. Disponível em: <revolucoes.org.br>. Acesso em: 3 jun. 2015.

———. Autor morto ou artista vivo demais? *Folha de S.Paulo*, Caderno Mais!, 6 abr. 2003.

———. *Sobre políticas estéticas*. Barcelona: Museu d'Art Contemporani de Barcelona/Servei de Publicacions de la Universitat Autónoma de Barcelona, 2005b.

Ficção e cultura de arquivo:
rastros do passado no cotidiano banal

> *Pensamento, para mim, é exatamente isso: a coragem da desesperança. E isso não está na altura do otimismo?*
>
> Giorgio Agamben

Cada vez mais, assiste-se, nas esferas política e econômica, à vigência de um pensamento único, que dita os limites do possível, impondo a descrença em caminhos alternativos. A lista das impossibilidades decretadas funciona, como observou Rancière (2011: 75), como uma interdição: há ideias nas quais já não devemos acreditar, futuros que não podemos imaginar. Tal desapropriação da capacidade de sonhar, constituindo um cerceamento do imaginário, afeta a própria representação.

Não é por acaso que, a partir das duas últimas décadas do século passado, o reconhecimento das possibilidades subversivas da ficção foi cada vez mais restringido ao fato de permear os discursos tidos como documentais, abalando o regime de verdade que estes pressupõem. Na esteira da recusa dos fechamentos teleológicos e dos ilusionismos da cultura de mercado, o culto do inacabado, do imprevisto colocou sob suspeita o potencial subversivo das narrativas de ficção como criadoras de mundos imaginários que distendem os limites do possível. É notório, então, o protagonismo que vêm assumindo, na cena cultural contemporânea, os relatos identificados como não ficção, as diversas formas de documentalismo, que, no entanto, não deixam de lançar mão de procedimentos característicos das narrativas ficcionais. Assim, Michel Marie abre o prefácio que escreveu para o livro *Mas afinal... o que é mesmo um documentário?*, de Fernão Pessoa Ramos, com a seguinte afirmativa: "A hora do documentário finalmente chegou. Gênero marginal que atravessa toda [a] história do cinema, sempre apareceu como vítima da discriminação ideológica, que favorecia a ficção" (Marie, 2008: 11).

A ficção, que, nas narrativas latino-americanas do chamado realismo maravilhoso, por exemplo, assumia o protagonismo na proposta de uma desobediência epistêmica, voltada para a descolonização do pensamento, tornou-se, desse modo, coadjuvante dos discursos de base documental. Não se aposta nem na transparência dos testemunhos, nem no voo livre da ficção, mas no efeito desconstrutor das contaminações de um campo pelo outro, minando os lugares fixos – aposta-se no que se pode entrever por essas fissuras que comprometem as continuidades aparentes. A mediação dos dados de arquivo, muitas vezes, serve a este propósito: o trabalho criativo nas montagens tensiona a base documental, e esta, por sua vez, legitima a ficção.

Cartas, diários, registros fotográficos e audiovisuais – vestígios do passado deixados pelas gerações anteriores – são valorizados como parte de um acervo de material heterogêneo, disponível para remontagens, deslocamentos, reciclagens: procedimentos arquivísticos, facilitados pela tecnologia digital. Esta, segundo Lev Manovich (2006), amplia o espaço para objetos midiáticos que não contam histórias, que não têm início ou fim, nem qualquer desenvolvimento temático ou formal, ou outra coisa que possa organizar seus elementos em uma sequência. Em vez disso, o ambiente virtual é povoado por coleções de itens individualizados, nas quais cada um tem a mesma importância que qualquer outro. Diz o autor: "depois que o romance e, em seguida, o cinema, privilegiarem a narrativa como forma-chave da expressão cultural da era moderna, a era do computador introduz seu correlato – o banco de dados" (Manovich, 2006: 283).

Quando se perde a confiança nos fios condutores, quando o cotidiano constitui a medida de um agora que se resume à presença no mundo, o arquivo, tradicionalmente visto como um conjunto de documentos classificados e armazenados para determinado fim, considerado como mero depósito de documentos, conquista um novo lugar. Deixando de ser tomado como dispositivo inerte, repositório de dados de um passado fixo, como destacou o teórico russo, passa a ser valorizado por seu caráter aberto, lacunar, a partir do qual surgiriam novas escrituras.

A própria reelaboração filosófica da noção de arquivo lhe conferiu um lugar privilegiado no campo da história e da crítica de arte. Para Foucault, o arquivo desprende-se das continuidades, dissipa a identidade temporal na qual gostamos de nos apoiar para conjurar as rupturas da história, rompe o fio das teleologias transcendentais (Foucault, 2007: 147). Hal Foster fala de um "impulso de arquivo" na arte contemporânea: embora lembre que esse impulso não é novo, pois já estava presente, por exemplo, nas vanguardas históricas, considera que é uma tendência da arte a partir da década de 1990, na qual o artista se torna arquivista, colocando em relevo a natureza de todos os materiais de arquivo:

> Para Freud, o paranoico projeta significado em um mundo ominosamente esvaziado de significado (Freud gostava de insinuar que os filósofos sistemáticos são paranoicos em segredo). Poderia a arte de arquivo surgir, em um sentido similar, de um fracasso da memória cultural, de uma falha nas tradições produtivas? Por que outro motivo conectar tão fervorosamente, se as coisas não aparecem – em primeira instância – tão espantosamente desconectadas? (Foster, 2016: 102, tradução nossa)

Nesse contexto, marcado também pela precarização econômica e pela exclusão social promovidas pelo capitalismo globalizado, o número significativo de romances e filmes que, nas duas primeiras décadas do século XXI, trazem à tona memórias das ditaduras latino-americanas – memórias não oficiais, subterrâneas, lembranças dissidentes – permite-nos falar de um retorno da política ao campo das narrativas ficcionais. Em algumas dessas obras, personagens imersos em uma temporalidade atrelada ao presente e às circunstâncias particulares constroem seu próprio discurso de memória a partir de depoimentos alheios e de dados de arquivos. Em outras, a centralidade recai na permanência dos efeitos da violência estatal ao longo do tempo, na dimensão da perda irreparável e na continuidade dos silêncios cúmplices. Os laços entre passado, presente e futuro são reconfigurados, em uma leitura convergente da temporalidade, o que pode sugerir tanto a impossibilidade de libertar-se do peso do passado quanto a hipertrofia do presente, ou ainda a impossibilidade de imprimir sentido à história a partir dos dados disponíveis. Ao procurar fugir das convenções do realismo do século XIX, mas também da retórica altissonante das versões oficiais e dos clichês, das heroizações, da linguagem da indústria do espetáculo, essa vertente da ficção, a voltada para a releitura do passado, busca contornar o relato linear e direto dos fatos, dedica-se a focalizar as lacunas, o depois, enfim, a recolher e tentar articular rastros do passado que resistem à passagem do tempo.

Assim, um filme como *O clube* (Chile, 2015), de Pablo Larrain, antes de ser uma denúncia da pedofilia na Igreja católica, é uma obra sobre os acobertamentos, sobre a prática sedimentada, não só nas esferas do poder, mas também nas camadas intermediárias da sociedade, de encobrir os mais diferentes crimes, lançando mão da troca de favores, dos perdões mútuos que constituem uma rede inextricável, já que todos são, de uma forma ou de outra, culpados de alguma coisa – prática entranhada na própria dinâmica corporativa das instituições. É o esforço de calar crimes do passado que move o enredo de *O clube*.

Na casa isolada, mantida pela Igreja católica, convivem, inicialmente, quatro padres e uma governanta, cada um com o segredo de seus pecados, mas protegidos do mundo externo e, principalmente, de si mesmos pela vigilância recíproca. Esse equilíbrio é quebrado quando chega um novo padre, cujo passado é denunciado por um personagem de fora, vítima, em criança, de abusos sexuais praticados pelo sacerdote. A vítima, que não deixa de ser fascinada por seu algoz, acaba, no entanto, silenciada pelo jogo dos acobertamentos: apesar das conturbações geradas pela denúncia da pedofilia, ao cabo e ao fim nada muda. Vence o silêncio cúmplice, o mesmo que sustentou e ainda sustenta os desmandos de governos arbitrários na América Latina.

É também o silêncio cúmplice que sai vitorioso em outro longa-metragem chileno, mais recente, lançado em 2018: *Los perros*, de

Marcela Said (no Brasil, ganhou o título *Cachorros*). Situado anos após o fim da ditadura naquele país, o foco do filme recai sobre a vida em família de pessoas da elite econômica, cujos comportamentos cotidianos seguem determinado padrão ético, afinado com os valores que dão sustentação a regimes políticos opressivos: o que se confirma mesmo que alguns personagens declarem sua aversão às ditaduras, como o autoritário marido argentino da personagem principal, Mariana. O ambiente no qual Mariana se move transpira violência; tudo a seu redor exala desrespeito pelo outro e impunidade. Nesse quadro, a protagonista, que se manteve alheia às atrocidades cometidas pelo regime militar, vive um dia a dia vazio, até o momento em que o passado político do país invade seu cotidiano, causando-lhe alguns transtornos, que, no entanto, não chegarão a modificar radicalmente a rotina de Mariana, pois, após um breve período de indefinição, ela opta pelo esquecimento.

Instalados no presente, personagens da ficção contemporânea têm como horizonte a própria cotidianidade, que, no entanto, é assaltada pelo fantasma de um passado cujo sentido lhes escapa, já que percebido na perspectiva das circunstâncias individuais, isto é, a autorreferencialidade preside a constituição de uma memória que, afinal, é também coletiva. Em algumas narrativas, uma atmosfera nostálgica envolve os personagens, já que a opção pelo aqui e agora, visando à conquista da liberdade em relação aos dogmatismos ideológicos, revela-se, por vezes, insatisfatória: o caráter heroico da luta pelos ideais libertários empreendida pela geração anterior é contraposto pelos mais novos ao cotidiano repetitivo e previsível em que estão imersos, como se vê, por exemplo, no filme *A falta que nos move* (Brasil, 2009), de Cristiana Jatahí, ou em *O espírito dos meus pais continua a subir na chuva*, do argentino Marcelo Pron, no qual o filho de um ex-militante contra a ditadura declara:

> [...] mas depois pensei que eu não tinha realmente lutado, e que ninguém da minha geração tinha lutado; algo ou alguém já tinha nos infligido uma derrota, e nós enchíamos a cara ou tomávamos remédios ou desperdiçávamos nosso tempo de mil e uma maneiras tentando chegar

depressa a um final que talvez fosse indigno, mas com certeza libertador. (Pron, 2018: 36)

Nas duas primeiras décadas do século XXI, surgem, então, narrativas nas quais se privilegia o olhar dos filhos daqueles indivíduos que, de uma forma ou de outra, opuseram-se à truculência das ditaduras latino-americanas da segunda metade do século XX. São obras em que o passado é evocado na ótica de personagens nascidos durante as ditaduras: personagens que, relendo os acontecimentos históricos a partir dos valores do presente, na chave do individualismo contemporâneo, não conseguem, pelo menos de imediato, atribuir sentido às ações movidas pelas aspirações utópicas dos antepassados. As motivações da luta tornam-se um enigma; daí o viés investigativo, limítrofe do gênero policial, que caracteriza alguns romances. A ficção encena, assim, a dificuldade, por parte das gerações que cresceram sob o signo da privatização da memória, de ultrapassar o hiato entre o desempenho dos pais no ambiente doméstico e a figura desprendida do herói que busca transformar o mundo. Cria-se um abismo entre cotidiano e história, como se vê na seguinte passagem de *O inventário das coisas ausentes*, de Saavedra (2014), em que os discursos do pai militante e do filho intercalam-se:

> Eu vivi a história deste país, a minha vida está atrelada a essa história. Eu fui jovem numa época em que a história de um homem era a história do seu país. Porque, ao contrário de agora, o homem não ficava escondido em seu quarto, debaixo da cama, atrás da mesinha, ou diante do computador, o homem não tinha medo de morrer, por isso mesmo também não tinha medo da vida. Vida e morte estavam interligadas, sempre estiveram. O homem velho faz seu discurso, o homem velho se repete, ele, o herói, ele Gêngis Khan, ele Mao Tsé-Tung, ele, o cavalo branco de Napoleão. (Saavedra, 2014: 92)

Ou ainda nesta outra passagem:

> Não me interessa a sua coragem, não me interessa o seu heroísmo, suas condecorações, simplesmente não me interessa, eu penso, mas não digo nada. O meu pai é um homem ético, diziam as pessoas, o seu pai é um

homem fiel aos seus ideais, o seu pai é um grande homem, o seu pai é insubstituível. Eu não me importo. O meu pai é um velho encurvado. (Saavedra, 2014: 79)

Nos trechos citados, evidencia-se o distanciamento intergeracional que bloqueia a possibilidade de diálogo, impedindo a troca de experiências que fertilizaria o presente e manteria viva a memória do passado. Aliás, em *O inventário das coisas ausentes*, coloca-se em pauta a questão sobre o que fazer com os registros do passado, com o legado material e cultural que se acumula no presente: nessa obra de Carola Saavedra, os rastros materiais do passado, os arquivos tornam-se um fardo pesado de carregar, até mesmo porque, se alguns têm a compulsão de arquivar, os que recebem os arquivos não se dispõem a inventariá-los, a desbravá-los, não creem que os documentos possam interessar a alguém que não seja àquele que os acumulou.

Já em romances como *A resistência*, de Julián Fuks, ou *O espírito dos meus pais continua a subir na chuva*, de Marcelo Pron, ambos com forte base biográfica, os filhos propõem-se decifrar o passado dos pais que se posicionaram contra a ditadura argentina instaurada em 1976. Trata-se da memória construída pelos filhos, que se colocam como detetives a investigar a vida dos pais ainda vivos: "Os filhos são os detetives que os pais lançam no mundo para que um dia retornem e contem a eles sua história e, assim, eles mesmos possam compreendê-las", diz o narrador do romance de Marcelo Pron. Nas duas obras mencionadas, as narrativas são perpassadas pela subjetividade dos filhos, que buscam, sobretudo, sua própria identidade: procuram compreender a trajetória dos pais para poder saber quem eles próprios são, qual lugar ocupam na história, que papel lhes foi reservado, como se vê em *A resistência*:

> Agora penso nessas armas e não entendo a euforia que sinto, a vaidade que me acomete, como se a biografia do meu pai em mim se investisse: sou o filho orgulhoso de um guerrilheiro de esquerda e isso em parte me justifica, isso redime minha própria inércia, isso me insere precariamente numa linhagem de inconformistas. (Fuks, 2015: 38)

Examinando documentos, jornais antigos, cartas, fotografias, registrando depoimentos, dados soltos de arquivos familiares, os filhos tentam recompor o passado dos pais, como se juntassem peças de um quebra-cabeça, tentando imprimir uma ordem aos materiais heterogêneos. Buscam reconstituir histórias alheias, partindo de uma investigação pessoal: não contam a história como lhes foi contada, não a repassam como foi registrada na memória dos pais, não endossam uma verdade colocada de antemão. Assim, a seu jeito, uma nova geração de narradores insere-se em uma tradição de relatos orais ou escritos, ficcionais ou documentais sobre o passado sombrio de países da América do Sul. No entanto, essas narrativas, catalogadas como romances, atravessadas pelo senso crítico dos narradores-investigadores que empreendem uma busca deliberada, individual do passado, acabam por aproximar-se mais da historiografia do que dos relatos de memória, remetendo-nos à seguinte observação de Pierre Nora (1993: 14): "Tudo o que é chamado hoje de memória não é, portanto, memória, mas já história. Tudo o que é chamado de clarão de memória é a finalização de seu desaparecimento no fogo da história. A necessidade de memória é uma necessidade da história."

Para o historiador francês, haveria uma grande diferença entre a memória verdadeira e a memória transformada em história, que é quase o contrário da primeira, pois é voluntária e vivida como um dever e não espontânea: é psicológica e subjetiva, e não social, coletiva, englobadora. O fim da memória verdadeira abriria espaço para a memória arquivística, que se apoia no mais material dos vestígios, no mais concreto da gravação, no mais visível da imagem: quanto menos "a memória é vivida do interior, mais ela tem necessidade de suportes exteriores e de referências tangíveis de uma existência que só vive através delas" (Nora, 1993: 14). Inaugura-se, consequentemente, um novo regime de memória, assunto de agora em diante privado: "A psicologização integral da memória contemporânea levou a uma economia singularmente nova da identidade do eu, dos mecanismos da memória e da relação com o passado" (Nora, 1993: 18).

O método de reconstituição do passado dos narradores dos romances em questão, sempre em busca de provas, indícios concretos – para compor suas versões perpassadas pela subjetividade dos "filhos detetives dos pais" –, confirma as observações de Pierre Nora:

> Quando a memória não está mais em todo lugar, ela não estaria em lugar nenhum se uma consciência individual, numa decisão solitária, não decidisse dela se encarregar. Menos a memória é vivida coletivamente, mais ela tem necessidade de homens particulares que fazem de si mesmos homens-memória. (Nora, 1993: 18)

Daí o forte viés metalinguístico desses romances, em que os narradores indagam-se, a todo instante, como narrar a história dos pais, como representar os fatos vividos por eles à luz do presente, do cotidiano sem esperança dos próprios filhos. Assim, o personagem de *O espírito de meus pais continua a subir na chuva* pergunta:

> Como narrar o que aconteceu, se eles mesmos não conseguiram fazer isso; como contar uma experiência coletiva de forma individual; como explicar o que aconteceu com eles sem que pareça uma tentativa de transformá-los em protagonistas de uma história que é coletiva; e que lugar ocupar nessa história? (Pron, 2018: 135)

Tanto em *A resistência* quanto em *O espírito dos meus pais continua a subir na chuva* os narradores submetem os textos que escreveram à crítica dos pais, referindo-se a essas críticas no interior do próprio universo ficcional. Todo o esforço do ato de narrar visa a, desse modo, estabelecer um traço de união entre as duas gerações: em decorrência da quebra da relação de continuidade entre passado e presente, a grandeza da luta dos antepassados já não é extensiva aos mais novos. Progresso e decadência, os grandes temas de inteligibilidade da história desde os Tempos Modernos, expressavam bem, como destacou Nora, o culto à continuidade, a certeza de saber a quem e a que devíamos o fato de ser como somos. Foi esse elo que se perdeu; a ideia de uma origem que explica o que somos enfraqueceu:

> Da mesma forma que o futuro visível, previsível, manipulável, projeção do presente, tomou-se invisível, imprevisível, incontrolável; chegamos, simetricamente, da ideia de um passado visível a um passado invisível; de um passado coeso a um passado que vivemos como rompimento; de uma história que era procurada na continuidade de uma memória a uma memória que se projeta na descontinuidade de uma história. (Nora, 1993: 19)

Além dessas obras, que retornam ao passado pela perspectiva dos filhos dos militantes que enfrentaram as ditaduras militares, algumas narrativas concentram-se na continuidade do sofrimento provocado pela violência estatal, nas consequências tardias das ditaduras, na dor que não cessa: o passado não passa, surgindo como um espectro, isto é, assalta intempestivamente o presente dos personagens. Essa é a questão que atravessa obras como a novela *Prova contrária*, de Fernando Bonassi (2003), e o filme a que deu origem, intitulado *Hoje* (Brasil, 2013), dirigido por Tata Amaral.

O ponto de partida das duas obras é a Lei nº 9.140, sancionada em 1995, que reconhece como mortas as pessoas desaparecidas em razão de participação em atividades políticas no período de 1961 a 1979, prevendo-se a indenização dos familiares. Ou seja, a luta contra a ditadura vai ser tematizada a partir do reconhecimento tardio pelo Estado de sua própria responsabilidade nos crimes e a partir das mudanças na vida dos familiares, ocorridas com o recebimento das indenizações. Não se revisita aquele período histórico para encenar os atos heroicos dos militantes no contexto da repressão; recorre-se a uma situação mais prosaica: o destino dado, pelos parentes, ao dinheiro recebido do governo. No caso da personagem, a compra da casa própria. É o sonho da revolução revisto em tensão com o sonho da casa própria.

Livro e filme, entretanto, como os próprios títulos das obras já deixam entrever, tomam rumos diversos no que diz respeito ao tratamento dado à memória: mais precisamente, às lembranças traumáticas da violência da ditadura militar, instaurada em 1964 no Brasil. *Prova contrária* parte da lei mencionada, que lhe serve de epígrafe, para questionar essa morte por decreto, para apontar a insuficiência desse encerramento oficial da biografia dos militantes políticos, cujos restos mortais nunca foram encontrados, não ficando esclarecido em que circunstâncias foram presos, que destino foi dado a seus corpos, cabendo, portanto, sempre a esperança, mesmo contra todos os indícios negativos, de que alguém poderia estar vivo, foragido. O trabalho da memória vai desconstruir o fechamento artificial das histórias de vida dos militantes: o livro gira em torno de uma lacuna que não pode ser preenchida por determinações institucionais, que impede que se enterre o passado, que se siga em frente.

A vida nova com a casa própria, então, não se completa. A mulher acaba de mudar-se para o apartamento comprado com o dinheiro da indenização paga pelo governo após a oficialização da morte de seu companheiro. Está retirando objetos das caixas da mudança quando toca a campainha, ela abre a porta e se depara com o companheiro: daí o título *Prova contrária*. O que se seguirá depois deixará o leitor na mesma indefinição, na mesma incerteza partilhada pelas personagens quanto ao que terá ocorrido no passado, mantendo-se também a dúvida sobre a natureza desse retorno do homem, alimentada com a repetição da frase: "se tudo isto estiver acontecendo...". Pura emanação da memória ou não, a presença do ex-companheiro é incontornável. Fica evidente que, para a mulher, ele estará sempre ausente e sempre voltando. O diálogo entre eles é tecido por meras hipóteses quanto aos fatos que teriam gerado o desaparecimento do homem; os vazios não serão preenchidos, a trama não se esclarecerá. Trata-se de um diálogo amargo, permeado por frustrações, desconfianças e culpas jamais sanadas. Diz ela: "Primeiro me roubam a sua vida, depois você me rouba a sua morte" (Bonassi, 2003: 46).

Na novela, os apelos do cotidiano são confrontados com a força do passado. Toda recuperação do contexto político brasileiro da ditadura se dará por evocações do passado surgidas justo no momento em que se pretende, com o pagamento da indenização, dar por encerrada a dívida do Estado com os desaparecidos, embora sem investigação e punição dos autores dos crimes. Momento também em que o sonho que levou os personagens a lutar tornou-se obsoleto, cedendo espaço para outros tipos de sonhos, não tão grandiosos como o da revolução, mais modestos: a contiguidade dos dois documentos, o atestado de óbito e a escritura do apartamento, aponta para essa virada ideológica.

Prova contrária não heroifica os protagonistas, não prioriza cenas de violência física contra os militantes; concentra-se na dor prolongada da perda: perda no sentido pessoal e coletivo. O passado mantém-se vivo no cotidiano da mulher, por isso o tempo verbal dominante na narrativa é o presente, mesmo quando os personagens reportam-se ao que foi vivido durante a ditadura, como na seguinte fala do homem: "Alguém anota numa ficha. É a última vez que meu nome verdadeiro será escrito ao lado daqueles que inventei. Ninguém se preocupa com origem, nem com a preparação desse meu corpo. Sou enterrado em valas clandestinas. Desapareço" (Bonassi, 2003: 30).

Aliás, o tema da paralisação do tempo decorrente da instauração de governos totalitários será retomado em outra obra de Bonassi: "O incrível menino preso na fotografia", publicada em *Histórias extraordinárias*. A peça gira em torno de uma fotografia típica daquelas tiradas nos colégios até algumas décadas atrás, em que se via o estudante sentado a uma mesa, tendo ao fundo o mapa-múndi, ao lado a bandeira do Brasil e sobre a mesa uma placa registrando a série e o número da turma do aluno; no caso, lê-se: "6.A-13". No livro, as páginas de texto alternam-se com as ilustrações feitas pelo artista plástico e quadrinista Caeto – imagens que contrastam variações na aparência do menino (branco, negro, múmia, bebê, velho etc.) com a imobilidade da pose e do enquadramento na moldura. Através do monólogo do estudante de escola pública, que, nos anos 1970, acabou ficando para sempre preso na foto escolar, coloca-se em foco a experiência da temporalidade aos olhos de um garoto de 12 anos que teve a infância marcada pela ditadura militar. Tal imobilidade, no entanto, não detém o tempo cronológico. O menino sabe que envelhece, já tem 40 anos: o tempo cronológico não para, os mapas do fundo da foto tornaram-se obsoletos. O que se eterniza é só o instante da foto, o enquadramento em uma moldura:

> O fotógrafo queria controlar tudo controlando a nossa aparência efêmera. Além de compor esse cenário oficial, ele se sentia mal com a qualidade do sol que não vinha, não entrava no recinto, não preenchia a escuridão reinante em tudo, não surtia o efeito desejado. (Bonassi, 2005: 24)

Nessa passagem, a atitude do fotógrafo metaforiza a conduta do poder ditatorial, que busca deter as mudanças, deter o tempo, adiar o futuro. Então, tudo envelhece na imobilidade. O personagem, oriundo de uma escola da periferia urbana, indaga: "sair do álbum para quê?", e afirma: "o impasse é a melhor síntese do meu movimento" (Bonassi, 2005: 62). "O incrível menino preso na fotografia" encena, assim, a estagnação, a história interrompida ou inacabada do ponto de vista de um projeto de vida e de país. Tira partido do paradoxo temporal da fotografia, que marca o momento em que o presente se converte em recordação, mas conserva o aspecto de uma presença. O tempo da contemplação, da mirada de um álbum de retratos não é o mesmo da captação da imagem: a imagem presentifica o passado, sem deixar de envelhecer, instituindo outra inscrição na duração. Na foto do menino, o passado dura, envelhecendo. Diz ele: "Faz tempo que sou novo, aliás" (Bonassi, 2005: 52).

Também em *Prova contrária*, o tempo sucessivo cronológico não se detém – o dia esvai-se, caminhando para o anoitecer –, entrecortado pelo passado comum do casal e pelos passados possíveis vividos pelo homem após o desaparecimento. *Prova contrária* é uma novela sobre a impossibilidade de ressarcimento das vidas e dos ideais ceifados pela ditadura, sobre um passado que não foi enterrado, que retornará sempre como um insistente fantasma. A última frase do livro reitera a impossibilidade de esquecer, de recomeçar uma vida nova:

> O homem se ergue e apanha o maço de cigarros. Revira-o. Está vazio. Amassa-o, coloca-o diante da mulher. Em seguida apanha a arma aos pedaços. Junta-os. Encaixa-os. Guarda no bolso. Pega o telefone celular, a mala e sai.
> A mulher volta a ser inquieta. (Bonassi, 2003: 97)

Na novela de Bonassi, a memória, mantendo vivo o companheiro, é prova contrária, isto é, contrapõe-se à lei que atesta sua morte. Já no filme *Hoje*, temos uma narrativa de superação: os anacronismos estão lá para serem vencidos. Partindo de outro ponto de vista, movida por questões relativas à sua própria biografia, Tata Amaral retrabalha o enredo da novela para imprimir à trajetória da personagem feminina um sentido diferente do que o livro lhe conferiu. O filme defende o direito da personagem ao presente. A libertação não está nos sonhos revolucionários do passado, mas na conquista dos pequenos prazeres do presente: a champanha para festejar o apartamento próprio, o passeio no parque com a amiga e o cachorro. Conquista que o reconhecimento de culpas e a vitória sobre temores antigos vão tornar possível, permitindo a esconjuração definitiva dos fantasmas do passado. Enquanto o livro termina reiterando a permanente inquietação da mulher, porque o companheiro estará sempre, ao mesmo tempo, presente e ausente, a narrativa de Tata Amaral fecha-se com a confluência entre o tempo interior da mulher e o tempo da história oficial: ambos dão o militante por morto. É o que vemos na cena emblemática, no final do filme, em que o companheiro pergunta: "Quando você concluiu que eu estava morto?" E a mulher responde: "Hoje."

Como vimos, as obras de Bonassi e de Tata Amaral seguem um dos caminhos mais trilhados pela ficção na contemporaneidade, quando se propõe resgatar a história, isto é, a opção pelo pequeno, pelos rastros deixados no cotidiano banal. Mas a comparação entre elas, fugindo da velha discussão sobre a fidelidade na adaptação de obras literárias para o cinema, também nos permite assinalar que a primazia do cotidiano serve a diferentes tratamentos da temporalidade. Ao enfatizar a luta da personagem para conseguir viver o presente, o olhar lançado pelo filme afina-se com uma época marcada pelo declínio da esperança revolucionária, na qual as grandes utopias sociais cedem espaço para as chamadas microutopias cotidianas. Já a novela de Bonassi remete-nos a outra questão, central para a ficção nesses tempos pós-utópicos, isto é, como retrabalhar a dimensão histórica, como explorar a potência de realismo da imaginação para desempenhar um papel político de resistência ao esquecimento.

Essa questão atravessa também *Relato de uma busca*, de Bernardo Kucinsky, obra que gira em torno da dor da perda que permanece a vida inteira, contaminando os sobreviventes com o peso de uma culpa difusa, que, ao cabo e ao fim, é a culpa de ter sobrevivido. No caso de K., o personagem em busca da filha desaparecida, que foi torturada e morta pela ditadura, a família veio para o Brasil fugindo da perseguição aos judeus na Polônia, o que reitera a ideia de que o passado volta, ou melhor, não passa e, portanto, não há nenhuma história fechada a ser contada em retrospectiva. *Relato de uma busca*, como *Prova contrária*, gira em torno da presença do ausente, narrando o fracasso da luta de uma geração. Não por acaso, a primeira narrativa chama-se "As cartas à destinatária inexistente" e reporta-se ao fato de, vez por outra, o correio entregar no antigo endereço do narrador uma carta de banco destinada à irmã desaparecida há muitos anos, oferecendo um serviço financeiro. Diz o narrador:

> É como se as cartas tivessem a intenção oculta de impedir que sua memória na nossa memória descanse; como se além de nos haverem negado a terapia do luto, pela supressão do seu corpo morto, o carteiro fosse um *Dybbuk*, sua alma em desassossego, a nos apontar culpas e omissões. (Kucinsky, 2016: 14)

Composto como uma sequência de narrativas curtas, relativamente independentes, *Relato de uma busca* discute, em diversas passagens metalinguísticas, o papel da literatura diante de tragédias geradas pela violência estatal, como a da filha de K.: como narrar e em que língua narrar tais atrocidades? Por esse viés, a obra incorpora críticas que lhe poderiam ser feitas (ou que lhe foram feitas), incluídas no final do volume. Além disso, também em 2016, o autor publicou o livro *Os visitantes*, no qual personagens questionam a ética que presidiu a elaboração da obra anterior. Mas a maior crítica a *Relato de uma busca* é feita pelo protagonista, no interior do próprio universo ficcional, quando reflete sobre a dificuldade que está encontrando para escrever a história da busca pela filha:

> Aos poucos K. foi se dando conta de que havia um impedimento maior. Claro, as palavras sempre limitavam o que se queria dizer, mas não era esse o problema principal; seu bloqueio era moral, não era linguístico: estava errado fazer da tragédia de sua filha objeto de criação literária, nada podia estar mais errado. Envaidecer-se por escrever bonito sobre uma coisa tão feia. (Kucinsky, 2016: 114)

O livro que o leitor tem em mãos não é, então, o livro que seria escrito pelo pai, por aquele que trava a luta para encontrar a filha desaparecida: é o livro escrito pelo filho do personagem principal, pelo irmão da militante morta pela ditadura. A relação do autor com os acontecimentos narrados é, então, mais mediada. Além disso, *Relato de uma busca* não é um livro catalogado como pertencente ao gênero "memória",[2] mas como ficção, o que, no entanto, não o livra da cobrança ética própria dos relatos de testemunho. Bernardo Kucinsky incorpora essa cobrança no próprio universo ficcional, tirando partido do caráter fronteiriço da ficção contemporânea, que já não conta com a imunidade que a verdade estética lhe conferia.

Percebe-se, então, que a tendência mais geral das obras mencionadas – em diferença de várias ficções do século passado (ver, entre outros, o romance *Em câmera lenta*, de Renato Tapajós, ou o filme *Pra frente Brasil*, de Roberto Farias) – é evitar a narrativa direta da trajetória das vítimas do poder estatal, isto é, não se encenam como foram presas, como foram torturadas, como morreram. A ênfase recai na dor dos sobreviventes, na amargura decorrente do fracasso da luta, assim como na permanente e silenciosa cumplicidade de determinados segmentos da sociedade com os crimes. Se não há identificação com os "heróis" da história dos vencedores, também não se endossa a heroização dos vencidos. A atenção, muitas vezes, concentra-se naquilo que foi deixado à margem nas versões correntes, como

---

[2] Para a leitura de *Relato de uma busca* a partir de uma reflexão sobre o que se convencionou chamar de "literatura de testemunho", ver Bastazin e Friedman (2016).

os desdobramentos das práticas totalitárias no universo do cidadão comum, a continuidade das consequências das ditaduras para além de seu fim oficial, os apoios institucionais que receberam.

Jacques Rancière, em *O espectador emancipado*, observa que, passado o tempo da denúncia do paradigma modernista e do ceticismo dominante nos poderes subversivos da arte, manifesta-se, de formas diversas, uma vontade de repolitizar a arte (Rancière, 2012: 54). Também Jesús Martín-Barbero, no texto "Diversidade em convergência", afirma que, depois de quase 20 anos sofrendo "a perversão de ter a economia travestida de ciência pura e exata – atuando como única e inapelável protagonista" – assiste-se ao retorno da política ao primeiro plano da cena (Martín-Barbero, 2014: 3). Segundo o autor, suplantando a economia política, "a *macroeconomia* não só relegou a política a um lugar subalterno na tomada de decisões, mas também contribuiu enormemente em nossos países para o esvaziamento simbólico da política, isto é, a perda de sua capacidade de nos convocar e nos fazer sentir unidos" (Martín-Barbero, 2014: 3). Como sequela, dessa desmoralização da política, teríamos uma sensação de impotência individual e coletiva. Acrescenta, ainda, Martín-Barbero:

> É por tudo isso que o retorno da política oxigena o ambiente, alargando o horizonte não só da ação, mas do pensamento, que se viu também seriamente asfixiado pela aliança entre pensamento único e determinismo tecnológico. A política retorna com tudo o que ela comporta de inércias e vazios, mas também de esforços para recarregá-la de densidade simbólica e vislumbrar novos ângulos e narrativas, a partir dos quais pensá-la e contá-la. (Martín-Barbero, 2014: 17)

Na literatura e no cinema latino-americano contemporâneos, esse retorno da política, oxigenando o pensamento, tem oxigenado a ficção, que se coloca como resistência ao esquecimento, ao mesmo tempo que problematiza profundamente a representação. Opera-se um deslocamento na percepção do sensível: o presente deixa de ser experimentado apenas como o aqui e agora, resgatando-se nele o que Didi-Huberman chama de tempo fantasmal das sobrevivências, isto é, vêm à tona, além da presença-ausência dos desaparecidos, outras remanescências que, ao permanecerem encobertas, alimentam a continuidade do passado, constituindo um entrave às mudanças.

Referências

BASTAZIN, Vera; FRIEDMAN, Iris. K. – *relato de uma busca*, de Bernardo Kucinsky: ausência de memória na literatura de testemunho. *Arquivo Maaravi*: Revista Digital de Estudos Judaicos da UFMG, Belo Horizonte, v. 10, maio 2016.

BONASSI, Fernando. *Histórias extraordinárias*. São Paulo: Conrad, 2005.

———. *Prova contrária*. São Paulo: Objetiva, 2003.

FOSTER, Hal. El impulso de archivo. *Nimio*: Revista de la Cátedra Teoría de la Historia, n. 3, p. 102-125, set. 2016.

FOUCAULT, Michel. *A arqueologia do saber*. Rio de Janeiro: Forense Universitária, 2007.

FUKS, Julián. *A resistência*. São Paulo: Companhia das Letras, 2015.

KUCINSKY, Bernardo. *Relato de uma busca*. São Paulo: Companhia das Letras, 2016a.

———. *Os visitantes*. São Paulo: Companhia das Letras, 2016b.

MANOVICH, Lev. *El lenguaje de los nuevos medios de comunicación*. Buenos Aires: Paidós, 2006.

MARIE, Michel. Prefácio. In: RAMOS, Fernão Pessoa. *Mas afinal... o que é mesmo um documentário?* São Paulo: Senac, 2008. p. 11-12.

MARTÍN-BARBERO, Jesús. Diversidade em convergência. *MATRIZes*, São Paulo: USP, v. 8, n. 2, p. 15-33, jul./dez. 2014.

NORA, Pierre. Entre memória e história: a problemática dos lugares. *Projeto História*: Revista do Programa de Estudos Pós-Graduados em História e do Departamento de História, São Paulo: PUC-SP, n. 10, p. 3-22, 1993.

PRON, Marcelo. *O espírito dos meus pais continua a subir na chuva*. São Paulo: Todavia, 2018.

RANCIÈRE, Jacques. *O espectador emancipado*. São Paulo: Martins Fontes, 2012.

———. O tempo da emancipação já passou? In: SILVA, Rodrigo; NAZARÉ, Leonor (Org.). *A república por vir*: arte, política e pensamento. Lisboa: Calouste Gulbenkian, 2011. p. 73-100.

SAAVEDRA, Carola. *O inventário das coisas ausentes*. São Paulo: Companhia das Letras, 2014.

Arábia: o trabalho e o lugar político da escrita

> *Escrever é um gesto importante, porque não só articula como também produz aquele estado mental chamado consciência histórica.*
>
> Vilém Flusser

Entre as várias mortes vaticinadas pela modernidade tardia – todas anunciando o fim de certo período histórico pontuado pelos ideais emancipatórios – estão a do proletariado, a da luta de classes e a do próprio trabalho tal como vivenciado no capitalismo. Com o crescimento, na década de 1980, das políticas neoliberais, que propunham a flexibilização das leis trabalhistas, reduzindo a ação dos sindicatos, a tese do fim da luta de classes foi amplamente difundida e absorvida. A ideia de que o trabalho estaria perdendo sua centralidade e, consequentemente, de que a teoria das classes sociais de Marx não serviria mais como eixo analítico para apreender a dinâmica das sociedades capitalistas tornou-se, então, lugar-comum.

Como lembra Ricardo Antunes (2005), a problemática da crise da sociedade do trabalho foi abordada, nas duas últimas décadas do século passado, por vários teóricos. Habermas, por exemplo, em *Teoria do agir comunicativo*, livro cuja primeira edição é de 1981, critica a teoria de valor de Marx, considerando que as reais possibilidades emancipatórias não mais se encontram na esfera do trabalho. Claus Offe, no ensaio "Trabalho: a categoria-chave da sociologia?" (1989), argumenta que haveria um declínio na extensão em que o trabalho assalariado "participa" da vida dos indivíduos, envolvendo-os e moldando-os de formas distintas: a *descentralização* do trabalho com relação a outras esferas da vida determinaria seu confinamento às margens das biografias. Já André Gorz, em *Adeus ao proletariado*, publicado em 1982, cujo título já anuncia a tese defendida, afirma que o modo capitalista de produção estaria determinando o fim da classe operária tradicional e colocando em seu lugar uma não classe de não trabalhadores. Essa não classe seria "produto da decomposição da antiga sociedade fundada no trabalho, na dignidade, na valorização, na utilidade social, no desejo do trabalho" (Gorz, 1982: 88) e englobaria o conjunto dos indivíduos que se encontram expulsos da produção pelo processo de abolição do trabalho ou subempregados em suas capacidades pela automatização e pela informatização. A nova morfologia do trabalho, para usar a expressão de Antunes, reforçava, dessa maneira, as teses sobre a redução da importância do trabalho na construção da identidade dos indivíduos, afetando a própria representação do trabalhador na produção cultural.

A primeira câmera da história do cinema focalizou uma fábrica, mas, depois de cem anos, como observou Harun Farocki (2015: 195), pode-se dizer que a fábrica tem atraído pouco o cinema. O trabalho e o trabalhador acabaram ocupando um lugar secundário. A maioria dos filmes narra aquela parte da vida que está depois do trabalho. Na película de Lumière, de 1895, segundo o cineasta, pode-se ver que os trabalhadores esperavam formados atrás das portas e irrompiam até a saída, após receber o sinal do operador, mas, antes que a direção cinematográfica começasse a intervir para condensar a ação, já existia uma ordem industrial que sincronizava a vida dos indivíduos. Teria sido por essa ordem estabelecida que saíram em um momento determinado, e ali estavam as portas da fábrica para capturá-los como dentro de um marco:

> As portas da fábrica estruturam a formação dos operários e das operárias reunidos pela ordem do trabalho, e essa compressão produz a imagem de um proletariado. É evidente (é uma conclusão que se tira a partir do olhar) que os indivíduos que atravessam o portão têm em comum algo fundamental. A imagem aproxima-se muito do conceito, e por isso essa imagem converteu-se em uma figura retórica. (Farocki, 2015: 197, tradução nossa)

No entanto, diz Farocki, a aparência coletiva não dura muito. Os operários transformam-se em indivíduos nem bem cruzam o portão: essa é a parte de suas vidas que a maioria dos filmes de ficção recupera: "Se os trabalhadores não se reúnem para ir a uma manifestação depois de sair da fábrica, a imagem de sua existência proletária desintegra-se" (Farocki, 2015: 197, tradução nossa).

No campo cinematográfico brasileiro, o tema do trabalho esteve presente ao longo do tempo, ganhando protagonismo com a mobilização política operária em São Paulo, no final dos anos 1970. No momento das greves do ABC (1978-1980), vários cineastas voltaram suas câmeras para o registro documental e ficcional do trabalhador. No âmbito da ficção, que desejamos privilegiar aqui, surgiram filmes importantes, como *O homem que virou suco* (1980), de João Batista de Andrade, e *Eles não usam black-tie* (1981), de Leon Hirszman. Entretanto, no período entre meados dos anos 1980 e final da década de 1990, sintomaticamente, assiste-se ao declínio do tema do trabalho. Em documentários de entrevista de viés mais antropológico, são destacados outros aspectos da vida cotidiana dos personagens, sem que o trabalho assuma a função de pedra de toque da identidade pessoal e social, enquanto, na ficção, privilegia-se a encenação da violência de grupos marginalizados.

Não deixa, então, de surpreender o lançamento, na segunda década do século XXI, de um filme como *Arábia* (2017), de Affonso Uchôa e João Dumans, cujo personagem principal é o próprio trabalho, em diferentes modalidades, seja no espaço rural, seja no espaço urbano. Surgindo soberana em várias tomadas, a fábrica de alumínio, situada em Ouro Preto, ergue-se grandiosa, vista de fora, a distância, iluminando a noite e espalhando fumaça. Mas aparece também dentro da casa do personagem André (Murilo Caliari), na tosse do irmão menor, que não consegue dormir. Sua onipresença reafirma-se pela manhã na poeira acumulada na janela, de onde se pode contemplá-la. No início do longa, é ela, a fábrica, que assume o protagonismo, em detrimento da figura do operário. Sua imagem contrasta com a da natureza que ladeia a estrada e acompanha o personagem André na bicicleta, nas primeiras cenas do filme. Nesses minutos iniciais, a câmera dedica-se mais a mostrar, apresentando a fábrica que corrói a saúde dos habitantes, envenenando o ar que o lugarejo respira.

A narrativa propriamente dita salta dessa moldura a partir do momento em que André começa a ler o caderno deixado por Cristiano (Aristides de Souza), o operário que acaba de morrer: o título *Arábia* é, então, projetado na tela.

A partir desse ponto, assistiremos à história da vida de Cristiano, tal como escrita por ele em um caderno, mediada pela leitura de André. Entramos nos tempos póstumos da recuperação autobiográfica do passado e da leitura. O operário morto renasce para nós, espectadores, através do texto que escreveu, narrando a própria vida. A voz em *off* de Cristiano acompanhará as cenas do passado. Em *Arábia*, a conscientização do operário não vem de fora para dentro, como resultado de uma movimentação política dos trabalhadores; ela é conquistada, paulatinamente, no ato da escrita, que organiza a memória: narrando, Cristiano "toma gosto por pensar". E o estímulo para narrar vem do fato de ter comparecido a encontros do grupo de teatro da fábrica: raros momentos nos quais a partilha do sensível, que não lhe permite gastar seu tempo senão com o trabalho, é levemente alterada – remetendo-nos ao pensamento de Jacques Rancière (2005). Os encontros do grupo de teatro constituem uma breve suspensão do fluxo temporal imposto pelas máquinas, pelo ritmo do trabalho, criando a oportunidade para que o operário, por meio da escrita, experimente outras temporalidades, escapando do tempo hegemônico da dominação, que determina quem tem tempo e quem não tem, o que é atual e o que é passado.

Passando de um tipo de trabalho para outro, Cristiano vive a curto prazo, está sempre recomeçando. Em meio à grande solidão, o ato de narrar permite-lhe uma vitória, ínfima que seja, sobre a fragmentação e a efemeridade que o atual estágio do capitalismo impõe ao trabalhador. Nesse sentido, para Sennet (2009: 25), "é a dimensão do tempo do novo capitalismo, e não a transmissão de dados *high-tech*, os mercados de ação globais ou o livre comércio, que mais diretamente afeta a vida emocional das pessoas fora do local de trabalho". Diz, então, o sociólogo:

O que falta entre os polos opostos de experiência de deriva e afirmação estática é uma narrativa que organize essa conduta. As narrativas são mais simples que as crônicas dos fatos; dão forma ao movimento adiante do tempo, sugerindo motivos pelos quais tudo acontece, mostrando suas consequências. (Sennet, 2009: 31)

Ao registrar sua história no papel, o personagem imprime-lhe uma continuidade, descobre o fio condutor de seu percurso, concluindo que sua vida, guiada pelo desejo de trabalhar, foi um engano: tudo o que tinha era "o braço forte e a vontade de acordar cedo", diz ele. Na última noite na fábrica, que se apoderara de seu período de sono, mudando-o de turno, toma consciência do tempo que lhe foi roubado e convoca mentalmente os companheiros a resgatá-lo do domínio do capital. Em *Arábia*, a linearidade da escrita serve de base para a conscientização, estando associada ao domínio da lógica narrativa, que permite imprimir um sentido ao vivido. Estamos, desse modo, na contramão do culto atual das descontinuidades, das montagens disjuntivas, do elogio da sincronicidade das peças de arquivo, da reivindicação da imagem como centro por excelência do processo cognitivo, em detrimento da palavra. Como afirma Bourriaud:

> A heterocronia conforma o discreto selo de nosso tempo: as investigações que realizam os artistas se apoiam no auge do desenvolvimento das ferramentas informáticas de arquivo e de busca, com o fim de convocar e de pôr em copresença épocas e lugares os mais diversos. (Bourriaud, 2015: 95, tradução nossa)

No lugar da horizontalidade, do puro presente, em *Arábia*, resgata-se a verticalidade da história como instrumento de construção da identidade e de resistência política. A narrativa que ordena o caos do vivido não é vista como instrumento de opressão, mas como contraponto à pulverização da vida, ao desmantelamento dos projetos provocado pelo atual estágio da economia neoliberal. O ato de escrever a própria história é antídoto à amnésia que alimenta a resignação e o sentimento de impotência: por meio da escrita, o personagem imprime uma perspectiva temporal aos constantes deslocamentos espaciais decorrentes da busca de trabalho.

Em sua trajetória, Cristiano não se depara com manifestações políticas dos trabalhadores, não vive o impasse das greves, como ocorre com os personagens de *Eles não usam black-tie* ou de *O homem que virou suco*. Tem notícias da luta dos trabalhadores agrícolas em épocas anteriores pelos relatos que lhe chegam da atuação política do velho Barreto, que acabara de morrer. No filme, os movimentos dos operários organizados parecem estar em um passado muito longínquo, e até a referência a Lula e às greves do ABC ocorre como evocação de um tempo lendário, de uma era que teria findado. Nesse sentido, em resenha na *Revista Moviement*, Wallace Andrioli comenta:

> A morte de Barreto representa o fim simbólico de uma era na prática já sepultada, presente apenas no reconhecimento saudosista dos que o sucederam. O mesmo vale para Lula, protagonista dos filmes *Greve!*, *Linha de Montagem* e *ABC da Greve*, aqui reduzido a uma referência fugidia, espécie de mito distante, impossível de ser replicado pelos explorados do presente. (Andrioli, 2018)

O trabalho, em *Arábia*, suga o trabalhador, mata, pouco a pouco, as esperanças, e toda ascensão, toda melhoria, é ilusória, fugaz. Corrói também o corpo, consome a força vital. Se "proletário", no vocabulário jurídico da Roma Antiga, significava "o que tem filhos", o filho do operário, no filme, não vinga, acentuando-se a esterilidade que envolve tudo o que o cerca. A dureza da vida do trabalhador explorado reflete-se nos diálogos em que, resignadamente, em duas situações diferentes, a discussão gira em torno do que seria pior: a medida de valoração do que foi vivido não é o bom, o melhor, como seria de se esperar, mas sempre o pior. Na primeira situação, no ambiente rural, em uma conversa com o primo, o personagem, ao saber que vai dormir em um colchão colocado no chão de um depósito, conta que já dormiu jogado de tudo que é jeito, como no chão forrado com papelão, em uma cama de pedra, na cadeira de um sacolão e até em pé, quando estava na cadeia. O primo, então, diz que dormir em estrado de madeirite, chão de cimento é ruim, mas a pior coisa é dormir no chão gelado, porque dá doença. Na segunda situação, Cristiano e o caminhoneiro que o contrata para levar uma carga até Ipatinga trocam ideias sobre o que seria pior de carregar:

> A pior coisa do mundo para carregar é cimento. Cada quilo parece uma tonelada. Ou tem algo pior do que telha? Lenha é horrível. Tijolo e abóbora também. E porco vivo? Não tem nada pior que porco vivo. O sal queima a pele toda. Bom de carregar é ração pra peixe. Você vê aquele sacão gigante, vai pegar e é levinho. Ração de peixe é bom de carregar. Mas deixa o corpo fedendo. Batata é bom. Café, semente. Milho. Colchão de espuma.

O operário não deixa, no entanto, de relatar também seus poucos momentos de descanso, trazendo à tona aspectos da vida dos trabalhadores, que, apesar da alienação à qual são submetidos pela venda da força de trabalho, não foram totalmente sufocados: os raros momentos de lazer, como o passeio a um parque de diversões, as relações amorosas esparsas, o convívio com os amigos.

A narrativa fílmica encena o passado de Cristiano a partir da leitura do texto deixado por ele, ou seja, da entrada do operário no mundo da escritura. Quebra, desse modo, a hierarquia dos discursos: postula a igualdade poética ao apresentar a escrita do trabalhador, daquele que se supõe que viva apenas no mundo popular da oralidade. O filme de Uchôa e Dumans distancia-se, assim, da proposta dos documentários de inspiração antropológica, que se sustentava na valorização da presença, da narrativa oral como "palavra viva", como se pode observar, por exemplo, na obra de Eduardo Coutinho. Em *Arábia*, a imagem não se subordina ao texto; ao contrário, tira partido da fluidez da letra, que, desprendida da presença física do enunciador, pode cair nas mãos de qualquer um, circulando aleatoriamente, desafiando os lugares fixos. A política no filme – a tomada de consciência, ainda que solitária, da dominação – está associada ao deslocamento operado pela escrita:

> Platão destaca dois grandes modelos, duas grandes formas de existência e de efetividade sensível da palavra: o teatro e a escrita – que virão a ser

também formas de estruturação para o regime das artes em geral. Ora, tais formas revelam-se de saída comprometidas com um certo regime de política, um regime de deslegitimação das posições da palavra, de desregulação das partilhas do espaço e do tempo. (Rancière, 1995: 18)

A cena da leitura do texto do operário por André gera, assim, uma perturbação estética: o desclassificado filho do povo sai de sua condição para entrar em uma sociedade que não é a sua; entra na vida intelectual, na vida da letra e de seu espírito, à qual os filhos do povo não seriam destinados. O operário não fica preso ao universo da oralidade; o texto errante cai em mãos alheias e, a partir daí, circula, tornando visível a vida até então invisível do trabalhador. A prática da escrita opera, desse modo, um desvio na divisão consensual das esferas da cultura, assumindo o protagonismo político em *Arábia*. O corpo popular desencarnado, que sobrevive como manifestação de seu espírito através da escritura, desequilibra as regras de competência estabelecidas.[3] O mesmo movimento de desafio das competências acontece na composição da trilha sonora, composta de obras que remetem a tempos e culturas diversas, como "Blues run the game", de Jackson Frank, "Raízes", de Renato Teixeira, e "Três apitos", de Noel Rosa. Músicas como "Caminhoneiro", de Anair Tolentino, "Homem na estrada", de Mano Brown, e "Cowboy fora da lei", de Raul Seixas e Cláudio Roberto, além de "Marina", de Dorival Caymmi, cantadas no filme, quebram, pela mistura de padrões de gosto, as expectativas do público em relação ao repertório dos trabalhadores.

Embora no já mencionado *O homem que virou suco* a escrita também assuma um lugar de destaque na vida do personagem, serve,

---

[3] O papel político da escrita em *Arábia* opõe-se ao que é exercido em outro filme latino-americano recém-lançado: *Zama*, de Lucrécia Martel (2017, Argentina, Espanha, França, EUA, Holanda, Brasil, Portugal e México). Ambientado na América espanhola de 1790, a escrita, em *Zama*, assume papel fundamental como instrumento do poder instituído. As cartas enviadas à Corte e as respostas recebidas decidem destinos, por isso a escrita de um livro por um funcionário subalterno da Coroa, independentemente do conteúdo desse livro, deixa indignado o governador, sendo vista como grande ameaça pela autoridade local.

sobretudo, à contraposição entre trabalho alienado e trabalho criativo, autônomo. Recém-chegado a São Paulo, Deraldo é confundido com o operário Severino, nordestino que, em um ato de revolta, assassina o patrão a facadas. Sem documentos para comprovar sua identidade e perseguido pela polícia, fica impedido de expor seus poemas. Como Cristiano, em *Arábia*, exerce várias atividades para sobreviver, de servente a operário da construção civil. Ao contrário do sósia, que aceita o jogo do patrão, Deraldo é o poeta popular que se nega a vender sua força de trabalho para o capital: dedicando-se ao cordel, seus textos situam-se no limiar entre o mundo da escrita e o da cultura oral, sendo recitados em voz alta nas ruas da cidade. Aproxima-se, por esse viés, do que Sennet chama de espírito artesanal:

> Uma definição ampla do espírito artesanal poderia ser a seguinte: fazer bem uma coisa bem feita simplesmente pelo prazer ou pelo fato de a fazer bem. A autodisciplina e a autocrítica têm o seu lugar em todos os domínios do espírito artesanal; as normas são importantes e a busca de qualidade converte-se, idealmente, num fim em si mesmo. (Sennet, 2009: 77)

No longa de João Batista de Andrade, a cultura do migrante nordestino enfrenta a cultura das grandes cidades, desafia a modernidade capitalista dos grandes centros urbanos e afirma-se como lugar de resistência. Já no filme de Uchôa e Dumans, se o ato da escritura permite uma reapropriação parcial da dimensão do tempo, "o destino do peão que se imaginava sem história – até começar a escrever sobre ela e sobre si – é uma bifurcação entre a prisão e a morte, os dois únicos destinos certos", como observou Matheus Pichonelli em artigo publicado na revista *Carta Capital* (2018: 48). No caminho entre uma e outra estariam o cansaço e a exploração. Não há conciliação entre o homem e a engrenagem industrial que o devora. Com o trabalho atomizado e efêmero, não há também esperança de retomada da luta coletiva. É o que se vê na reflexão do operário no final do filme:

> Queria puxar meus colegas pelo braço. Dizer para eles que acordei, que enganaram a gente a vida toda. Estou cansado, quero ir para casa.

> Queria que todo mundo fosse para casa, queria que a gente abandonasse tudo. Deixasse as máquinas queimando, o óleo derramando [...]. E a gente ia estar em casa, tomando água, dormindo à tarde. [...] É por isso que eu queria chamar todo mundo – chamar os forneiros, os eletricistas, os soldadores, os encarregados, os homens e as mulheres e dizer no ouvido de cada um: vamos para casa. Somos só um bando de cavalos velhos. Mas eu sei que ninguém ia querer me ouvir, porque ninguém gosta de ouvir essas coisas.

A desolação que permeia esse discurso mental do personagem está presente, por outro viés, em *Lazzaro Felice* (Itália, 2018),[4] de Alice Rohrwacher. Na primeira parte do filme, Lazzaro, um rapaz caracterizado pela extrema ingenuidade e benevolência, vive em uma propriedade rural no interior da Itália, onde se cultiva o tabaco. Os empregados da fazenda, que pertence a certa marquesa Alfonsina de Luna, são submetidos, em plenos anos 1990, ao trabalho escravo: trabalham incansavelmente para pagar dívidas infindáveis. Lazzaro é explorado pelos patrões e pelos outros oprimidos. Serve a todos, sem jamais dizer não. Contemplando da janela os empregados em sua faina diária, diz, então, a marquesa:

> Os seres humanos são como animais. Libertá-los significa torná-los conscientes de sua condição de escravidão e destiná-los ao sofrimento. Agora, sofrem, mas não sabem. Veja ele [Lazzaro]. Eu os exploro e eles exploram aquele pobre homem. É uma reação em cadeia.

O personagem principal, vítima da crueldade das relações humanas no campo, morre, ressuscita (como o personagem bíblico que lhe dá nome) e reaparece na segunda parte do filme, reencontrando os membros de sua comunidade, que, agora, libertos pelo governo do regime de escravidão, moram nas periferias da cidade grande, em extrema pobreza, em um ambiente degradado: sobrevivem à base de pequenos golpes e roubos, já que não conseguem emprego. Lazzaro Felice transcende a morte e o tempo, sem se corromper, sem envelhe-

---

[4] *Lazzaro Felice* ganhou o prêmio de melhor roteiro no Festival de Cannes de 2018 e não foi exibido nos cinemas, mas pela Netflix.

cer, até que o capitalismo financeiro, representado por um banco, põe fim à sua trajetória. No entanto, a desolação que o filme passa não vem tanto de seu final trágico, mas da continuidade de Lazzaro no tempo, sem se transformar, sem jamais entender os mecanismos que o mantinham escravizado: eterno oprimido, sempre fiel aos antigos patrões, a ponto de desafiar o sistema para tentar resgatar o patrimônio da falsa nobreza a que servira. A desolação decorre de sua própria "santidade": do fato de ser um homem bom e, portanto, um ser inviável tanto no campo quanto na cidade. Se o lobo cansado e faminto que rondava a aldeia em que morava não o devora, porque sente nele um cheiro diferente – cheiro de homem bom –, os clientes do banco trucidam-no exatamente por sua estranheza.

O tratamento dado à temporalidade no filme, desviando-se do padrão realista, faz do protagonista uma alegoria do trabalhador explorado ao longo da história, conferindo à narrativa um tom de fábula,[5] afinado com as lendas bíblicas e folclóricas que povoam o imaginário popular. Lazzaro é o cavaleiro quixotesco que investe, tendo como arma um estilingue, contra o poder soberano do banco – que, na expressão da mulher do herdeiro decaído da marquesa, era "o grande monstro" que havia lhes tomado tudo, toda a riqueza.

Arábia dialoga também com outros filmes nacionais recentes – narrativas em que as políticas de identidades não se dissociam das políticas de classe, não se descolam do mundo do trabalho, obras nas quais se recuperam determinadas dimensões da vida dos trabalhadores pobres que foram se tornando invisíveis no campo ficcional, enquanto outras, como a delinquência, destacavam-se. Esse é o caso, por exemplo, de *Corpo elétrico* (Brasil, 2017), no qual é a relação livre

---

[5] Tal fuga do realismo está presente em outras obras cinematográficas recentes que tematizam o trabalho, como *Trabalhar cansa* (Brasil, 2011) e *Boas maneiras* (Brasil, 2018), ambos de Juliana Rojas e Marco Dutra. Nesses filmes, recorre-se ao gênero "filme de terror" para fazer uma crítica contundente das contradições sociais no país e dos impasses criados para o trabalhador pelo capitalismo neoliberal. Se *Lazzaro Felice* remete à metáfora bíblica do lobo na pele de cordeiro que ameaça o rebanho cristão, *Trabalhar cansa* e *Boas maneiras* aludem à lenda urbana do lobisomem.

com o corpo, com o desejo que se contrapõe à lógica capitalista: o operário resiste à completa alienação gastando o pouco tempo que lhe sobra com os prazeres que lhe são possíveis. Insurge-se contra o tempo homogêneo da dominação:

> Há um tempo "normal" que é o da dominação. Esta impõe seus ritmos, suas escansões do tempo, seus prazos. Fixa o ritmo do trabalho – e de sua ausência – o dos comícios eleitorais, como o da ordem de aquisição dos conhecimentos e dos diplomas. [...] E há também formas de distorcer este tempo homogêneo: em primeiro lugar, estão as maneiras imprevisíveis com que os agentes submetidos a essa temporalidade renegociam sua relação subjetiva com as escansões do tempo. (Rancière, 2010: 9)

No filme de Marcelo Caetano, a cena da saída da fábrica, citação de um momento emblemático dos primórdios do cinema – a *Saída dos operários da Fábrica Lumière* (1895) –, evoca a continuidade da exploração do trabalhador pelos donos dos meios de produção, mas em outra escala, colocando em primeiro plano as mudanças nos modos de resistência: no lugar da energia das multidões, do sonho da revolução, a energia dos corpos elétricos, movimentando-se em pequenos grupos, mobilizados em torno da sobrevivência cotidiana.

Referências

ANDRIOLI, Wallace. O operário no cinema brasileiro. *Revista Moviement*, 20 abr. 2018. Disponível em: <https://revistamoviement.net>. Acesso em: 16 jan. 2019.

ANTUNES, Ricardo. *O caracol e sua concha*: ensaios sobre a nova morfologia do trabalho. São Paulo: Boitempo, 2005.

BOURRIAUD, Nicolas. *La exforma*. Buenos Aires: Adrianda Hidalgo, 2015.

FAROCKI, Harun. *Desconfiar de las imágenes*. Buenos Aires: Caja Negra, 2015.

GORZ, André. *Adeus ao proletariado*: para além do socialismo. Rio de Janeiro: Forense, 1982.

HABERMAS, Jürgen. *Teoria do agir comunicativo*. São Paulo: Martins Fontes, 2012.

OFFE, Claus. Trabalho: a categoria-chave da sociologia? *Revista Brasileira de Ciências Sociais*, v. 4, n. 10, p. 6-20, jun. 1989.

PICHONELLI, Matheus. O operário em desconstrução do filme *Arábia*. *Carta Capital*, ano XXIII, n. 997, 17 abr. 2018.
RANCIÈRE, Jacques. *A partilha do sensível*: estética e política. São Paulo: Ed. 34, 2005.
———. *La noche de los proletarios*. Buenos Aires: Tinta Limón, 2010.
———. *Políticas da escrita*. São Paulo: Ed. 34, 1995.
SENNET, Richard. *A corrosão do caráter*. São Paulo: Record, 2009.

A crítica das imagens técnicas
e a nostalgia do mundo verdadeiro

> *Embora textos expliquem imagens a fim de rasgá-las, imagens são capazes de ilustrar textos, a fim de remagicizá-los. Graças a tal dialética, imaginação e conceituação que mutuamente se negam, vão mutuamente se reforçando.*
>
> Vilém Flusser

Em *A vida do espírito*, Hannah Arendt, a partir da releitura de textos de vários filósofos, como Platão, Kant, Nietzsche, Heidegger e Hegel, dedica-se a refletir sobre a atividade espiritual do pensar, entendida como busca de significado para a experiência, ou seja, não como busca da verdade ou do conhecimento científico. Destaca a relação que se estabelece, não só para o senso comum como também para os próprios filósofos, desde a Antiguidade, entre o pensar e o retirar-se da vida, já que implicaria o afastamento dos estímulos sensoriais, do mundo das aparências. O pensar sem propósito específico, ultrapassando a curiosidade natural despertada pelo simples estar aí do mundo e mesmo a sede de conhecimento, provocaria a perda da consciência da corporalidade. A metafísica conceberia um modo de vida ativo, que se dá em público, devotado às necessidades do próximo, e um modo de vida contemplativo – este constituiria o mais alto estado do espírito.

Para a autora, a hierarquização entre o sensorial e o suprassensorial teria deixado de vigorar, do que resultou a morte da metafísica e da filosofia, o fim da noção tão antiga quanto Parmênides de que "o que quer que não seja dado aos sentidos – Deus ou o Ser ou os Princípios e Causas, ou as Ideias – é mais real, mais verdadeiro e mais significativo do que aquilo que aparece, que não está além da percepção sensorial, acima do mundo dos sentidos" (Arendt, 2009: 25). Hannah Arendt ressalta que o que está morto não é apenas a localização de tais verdades eternas, mas também a própria distinção entre as duas esferas. Descartado o domínio do suprassensível, fica aniquilado seu oposto, o mundo das aparências tal como compreendido há séculos. Como disse Nietzsche (2000: 32): "Suprimimos o mundo verdadeiro: que mundo nos resta? O mundo das aparências, talvez? Mas não! Com o mundo verdadeiro, suprimimos também o aparente."

Essa situação apresentaria, para Arendt, duas faces. Haveria, por um lado, a vantagem de permitir olhar o passado com novos olhos, sem o fardo e a orientação de quaisquer tradições, e, assim, dispor da enorme riqueza de experiências brutas. Por outro, teríamos a dificuldade de lidar com o domínio do invisível, em função do descrédito em que caiu tudo o que não é visível, tangível, palpável, de forma que nos encontraríamos em perigo de perder o próprio passado junto com nossas tradições, já que a lembrança, a mais frequente e também a mais básica experiência do pensamento, está relacionada com as coisas ausentes, que desapareceram dos sentidos.

Pensar, atividade reflexiva e autodestrutiva em relação aos próprios resultados, segundo a filósofa alemã, torna presente aquilo que está ausente, dessensorializa os objetos sensíveis, por meio da faculdade da imaginação: "o que está perto e aparece diretamente aos nossos sentidos agora está distante; e o que se encontra distante está realmente presente" (Arendt, 2009: 104). Por esse viés, mesmo o simples contar o que aconteceu é uma operação precedida pela dessensorialização: "Em outras palavras: todo pensamento deriva da experiência, mas nenhuma experiência produz significado ou mesmo coerência sem passar pelas operações da imaginação e do pensamento" (Arendt, 2009: 106).

Apesar de não ser a percepção sensorial, mas a imaginação, que vem depois dela, que prepara os objetos de nosso pensamento, existiria uma relação entre o pensar e o sentido da visão, já que esta introduz o observador. Haveria, em primeiro lugar, o fato indiscutível de que nenhum outro sentido, além da visão, estabelece distância tão segura entre sujeito e objeto, ganhando-se, aí, o conceito de objetividade. A visão nos forneceria um múltiplo contemporâneo, enquanto todos os outros sentidos, especialmente a audição, construiriam suas unidades de percepção de um múltiplo a partir de uma sequência temporal de sensações:

> Enquanto a verdade, entendida em termos de audição, exige obediência, a verdade, em termos de visão[,] apoia-se no mesmo tipo de autoevidência poderosa que nos força a admitir a identidade de um objeto no momento em que está diante dos nossos olhos. (Arendt, 2009: 140)

A convicção dos filósofos gregos da superioridade do modo contemplativo indica que a distância nobre, colocada pelo pensamento, é tributária da distância instaurada pela visão. O termo filosófico "teoria" deriva do verbo *theoreo*, que significa ver, assistir como espectador, observando do exterior, de uma posição que implica a visão de algo oculto para aqueles que tomam parte no espetáculo e realizam-no. O pensar funda-se, desse modo, na descoberta de que só o espectador, e nunca o ator, pode conhecer e compreender o que quer que se ofereça como espetáculo. Embora se configure, pelo menos no Ocidente, como um discurso silencioso, tributário das palavras, o pensamento abstrato está associado, em certa medida, ao sentido da visão, o que explicaria a recorrência das metáforas como ponte entre as atividades espirituais interiores e o mundo das aparências.

Para Arendt, as falácias metafísicas, pouco convincentes para o leitor moderno, conteriam, no entanto, as únicas pistas que temos para descobrir o que significa o pensamento para aqueles que nele se engajam: apesar de ser uma falácia, a teoria dos dois mundos – o do verdadeiro ser e o das aparências – não teria sobrevivido durante séculos se não houvesse correspondido de maneira tão razoável a algumas experiências fundamentais do ser humano:

> A primazia da aparência, para todas as criaturas vivas perante as quais o mundo aparece sob a forma de um parece-me, é de grande relevância para o tópico com o qual vamos lidar – as atividades espirituais que nos distinguem das outras espécies animais. Pois, embora haja grandes

diferenças entre essas atividades, todas elas têm em comum uma retirada do mundo tal como ele nos aparece, e um movimento para trás em direção ao eu. (Arendt, 2009: 39)

Essa retirada do mundo não causaria, segundo a pensadora alemã, maiores problemas se fôssemos meros espectadores, criaturas divinas lançadas no mundo para cuidar dele, dele tirar proveito e com ele entreter-se, mas tendo ainda alguma outra região como *habitat* natural. Ocorre que somos do mundo, também somos aparências, tomamos parte no jogo do mundo. E tais características não se desvanecem quando nos engajamos em atividades espirituais.

As ideias desenvolvidas por Hannah Arendt em *A vida do espírito* visam a responder a indagações, já formuladas em obras anteriores da autora, sobre a prática do mal. Seu objetivo maior é verificar se a faculdade de pensar funcionaria como um mecanismo de garantia ética capaz de evitar o que chama de "banalidade do mal". Nesse sentido, quanto mais distante do exercício de pensar, mais suscetível ao mal estaria o ser humano, já que a capacidade de julgar bem e mal é produto da atividade de pensar. Para ela, a banalização do mal seria decorrente da falta de profundidade, da superficialidade em que se move o homem de massa, daí que procure resgatar a importância da contemplação e da distância, do retirar-se momentaneamente do mundo, para que se possam questionar as certezas estabelecidas.

A desconfiança diante da dimensão da superfície ressurgirá, em outro diapasão, em textos de diferentes autores que, ao problematizarem a ampliação do consumo de imagens técnicas, atualizam, por tortuosos caminhos, a teoria dos dois mundos. Esse retorno à dicotomia platônica, realizando-se, quase sempre, em um viés apocalíptico, resulta, entretanto, na diluição do viés político que orienta a abordagem de Hannah Arendt: as profecias catastróficas da perda do mundo "concreto" pela multiplicação das imagens, ao cabo e ao fim, eximem o ser humano da responsabilidade de pensar e de agir. A identificação do visual com o visível, elipsando o caráter de discurso da mensagem visual, gera o temor da dissolução do vínculo da imagem com a realidade e, por extensão, de qualquer vínculo de tudo o que é visível com a realidade. Daí decorre que se exija do visual que compartilhe a condição de referência e de prova que se atribui ao visível.

Assim, o pânico de um mundo de simulacros, manifestado por teóricos como Jean Baudrillard, redunda na condenação do próprio mecanismo da representação. Na direção contrária, o propósito de inverter a hierarquia consagrada pela metafísica por meio da afirmação do que ela rebaixou – o corpo, a percepção sensorial –, em detrimento das atividades do espírito, também atesta, ainda que pelo avesso, a não superação da oposição entre as esferas do sensível e do suprassensível. A rejeição da contemplação, considerada como mera passividade e negação da vida, incita a busca da ancoragem no particular contra todas as abstrações, não só as produzidas pela tecnologia como também as da tradição filosófica, deixando-se para a ciência a tarefa de desvendar as aparências.

Com a proliferação das imagens técnicas e a crescente absorção do tempo de lazer pelo entretenimento mercadológico, a contemplação foi colocada cada vez mais sob suspeita: a ideia de que esta poderia corresponder a um ato deliberado de abster-se das atividades, a uma não participação ativa, que abriria espaço para o pensamento – ideia que pontuou o pensamento filosófico ao longo do tempo –, perde prestígio. Consequentemente, a posição do espectador é desvalorizada, pois a passividade que a caracteriza, desestimulando o agir, em nada contribuiria para a atividade espiritual autônoma, gerando, ao contrário, o entorpecimento, a inconsciência. Tal é a tese de Guy Debord, para quem o espetáculo na sociedade capitalista corresponde a uma fabricação concreta da alienação:

> A alienação do espectador em favor do objeto contemplado (o que resulta de sua própria atividade inconsciente) se expressa assim: quanto mais ele contempla, menos vive; quanto mais aceita reconhecer-se nas imagens dominantes da necessidade, menos compreende sua própria existência e seu próprio desejo. Em relação ao homem que age, a exterioridade do espetáculo aparece no fato de seus próprios gestos já não

parecerem seus, mas de outro que os representa por ele. É por isso que o espectador não se sente em casa em lugar algum, pois o espetáculo está por toda parte. (Debord, 1997: 24)

Em *A sociedade do espetáculo*, contemplação e isolamento, que, na tradição filosófica, eram considerados condições indispensáveis para a atividade reflexiva, em função do afastamento do mundo das aparências, são avaliados como negação da vida pela afirmação da aparência, não em oposição a ela. Para Debord, a imagem, tendo se autonomizado, não é produto do pensamento que torna presente o invisível na busca de significado para as experiências vividas, mas confunde-se com a própria realidade, tomando seu lugar: "as imagens tornam-se seres reais e motivações eficientes de um comportamento hipnótico" (Debord, 1997: 18). O espetáculo seria, assim, o herdeiro de toda fraqueza do projeto filosófico ocidental, um modo de compreender a atividade dominado pelas categorias do ver. O autor considera a visão o sentido mais abstrato e mais sujeito à mistificação e, tomando o partido do fazer, da comunicação direta, rejeita as aparências mediadas pela racionalidade técnica: cópias de segundo grau que encobrem a esfera primeira do sensível. Sua teoria, embora se apresente como negação do projeto filosófico ocidental, mantém-se presa à divisão platônica, uma vez que condena o mundo das aparências em função de sua separação do mundo verdadeiro, que se definiria pelo agir, pela práxis histórica.

Reagindo à recorrente condenação do espetáculo, mas sem endossar o retorno às hierarquias da metafísica, Jacques Rancière, em *El espectador emancipado*, propõe-se defender, por outro ângulo, o valor da distância e da contemplação. Parte, então, do que chama de "paradoxo do espectador", isto é, não há teatro sem espectador, mas a história do teatro confunde-se com a condenação do lugar de espectador, considerado um *voyeur* passivo. Ser um espectador seria um mal por duas razões. Em primeiro lugar, olhar é o contrário de conhecer. O espectador permanece ante uma aparência, ignorando o processo de produção dessa aparência ou a realidade que ela recobre.

Em segundo lugar, é o contrário de atuar, é ser passivo. Ser espectador é estar separado ao mesmo tempo da capacidade de conhecer e do poder de atuar.

Em decorrência dessa crítica, concebe-se o projeto de outro teatro, no qual o participante ativo substituísse o espectador, um teatro que ensinasse a seus espectadores os meios para deixar de ser espectadores, convertendo-se em agentes de uma prática coletiva. Para Brecht, esse novo teatro seria constituído pela instauração da distância crítica que desperta o espectador de seu fascínio pela aparência, transformando-o em um investigador que observa os fenômenos e examina as causas. Para Artaud, o novo teatro aboliria a distância, arrastando o espectador ao círculo mágico da ação teatral, para que assumisse suas energias vitais.

De acordo com Rancière, o paradoxo do teatro retoma a proibição platônica segundo princípios que hoje conviria reexaminar, tais como a rede de equivalências e oposições que sustêm esse pensamento: equivalência entre olhar e passividade, exterioridade e separação, mediação e simulacro; oposições entre o coletivo e o individual, imagem e realidade, atividade e passividade, possessão de si mesmo e alienação. A partir daí, o filósofo francês volta-se para a questão da emancipação intelectual, por meio da relação pedagógica, para refletir sobre a distância entre o saber e a ignorância. Para ele, entre o mestre e o aluno, havendo a distância entre um maior e um menor saber, há, entretanto, a igualdade das inteligências. Esta não significaria a igualdade de valor de todas as manifestações da inteligência, mas a igualdade em si da inteligência em todas as manifestações. Seguindo essa linha de pensamento, é sempre a mesma inteligência – do ignorante que soletra signos ao douto que constrói hipóteses – que traduz signos para outros signos e que procede por comparações e figuras para comunicar suas aventuras intelectuais e compreender o que a outra inteligência empenha-se em comunicar-lhe.

A argumentação de Rancière visa a comprovar a ideia de que a distância não se constitui em um mal a abolir. Trata-se de combater a concepção de uma distância absoluta entre o que ensina e o que aprende, para afirmar aquela distância que é condição normal de toda comunicação:

> Toda distância é uma distância factual, e cada ato intelectual é um caminho traçado entre uma ignorância e um saber, um caminho que vai abolindo incessantemente, junto com suas fronteiras, toda fixidez e toda hierarquia de posições. (Rancière, 2010: 18, tradução nossa)

Não haveria, assim, um abismo que separa posições. O autor indaga, então, se, no caso do espectador de teatro, não é a vontade de suprimir a distância que criaria a distância. Indaga ainda se o que permite declarar inativo o espectador sentado em seu assento não seria a radical oposição previamente colocada entre o ativo e o passivo. Identificar olhar e passividade significa partir do pressuposto de que olhar é satisfazer-se com a aparência, ignorando a verdade que está atrás da imagem. Olhar e escutar seriam o oposto da ação. Tais oposições – olhar/saber, aparência/realidade, atividade/passividade – definiriam um modo de partilha do sensível, uma distribuição *a priori* de posições e de capacidades ligadas a essas posições que encarnam a desigualdade. Desse modo, desqualifica-se o espectador, porque não faz nada, enquanto os atores no cenário e os trabalhadores fora do teatro põem o corpo em ação:

> Porém, a oposição de ver e fazer inverte-se de imediato, quando alguém opõe a cegueira dos trabalhadores manuais e dos praticantes empíricos, submergidos no imediato e no pedestre, à larga perspectiva daqueles que contemplam as ideias, preveem o futuro ou adotam uma visão global de nosso mundo. (Rancière, 2010: 19, tradução nossa)

Olhar, para o teórico francês, é também uma ação que confirma ou que transforma essa distribuição de posições. O espectador também atuaria, como o aluno ou o douto: observa, seleciona, compara, interpreta.

Jacques Rancière contrapõe-se, desse modo, explicitamente, às teses de Guy Debord. Pretende superá-las, rejeitando as oposições que a norteiam, pois, ao cabo e ao fim, seriam as mesmas que serviram de base de sustentação para a metafísica ocidental, oscilando-se da defesa de um dos polos para a de outro. A superação se realizaria pelo reconhecimento de que os lugares não são fixos: todos somos, dependendo do momento, espectadores ou atores. História empírica e filosofia pura não constituiriam dois mundos separados – o das aparências e o da verdade oculta –; haveria apenas duas maneiras diferentes de contar uma história.

Trata-se, para o autor, de resgatar o valor da distância, livrando-a do peso das hierarquias tradicionais. Se não cabe menosprezar as experiências sensíveis em nome de algo mais nobre – a vida do espírito –, também não caberia negar importância ao pensamento solitário, que percorre distâncias e delas alimenta-se, tirando partido da exterioridade, que não significaria necessariamente alienação. A exterioridade, sendo condição para a busca de significado para o vivido, criaria também o diálogo pensante do eu consigo mesmo. Por meio desse diálogo, a diferença e a alteridade, características tão destacadas do mundo das aparências, constituem também as condições de existência do mundo mental do ser humano, como queria Hannah Arendt.

A diluição, proposta por Rancière, das rígidas fronteiras estabelecidas pela teoria dos dois mundos será realizada, segundo Vilém Flusser, pela tecnologia digital, embora desprovida do ideal político de combate à desigualdade na partilha do sensível. Ao compor o quadro da sociedade computadorizada do futuro, em *O universo das imagens técnicas: o elogio da superficialidade*, Flusser prevê a superação completa da oposição entre o sensível, o mundo das aparências, e o suprassensível. Para ele, o universo das imagens técnicas a ser habitado pelo homem do futuro excluirá perguntas do tipo: "são elas verdadeiras ou falsas? São elas autênticas ou artificiais? e sobretudo: o que significam?" (Flusser, 2008: 128). As imagens técnicas seriam sonhos que excluem toda a interpretação dos sonhos; ou seja, estaria surgindo um nível de consciência novo, em que a polarização ativo/passivo se tornaria desnecessária, abolindo-se também a distinção entre ser e parecer, real e aparente, público e privado. No lugar da busca de significado, teríamos a movimentação e a recombinação de peças na superfície, como um jogo de xadrez. A nova liberdade será a da deliberação no interior de um programa. Não se trata, entretanto, como em Debord, de imagens deliberadamente enganadoras, porque as tecnoimagens não podem enganar, já que, por trás delas, não há nada.

A retirada do mundo concreto, na era da cibernética, não se daria em função da vida do espírito, mas resultaria do fato de as imagens técnicas não serem superfícies efetivas, mas superfícies imaginadas a partir de traços de determinados elementos pontuais (fótons, elétrons). São os aparelhos que tornam visível o invisível:

> O gesto produtor de imagens técnicas se dirige rumo à superfície a partir de pontos. O gesto produtor de imagens tradicionais se dirige rumo à superfície a partir do volume. O primeiro concretiza, o segundo abstrai planos. O primeiro surge do cálculo, o segundo[,] da circunstância palpável. (Flusser, 2008: 29)

A nova superficialidade, correspondendo a uma revolução epistemológica, ética, política e estética, aboliria, assim, tanto o sensorial, trabalhando com a "concretização" do abstrato, quanto o suprassensorial, como lugar distanciado que permitiria desvelar o que está encoberto pelas aparências. Isso explicaria por que o novo engajamento não visa às infraestruturas da sociedade, mas apenas às estruturas comunicológicas, às superestruturas:

> O novo engajamento não acredita em tais relações "profundas": acredita que tais "profundidades" não passam de reflexos da superfície da sociedade. Acredita que quem mudou a superfície mudou tudo, porque por detrás da superfície nada se esconde. Acredita que as relações superficiais, intra-humanas, são as únicas concretas. A atitude do novo engajamento é "fenomenológica": elogio da superfície e da superficialidade. (Flusser, 2008: 72)

Ao delinear esse quadro futuro, procurando analisar ponderadamente os aspectos positivos das mudanças, Flusser não deixa de manifestar sua preocupação com as perdas que as mediações imporiam à dimensão do visível, ao limitá-la à superfície das imagens técnicas, declarando sua dificuldade, como homem formado em um tempo pré-cibernético, de aceitar esse mundo dominado pelo espetáculo. Ponto em que se aproxima de Debord:

> Passamos a vivenciar, valorar, conhecer e agir como sonâmbulos ou como fantoches. Quando conseguimos mobilizar as nossas faculdades críticas a fim de nos emanciparmos da hipnose, as nossas críticas não atingem a vivência concreta. O nosso comportamento sonâmbulo e a inadequação da crítica tradicional aumentam em nós a sensação do espectral que acompanha o universo das imagens. (Flusser, 2008: 60)

Ainda que não partilhe do temor de um mundo de simulacros, à maneira de Baudrillard, a reflexão de Flusser também nos remete, de certa forma, de volta à ideia de um mundo de sombras, pelo ocultamento das engrenagens que produzem aparências: a tarefa da crítica das imagens técnicas, para ele, é a de desocultar os programas por detrás das imagens, resistindo ao fascínio mágico-ritual que provocam.

Por outro ângulo, o terror de um mundo espectral também se manifesta nos textos de Jean-Louis Comolli, em sua defesa apaixonada do cinema-documentário como uma espécie de último repositório do real, ou do que dele ainda se poderia captar sob a forma de restos, resíduos. Preocupado com o que chama de roteirização do mundo, realizada pela mídia massiva, mas preocupado também em renegar a concepção que marcou a filosofia ocidental, de que a verdade é resultado do processo do pensamento racional, da distância que ele instaura em relação ao objeto, Jean-Louis Comolli faz o elogio do despojamento em termos técnicos e formais, valorizando a presença, a materialidade do corpo e da máquina.

Contrapondo-se à condenação moral do sentimento, dos afetos e das emoções, subjacente à crítica platônica à mimese, o teórico, no entanto, por outro viés, também a condena. Na base do combate de Comolli à televisão estão a rejeição da ilusão decorrente das duplicações – segundo ele, produzida "pelos espertalhões" – e o desejo de reencontrar o real em estado bruto: mesmo que se admita a impossibilidade de captá-lo plenamente, trata-se de, pelo menos, ir ao encontro dos vestígios por ele deixados. Como consequência, tem-se a mesma depreciação da atividade mimética e da ficção em nome da luta contra as imagens enganosas, isto é, as produzidas pela mídia de massa.

Se, de um lado, há a identificação do modelo realista com a ideologia dominante, de outro recupera-se o realismo, embora em um diapasão diverso, valorizando a força indiciária das imagens, para contrapor-se à espetacularização da vida. Diz Comolli (2008: 170): "Os filmes documentários não são apenas 'abertos para o mundo': eles são atravessados, furados, transportados pelo mundo. Eles se entregam àquilo que é mais forte, que os ultrapassa e, concomitantemente, os funda." O que é mais forte, de acordo com o autor, seria a realidade a que o filme se abriria pela falta de uma estrutura fechada, resultante de um planejamento prévio. À inscrição da realidade no filme opõe-se a realidade da inscrição do filme. O grande inimigo, por seu caráter totalizante, refratário à realidade exterior, seriam os roteiros, que organizam os filmes de ficção, os telefilmes, os jogos de vídeo, os simuladores de voo etc. Pretende-se, então, neutralizar a falta de ancoragem que caracteriza as imagens computadorizadas, nas quais a inscrição seria desrealizada.

O tema da duplicidade entre a máscara da aparência e o que ela oculta acompanhou toda a trajetória da ficção ocidental. Já na *Odisseia*, são os disfarces astuciosos, a simulação e a dissimulação de Ulisses que lhe garantem a vida. O domínio de Ulisses, como observou Jean Starobinski, consiste em apreciar, em um mundo quase universalmente hostil, a parcela variável do que pode ser exteriorizado: "para pôr à prova as intenções dos outros, é preferível abordá-los sob uma figuração fictícia" (Starobinski, 2001: 278). Com o avanço da tecnologia, entretanto, a ameaça das aparências enganosas foi identificada, cada vez mais, com a multiplicação das imagens e de suas mediações. A resistência à espetacularização do mundo abriu espaço ao que se poderia chamar de "estética do *making of*", tributária da compulsão de ver o que está por trás das cenas. Daí resultou a recorrência da metalinguagem voltada para expor os mecanismos, de diferentes naturezas, que estariam ocultos pela aparência. Se tal procedimento nada tem de novo,[6] é inegável sua generalização na produção cultural da atualidade, caracterizada por uma insistente valorização do inacabado. A cena que simula os bastidores dá ao espectador a impressão de que ultrapassou o limiar da passividade, ou da mera contemplação, pelo conhecimento dos dispositivos que criam a ilusão.

Na contramão dessa tendência, mas dialogando com ela, a série *Os clandestinos: o sonho começou* (roteiro de João Falcão, Guel Arraes e Jorge Furtado), exibida pela TV Globo em 2010, recorreu ao procedimento do *making of*, visando a miná-lo por dentro, já que a ambientação nos bastidores de uma peça teatral não está a serviço da desmitificação do espetáculo; ao contrário, reafirma sua vitalidade como um diálogo que suscita respostas diversas nos espectadores. Sentado na plateia, ao lado da assistente de produção, o diretor ouve as histórias de vida dos candidatos a atores e assiste às suas breves encenações, com o objetivo de selecionar o elenco de uma peça ainda não definida em sua mente. Diante dos depoimentos, envolve-se com as narrativas e, frequentemente, acaba por perder-se nos meandros entre o que seria relato de vida e o que seria pura ficção, deixando-se levar, ao contrário de sua assistente, pela magia do teatro como jogo de ilusões. O enredo desenvolve-se em vários níveis: o do palco, o da rua, onde se forma a enorme fila de candidatos a uma vaga na peça, o do passado dos atores e o do presente da vida pessoal do diretor e da assistente: planos que se entrelaçam, misturando as esferas da realidade e da ficção. A distância da representação, concretizada espacialmente pela oposição palco/plateia, é o grande tema em torno do qual gira a narrativa, que, recriando a cada momento a tensão ator/espectador, dentro ou fora do teatro, presta uma homenagem à arte da encenação, pois a série leva-nos a concluir que, no grande

---

[6] Ismail Xavier (2003) demonstra, ao analisar o filme *Vertigo* (1958), como Hitchcock espelha, no nível da própria trama, o mecanismo de simulação do cinema clássico.

teatro da vida, a *mise-en-scène* muitas vezes não oculta, mas revela aquilo que é primordial para cada um.

Os clandestinos: o sonho começou, a série de televisão, nasceu da peça de mesmo nome dirigida por João Falcão. Esta, por sua vez, já se apresentava como *making of* de uma peça, pois tem sua origem no teste que Falcão realizou, em 2008, para contratar atores. Três mil pessoas inscreveram-se para o teste e 300 foram entrevistadas. A peça, na verdade, ainda não existia, tendo se constituído a partir dos relatos dos candidatos sobre os esforços para serem artistas. Se, no teatro, esse vínculo com a vida dos atores é diluído em prol de um tratamento pirandelliano do tema, isto é, os personagens surgem da imaginação do autor e com ele confrontam-se, na série a referência ao processo de seleção remete ao material dos bastidores, a uma base documental – ancoragem, que é posta sob suspeita quando se dissolvem as fronteiras entre o biográfico e o ficcional.

Também em *Moscou* (Brasil, 2010), embora Eduardo Coutinho, em entrevista (Ezabella, 2009), tenha declarado que queria evitar o "estilo *making of*", privilegiam-se os bastidores: de modo poético, valorizando o improviso e a plasticidade das imagens. O propósito do diretor, entretanto, não era revelar mecanismos ocultos, mas, dando continuidade ao trabalho iniciado com *Jogo de cena*, retomar a questão da distância da representação, minando os lugares fixos. O filme acompanha o Grupo Galpão, dirigido por Enrique Diaz, durante os ensaios da peça *As três irmãs*, de Tchekhov. A opção pelo inacabado associa-se, em *Moscou*, ao movimento da memória, que pontua a peça de Tchekhov, e ao propósito de refletir sobre os limites entre realidade e ficção, ator e espectador, espectador e personagem, teatro e cinema. Nesse sentido, a cena em que três personagens dirigem-se para um outro, olhando para a câmera, parece trazer o espectador do filme para dentro da tela, fazendo dele o quarto personagem. O filme "documenta" o processo de construção da peça, que por sua vez não se encaminha para uma forma última a ser exibida nos palcos, pois não haverá estreia. O ensaio teatral, como finalidade sem fim, torna-se matéria de um filme que é também uma espécie de ensaio (mais do que um documentário), no qual os modos de representação do teatro e do cinema têm suas fronteiras tensionadas pelo entrecruzamento de seus regimes de visibilidade, como em um jogo de espelhos.

As obras citadas, não escapando totalmente do que se chamou de "estética do *making of*", procuram evitar a nostalgia de uma verdade última a ser revelada, que subjaz ao uso do critério "falso/verdadeiro", quando se trata de pensar as imagens. A partir do momento em que se acredita que as imagens técnicas podem tomar o lugar da "realidade", recria-se o mundo das sombras, identificado, agora, com o mundo constituído pela razão, com sua objetivação calculadora e aplicações tecnológicas da ciência. Ironicamente, é a razão moderna que, ao invés da emancipação, teria nos mergulhado na cegueira, por meio dos fetiches do progresso. A questão da distância intelectual entre sujeito e objeto fica, então, circunscrita por esse paradoxo. Se o próprio mecanismo da racionalização torna-se suspeito, a distância erigida por ele como condição para o pensamento e para o próprio conhecimento científico é questionada em nome da proximidade com o mundo sensível, tomada como base para a reconquista de uma vida comunitária livre das mediações que serviriam de instrumento para a manipulação da consciência. Ao mesmo tempo, em uma posição ambígua, frequente, quando se trata do julgamento do papel desempenhado pela distância, também se lamenta seu desaparecimento no mundo das cópias e da hegemonia das superfícies, instaurado pela profusão de imagens nas sociedades contemporâneas.

Como se pode concluir, por um caminho ou por outro, a questão da distância entre os polos sujeito/objeto, ou, mais especificamente, entre o eu e o outro, o espectador e o ator, ou ainda o referente e sua representação, atualiza-se, a cada momento, no pensamento ocidental, assumindo diferentes matizes. As imagens são consideradas como superfícies que nos afastam dos objetos da esfera do sensível, envolvendo-nos em um mundo espectral, e, ao mesmo tempo, como aquilo que, tornando tudo muito próximo, priva-nos do distanciamento necessário para o livre-pensar. Seja pela distância, seja pela proximidade que estabelecem, transfere-se para elas a culpa de todo mal, esquecendo-se de que imagens são discursos e estão cercadas de outros discursos que buscam interpretá-las. São discursos criados pelo homem para os outros homens, que sempre poderão realizar leituras imprevistas, ou, como observou Ismail Xavier:

> Toda leitura de imagem é produto de um ponto de vista: o do sujeito observador, não o da objetividade da imagem. [...] Em particular, o efeito da simulação apoia-se numa construção que inclui o ângulo do observador. O simulacro parece o que não é a partir de um ponto de vista; o sujeito está aí pressuposto. Portanto, o processo de simulação não é o da imagem em si, mas o da sua relação com o sujeito. (Xavier, 2003: 51)

Referências

ARENDT, Hannah. *A vida do espírito*. Rio de Janeiro: Civilização Brasileira, 2009.

BENJAMIN, Walter. *Rua de mão única*. São Paulo: Brasiliense, 1987.

COMOLLI, Jean-Louis. *Ver e poder*. Belo Horizonte: UFMG, 2008.

DEBORD, Guy. *A sociedade do espetáculo*. Rio de Janeiro: Contraponto, 1997.

EZABELLA, Fernanda. *Moscou* vira pesadelo de Coutinho. *Folha de S.Paulo*, Ilustrada, 4 ago. 2009.

FLUSSER, Vilém. *O universo das imagens técnicas*: o elogio da superficialidade. São Paulo: Annablume, 2008.

NIETZSCHE, Friedrich. *Crepúsculo dos ídolos (ou como filosofar com o martelo)*. Rio de Janeiro: Relume Dumará, 2000.

RANCIÈRE, Jacques. *El espectador emancipado*. Buenos Aires: Manantial, 2010.

STAROBINSKI, Jean. *As máscaras da civilização*. São Paulo: Companhia das Letras, 2001.

XAVIER, Ismail. *O olhar e a cena*. São Paulo: Cosac Naify, 2003.

A redenção da imagem:
práticas literárias e exercícios do ver

> *Entramos na era das águias. A característica das águias é ter os olhos maiores que o cérebro. Isto não significa que sejam idiotas, mas que pensam com os olhos.*
>
> Gérard Wajcman

A questão da relação entre o cognoscível e o visível, como sabemos, pontuou, com diferentes matizes ao longo do tempo, todo o pensamento ocidental. Na primeira metade do século XX, a noção de inconsciente ótico, tal como concebida por Walter Benjamin em sua reflexão sobre a reprodutibilidade técnica, retomava esse mesmo tema, partindo da hipótese de que haveria algo que vemos e não sabemos que vemos inscrito no visual, ou ainda alguma coisa que conhecemos no que vemos e não sabemos que conhecemos. Para tornar mais clara tal hipótese, Benjamin exemplificava, então, com o caso da fotografia, observando que o olho mecânico da máquina fotográfica é capaz de ver algo que só conseguimos ver com sua mediação, ou seja, a fotografia poderia revelar um segredo existente na superfície fisionômica das coisas:

> Percebemos, em geral, o movimento de um homem que caminha, ainda que em grandes traços, mas nada percebemos de sua atitude na exata fração de segundo em que ele dá um passo. A fotografia nos mostra essa atitude, através dos seus recursos próprios: câmara lenta, ampliação. Só a fotografia revela esse inconsciente ótico, como só a psicanálise revela o inconsciente pulsional. (Benjamin, 1985: 94)

O surgimento do cinema também colocou em pauta a questão da relação entre o visível e o conhecimento. Jean Epstein, em 1921, afirmava que o dispositivo técnico cinematográfico tinha o poder de ver o que o olho humano não vê: a dimensão íntima, imaterial da realidade, constituída de partículas, ondas e vibrações em movimento contínuo.

Por outro viés, mais político, não limitado à mediação do olho técnico, Hanna Arendt, preocupada em compreender o que chamou de banalização do mal, isto é, a naturalização dos horrores praticados na Segunda Guerra Mundial, revisita, em *A vida do espírito*, livro publicado em 1975, o tema da relação entre visão e conhecimento, entre visão e reflexividade, ou seja, entre ver e pensar.[7] Identificando a existência de uma dificuldade geral, na época em que escreve, de se lidar com o domínio do invisível, em função do descrédito em que teria caído tudo o que não é visível, tangível, palpável, a autora faz o elogio da contemplação que dessensorializa os objetos pelo movimento do pensar, que torna distante o que está perto e perto o que está distante (Arendt, 2009: 104).

Do momento em que *A vida do espírito* foi publicado para cá, vários pensadores, com outras motivações e por diferentes caminhos, saíram em defesa da visualidade, marcando a importância do ato de ver para o conhecimento, mas, na contramão das ideias de Hanna Arendt, sem apartá-lo da percepção sensorial ou da corporalidade. Jacques Rancière, por exemplo, em *El espectador emancipado*, discordando das teorias de Guy Debord, para quem a visão é o sentido mais abstrato e mais sujeito à mistificação, defende o valor da contemplação, contrapondo-se à condenação do lugar do espectador. Como observado em capítulo anterior,[8] a argumentação de Rancière visa a comprovar a ideia de que a distância não se constitui em um mal a abolir. O autor indaga se o que permite declarar inativo o espectador do teatro sentado em seu assento não seria a radical oposição previamente colocada entre o ativo e o passivo. Identificar olhar e passividade significaria partir do pressuposto de que olhar é satisfazer-se com a aparência, ignorando a verdade que está atrás da imagem. Tais oposições – olhar/saber, aparência/

---

[7] Estamos retomando aqui alguns pontos abordados em capítulos anteriores deste volume. Ver o "Arte, mercado e estetização do cotidiano" e "A crítica das imagens técnicas e a nostalgia do mundo verdadeiro".

[8] Ver "A crítica das imagens técnicas e a nostalgia do mundo verdadeiro", anteriormente, neste volume.

realidade, atividade/passividade – definiriam um modo de partilha do sensível, uma distribuição *a priori* de posições e de capacidades, associada à desigualdade.

A defesa da visão e, consequentemente, das imagens contra o que se considera uma iconoclastia da crítica tem encontrado eco também no pensamento filosófico contemporâneo tributário das reflexões de Benjamin, relido, cada vez mais, como um filósofo da imagem. Diz Gerhard Richter:

> Para Benjamin, todo ato de leitura literário ou histórico está fundamentalmente associado a um compromisso com a imagem. E não se trata de suas famosas reflexões sobre a reprodução técnica, o cinema ou a fotografia, mas também no sentido mais concreto de uma investigação cultural e histórica. (Richter, 2002: 8)

Nesse sentido, seguindo o legado de Benjamin, opera-se um resgate das imagens como modo de representação e construção do pensamento, em função, inclusive, da resistência que, em princípio, ofereceriam às continuidades, aos encadeamentos sequenciais, teleológicos. O protagonismo das imagens fica evidente em títulos de textos de Didi-Huberman, tais como "Quando as imagens tocam o real" (2012) ou "Quando as imagens tomam posição" (2013), em que lhes é atribuído o papel ativo de sujeito da ação. Aliás, ainda que na forma de perguntas, os títulos "O que as imagens realmente querem" (2015), de um artigo de Mitchell, e "As imagens querem realmente viver?" (2015), de Rancière, seguem o mesmo padrão, o que sinaliza um deslocamento da atenção, antes mais voltada para os produtores e consumidores, e agora dirigida para a imagem em si, no limiar de uma subjetivação ou uma personificação das imagens, como o próprio Mitchell observa, acrescentando:

> A ideia de que as imagens têm um poder social ou psicológico próprio é, de fato, o clichê reinante nos estudos contemporâneos em cultura visual [...]. Não há nenhuma dificuldade, portanto, em demonstrar que a ideia de uma personalidade das imagens (ou, no mínimo, um animismo) encontra-se tão viva no mundo moderno quanto outrora em

sociedades tradicionais. A dificuldade está em saber o que dizer a seguir. (Mitchell, 2015: 169)

O que Mitchell vai dizer a seguir é que se trata de modificar sutilmente a imagem que se tem da imagem, privilegiando os processos cotidianos de olhar e ser olhado. Afirma, então, que a visão é tão importante quanto a linguagem na mediação de relações sociais, sem ser, no entanto, redutível à linguagem, ao signo ou ao discurso. Para ele, "as imagens querem direitos iguais aos da linguagem e não simplesmente serem transformadas em linguagem" (Mitchell, 2015: 186).

Essa requalificação positiva, que se quer uma "redenção justa", para usar a expressão de Rancière (2015), contra a culpabilização das imagens, vistas ora como aparências inconsistentes, ora como potência maléfica, tem conferido destaque à reflexão sobre a visualidade, em detrimento da textualidade.[9] Indaga-se, por exemplo, até que ponto a experiência visual é sempre circunscrita pelos protocolos da cultura ou se consegue transcender seus limites, discutindo-se até que ponto as imagens podem ser despidas de toda a sua codificação cultural. A experiência de filmar o Outro, na antropologia visual, fornece, então, matéria para os debates, comparando-se às formas de intersubjetividade criadas a partir dos textos com a identificação tornada possível com a visão. Para o antropólogo e cineasta David MacDougall (1998), a imagem abre-se mais diretamente para o sensório e cria formas psicológicas e somáticas de intersubjetividade entre observador e ator social. Nos filmes, a identificação com os outros seria alcançada por uma sincronia com seus corpos.

Ainda que, diante de exposições de artes visuais contemporâneas, constatemos a presença recorrente do texto para expressar o conceito que as constitui, isto é, constatemos uma proeminência da linguagem verbal no próprio campo do visual, a ênfase, quando se trata da reflexão teórica, tem recaído sobre os atos de ver, não sobre

---

[9] Para um aprofundamento da reflexão sobre a chamada virada pictórica, ver Schollhammer (2007).

os atos de ler. Vai ficando longe o tempo em que um teórico como Philippe Dubois (2004: 271) afirmava que, na obra de Godard, o texto não está no filme, nem mesmo na imagem – é o próprio filme –, acrescentando que, antes de ver, seria preciso ler o texto-filme. Em concordância com a reflexão de Fredric Jameson (1997: 14), em *El posmodernismo y lo visual*, difunde-se a ideia de que a transformação das tecnologias da visão converteu a imagem em depositária da função epistemológica.

Apesar da dificuldade de definir claramente o que viria a ser "cultura visual", e da controvérsia em torno da existência ou não de uma centralidade da experiência visual na cultura contemporânea, alguns estudiosos rechaçam, como redutora, a análise semiótica das imagens, característica da década de 1980, porque dependeria de um modelo linguístico, considerando que as imagens têm uma presença que escapa à nossa competência linguística para descrever ou interpretar. As imagens e as palavras, ainda que intimamente relacionadas, seriam ordens de conhecimento que não podem ser equiparadas.

Afirma-se, desse modo, outro olhar: se, no momento da chamada virada linguística, tudo era visto como texto, agora, segundo determinada vertente do pensamento acadêmico, tudo deve ser percebido como imagem. Na convicção de que haveria, na atualidade, uma hegemonia do visível, um domínio dos meios visuais e do espetáculo sobre as atividades da fala, da escritura e da leitura, determinado grupo de teóricos anuncia a ocorrência de um "giro das imagens", "giro icônico" ou "giro visual", conforme se prefira chamar. De acordo com Wajcman (2011: 15), por exemplo, estaríamos diante de uma nova civilização, na qual a máquina de ver é a cultura mesma, e tudo deve ser visível. De outro ângulo, Mitchell (2015: 185) faz questão de assinalar que a hegemonia do visível é um componente fundamental das culturas humanas desde sempre.

A virada pictórica, entretanto, não designaria apenas uma "redenção justa da imagem" ou uma volta do recalcado, mas também a possibilidade de investigação do entrelaçamento do visual com os outros sentidos. Fala-se de práticas visuais que produzem significado simbólico, e englobam-se sob essa rubrica objetos de procedências diversas, trabalhando-se com um campo expandido de imagens, de modo a abalar as fronteiras tradicionais de disciplinas como a estética ou a história da arte. A primazia seria dos atos de ver, não dos atos de ler, embora se considere que não há objetos ou fenômenos de visualidade pura: os atos de ver resultariam de uma complexa construção tributária do entrecruzamento de operadores textuais, mentais, sensoriais, midiáticos, institucionais (Brea, 2011: 9). Ressalta-se o caráter cultural, político dos atos de ver, que ganham relevo por seus efeitos performativos associados à produção de imaginário. A ideia predominante é de que a transformação das tecnologias da visão converteu a imagem em depositária da função epistemológica:

> Aborrecidos do giro linguístico e da ideia de que a experiência está filtrada por meio da linguagem, muitos estudiosos estão agora convencidos de que em certas ocasiões podem ter acesso imediato ao mundo que nos rodeia, que a distinção sujeito/objeto, por longo tempo um selo distintivo da empresa epistemológica, já não é válida. Na urgência de dar sentido às circunstâncias nas quais nos encontramos, nossa tendência no passado foi ignorar e esquecer a presença em favor do sentido. Lançaram-se interpretações sobre os objetos para domesticá-los, para tê-los sob controle, dotando-os com significados que não possuem necessariamente. (Moxey, 2005: 29, tradução nossa)

No auge das intermidialidades, transmidialidades e convergências no campo da cultura promovidas pela expansão da tecnologia digital, correntes da produção teórico-crítica que vêm ganhando força ao longo das primeiras décadas do século XXI retomam, então, como bandeira política, o questionamento dos limites convencionais entre arte e não arte, já realizado pelas chamadas vanguardas históricas, defendendo, por esse viés, uma perspectiva transdisciplinar na abordagem de bens simbólicos. Para James Elkins, as imagens privilegiadas pela etiqueta "arte" constituem só uma pequena parte do amplo imaginário em que as culturas do mundo se movem:

Argumentarei que as imagens não artísticas podem ser tão convincentes, eloquentes, expressivas, historicamente pertinentes e, teoricamente[,] comprometidas quanto o objeto tradicional da história da arte e que não há nenhuma razão na história da arte para excluí-las de uma igualdade de trato, junto com os exemplos canônicos e extracanônicos da arte. (Elkins, 1999: IX)

Diante desse quadro, no qual se coloca sob suspeita a distância necessária para a construção de sentido, renegando-se as mediações em nome da presença do objeto em si, que novo arranjo ocorre no campo da escrita e da leitura? Por outro lado, a palavra escrita não é também um meio visual, como já assinalava McLuhan? Como ler/ver os textos literários? Quais as estratégias usadas pelo mercado editorial diante da expansão das escritas hipermidiáticas?

Traduzidos em dados numéricos, os textos são expostos na mesma plataforma que apresenta filmes, fotografias, vídeos, o que favorece os deslizamentos, a interseção entre esses campos. A revista eletrônica *Cais*, por exemplo, tira partido das potencialidades do suporte, trazendo textos literários, ilustrações, fotografias, vídeos, áudios, músicas e *gifs*, isto é, explorando toda a gama de possibilidades comunicacionais e expressivas do formato digital. Trata-se de uma publicação que visa a, sobretudo, divulgar obras de escritores jovens, sendo definida por sua idealizadora, Luana Carvalho, do seguinte modo:

> CAIS é um espaço de residência artística virtual que considera todos os possíveis desdobramentos e formatos da escrita em língua portuguesa. Um espaço de experimentação para trabalhos inéditos e aprofundamento de pesquisas continuadas. São colunistas recorrentes ou extraordinários a cada edição, num fluxo contínuo entre som, imagem, palavra e movimento, um transe, um lance. CAIS vem da imagem de uma avenida paralela ao mar, onde embarcam e desembarcam coisas e gentes. É casa, é viagem, é passagem.

Também ressaltando o fluxo contínuo entre som, imagem e palavra, Jéferson Assumção, em palestra intitulada "A literatura na época de sua infinita reprodutibilidade técnica", apresentada no Encontro

Entre TELAAS (UNB, 2016), chamou a atenção para os efeitos no sistema literário, isto é, no triângulo autor/obra/público, da desmaterialização dos suportes da arte. Para o pesquisador, estamos diante de uma crise das instâncias tradicionais de legitimação – Estado, mercado e sociedade civil –, que se encontram pressionadas por uma nova instância, a do comum, cuja força advém das redes digitais e que se expressa por curtidas, por *likes*. Acrescentou ainda que, na era da banalidade das cópias, é preciso repensar a performance do escritor, lembrando (como já assinalava Chartier na década de 1990) que, na verdade, "o autor não faz livro, quem faz livro é o editor: o autor faz literatura, faz narrativas que podem estar em qualquer lugar, como, por exemplo, nos *games*". O escritor teria, assim, diversos espaços para expressar-se, passando por cima das fronteiras dos suportes.

Tais deslizamentos determinam novas relações com o escrito, novas técnicas intelectuais, afetando também o campo da crítica literária, como observou o escritor e crítico literário Miguel Sanches Neto:

> Houve tal proliferação de análises, desde obras clássicas à última postagem em um blog, que já não se sabe o que é ensaio, o que é crítica de rodapé, o que é resenha jornalística ou o que é mera opinião. A abertura dos espaços de expressão permite que se publique um longo texto com intenções acadêmicas e que, no mesmo site ou blog, isso gere comentários de leitores, com recusa, aprovação ou complementação do debate. [...] Há uma contaminação de discursos, um rebaixamento ou uma elevação de abordagens, da agressão preconceituosa a pequenas réplicas de aulas sobre o tema, transformando o mundo digital num terreno fértil para aquilo que, no passado, na era de ouro dos suplementos literários, poderia ser definido como "crítica viva", na feliz definição de Antonio Candido. (Sanches Neto, 2012)

Assinale-se ainda que, cada vez mais, os escritores participam das inúmeras atividades de divulgação de seus livros como parte da estratégia publicitária das editoras de dar visibilidade à obra pela performance do autor. Tira-se partido do prestígio social da figura do escritor, reforçado pela mídia, que busca transformá-lo em celebridade. Como exemplo dessas atribuições de cunho comercial pode-se citar o projeto "Navegar é preciso", criado por Samuel Siebel, dono da Livraria da Vila. Segundo a reportagem de Roberto Kaz (2011) para o jornal *Folha de S.Paulo*, 46 pessoas, pagando cada uma entre 4.400 e 5.300 reais, embarcaram no navio *Grand Amazon*, onde, durante cinco dias, entre outras programações, assistiram a palestras de escritores, enquanto o navio subia as águas do rio Negro. Foram realizados seis debates com os convidados: os historiadores Laurentino Gomes e Mary Del Priore, e os ficcionistas Cristóvão Tezza e José Eduardo Agualusa. O restante da programação do navio incluía uma visita a uma "tribo selvagem" (com um macaco enjaulado, que poderia ser fotografado a cinco reais), um show, na última noite, de um tripulante vestido de índio, além da pesca de piranhas e da observação de botos e jacarés.

Cabe lembrar, então, que o que chamamos de convergência de mídias também diz respeito a alterações nos modos de ler, estimulando o comportamento migratório da audiência midiática, instada a migrar de um suporte a outro, seguindo o fluxo de conteúdo por múltiplas plataformas em busca de experiências renovadas de entretenimento. Por isso, Chartier (1999: 40) afirma que "a revolução iniciada é, antes de tudo, uma revolução dos suportes e das formas que transmitem o escrito", mas seria, ela também, uma revolução da leitura:

> Ler num monitor não é o mesmo que ler num códice. Se é verdade que abre possibilidades novas e imensas, a representação eletrônica dos textos modifica totalmente a condição destes: à materialidade do livro, ela substitui a imaterialidade de textos sem lugar próprio; às relações de contiguidade estabelecidas no objeto impresso, ela opõe a livre composição de fragmentos indefinidamente manipuláveis; à apreensão imediata da totalidade da obra, viabilizada pelo objeto que a contém, ela faz suceder a navegação[,] de muito longo curso, por arquipélagos textuais sem beira nem limites. (Chartier, 1999: 16)

Para o historiador, estamos vivendo uma mutação sem precedentes no que diz respeito à prática da leitura/escritura, pois afeta, ao mesmo tempo, os suportes da escrita, as técnicas de reprodução e disseminação e os modos de ler. Tal simultaneidade seria inédita na história da humanidade: a invenção da imprensa não modificou as estruturas fundamentais do livro, composto, depois como antes de Gutenberg, por cadernos, folhetos e páginas, reunidos em um mesmo objeto, assim como a forma nova do livro, nos primeiros séculos da Era Cristã, a do códex, impôs-se, em detrimento do rolo, porém não foi acompanhada por uma transformação da técnica de reprodução dos textos, sempre assegurada pela cópia manuscrita (Chartier, 2010: 22).

Como se pode constatar, as imagens ganham cada vez mais destaque no campo literário, interagindo com outras instâncias, como a da crítica e a do mercado editorial. No computador, os textos não são os únicos responsáveis por chamar a atenção do público para uma obra, o que exige que se repense o lugar não só do crítico tradicional, que antes escrevia prioritariamente para veículos como revistas e jornais impressos, mas também o da publicidade, que passa a dedicar ao livro outras estratégias que levam em conta algumas das particularidades do meio digital.

Os estudos visuais têm, assim, nas práticas literárias contemporâneas, um campo fértil para investigação, em uma época em que, por exemplo, a publicidade, enviada por e-mail, da empresa Design do Escritor Editorial, vendendo o *booktrailer* de livros, é a seguinte:

> Promova seu livro como um *trailer* de cinema em toda internet! Uma maneira sofisticada, divertida. Desenvolvido com software usado pelos estúdios de Hollywood. Um texto pode passar despercebido, mas um *booktrailer* não. Uma maneira que atrai e demonstra profissionalismo.

No mesmo sentido, também cabe lembrar o projeto intitulado sugestivamente "Assista a esse livro", lançado pela TV Globo com a minissérie *Dois irmãos*, em 2016. O projeto pressupõe, além da adaptação de obras literárias para a TV, a publicação, em parceria com a editora Companhia das Letras, de e-books hiperlinkados, pelos quais o leitor poderá mergulhar no universo da história não só através do texto, mas também assistindo às cenas exibidas pelo canal de televisão na adaptação da obra. Cada livro digital contém links de vídeos com duração de até um minuto. Na apresentação da minissérie, o diretor de Comunicação da Globo, Sérgio Valente, declarou:

> Os livros contam histórias que, na televisão, ficam ainda mais vivas e tomam forma não apenas na cabeça de quem lê, mas na cabeça de quem vê. E isso ajuda a despertar o desejo pela literatura. Eu, por exemplo, não tinha lido *Dois irmãos*. E ao ver o trabalho brilhante feito por Luiz Fernando Carvalho e Maria Camargo, me deu uma profunda curiosidade de descobrir a obra de Milton Hatoum. Pra mim, isso foi um presente. (Annyston, 2016)

Atribui-se às imagens televisivas, nessa passagem, a capacidade de tornar as histórias mais vivas, e daí adviria sua capacidade de atrair o espectador para a leitura dos textos. Nesse quadro, não é de estranhar que, em meio à profusão e à sedução das imagens, certa literatura mais recente venha evocando diretamente técnicas narrativas próprias do aparato cinematográfico, tentando criar uma mediação entre a comunicação textual e a audiovisual. Sabemos que não é de hoje que a literatura busca ultrapassar os limites do dizer em direção ao mostrar,[10] mas sabemos também que o fazer ver das palavras não é da mesma natureza do fazer ver das imagens. Lembre-se ainda que houve um tempo em que, na direção contrária do que ocorre atualmente, o cinema, que almejava o status de arte, visando a afastar-se do prestígio visual do cinema espetacular, recusou o estigma da visualidade, em uma tomada de posição a favor do dizer, em detrimento do mostrar. O filme era visto, então, como resultado de um trabalho de escritura: as imagens deviam tornar-se tão abstratas quanto as palavras.

Em consonância com a mudança na hierarquia cultural, que tem suas raízes nos avanços tecnológicos e na expansão do mercado de

---

[10] Com a publicação do roteiro de *L'Année dernière à Marienbad* (Alain Resnais, 1961), Robbe-Grillet, por exemplo, ensaiava o *nouveau roman*, que se caracterizaria por tentar criar configurações literárias cujos efeitos sobre o leitor fossem equivalentes aos provocados pelas imagens.

bens simbólicos ao longo do século passado, agora, mais do que nunca, é a literatura que almeja ser lida como um filme, fazendo-se referências, por exemplo, a posicionamentos de câmeras que enquadrariam a cena narrada, procurando-se facilitar a passagem do mundo verbal para o da imagem cinematográfica. Revalora-se, assim, a própria adaptação de textos para o audiovisual, como observa Stam:

> Numa perspectiva derridiana, o prestígio aural do original não vai contra a cópia, mas é criado pelas cópias, sem as quais a própria ideia de originalidade perde o sentido. O filme enquanto "cópia", ademais, pode ser o "original" para "cópias" subsequentes. Uma adaptação cinematográfica como "cópia", por analogia, não é necessariamente inferior à novela como "original". (Stam, 2006: 22)

Além da constante troca entre a literatura e o audiovisual, integrando um "amplo contínuo discursivo" (Stam, 2006: 24), assinale-se o aumento significativo das publicações de obras literárias em quadrinhos, assim como o investimento crescente nos chamados livros-objeto, que podem ser considerados mais um fenômeno de interseção do literário com o campo visual. Cresce a importância do design no meio editorial e atribuem-se outros valores ao livro físico, chamando-se a atenção para as propriedades do suporte. Apesar de se saber que o mercado editorial sempre recorreu a profissionais desse campo para elaborar capas, ilustrações e diagramar textos, vem se tornando mais comum a utilização do design para a construção de livros de gêneros diversos que pretendem ser identificados como objetos de arte.

Expande-se, inclusive, a publicação de livros cujo trabalho na esfera plástica complementa a própria trama da obra, como é o caso de S, escrito por Doug Dorst a partir de projeto de J. J. Abrams, este último, diretor e roteirista de vários filmes e séries de sucesso, entre eles *Star wars: o despertar da força* (2015). S é o título que vem impresso na caixa que contém o romance chamado *O navio de Teseu*, assinado por V. M. Straka, um autor fictício, e "publicado" em 1949. O volume vem com o carimbo de uma biblioteca escolar na folha de rosto, sugerindo-se que teria sido extraviado da instituição. Nele, encontram-se anotações de leitores, também fictícios, nas margens das páginas, que são amareladas, para simular o envelhecimento do objeto. As anotações de cada personagem-leitor apresentam caligrafias diferentes e formam outra trama, que dialoga com o restante do conteúdo do livro. Além disso, encartes, cartões-postais e outras imagens, que se relacionam com as trajetórias dos personagens, podem ser encontrados dentro do livro. Nesse caso, o projeto editorial, a composição gráfica, é tão importante quanto o texto para o desenvolvimento da história.

Como se vê, a recuperação da imagem contra os iconoclastas une, na contemporaneidade, os artistas, os filósofos, os profissionais da grande mídia e o mercado, o que nos remete ao pensamento de Flusser: segundo ele, a relação texto-imagem é fundamental para a compreensão da história do Ocidente. E, na "longa batalha entre imagem e escrita, entre idolatria e textolatria", textos tornaram-se "cada vez mais imaginativos e imagens se tornaram cada vez mais conceituais" (Flusser, 2002: 10).

Entretanto, se a letra teria sido inventada para organizar em linhas a magia dos mitos, como quer o filósofo tcheco, pode-se sempre perguntar, na contramão dos entusiastas da virada visual, até que ponto a tomada de posição a favor das imagens – como outro sempre rebaixado pela metafísica, que sustentava a primazia do linguístico – não resultaria, hoje, do fato de, cansados de progresso e descrentes da história, termos nos deixado seduzir, em alguma medida, pela tentação de retorno a uma consciência mágico-mítica. Nesse caso, correríamos o risco de cair em uma vitimização das imagens que invalidasse a crítica política e ética das práticas culturais na sociedade midiática? Ou ainda: o reconhecimento emergente da primazia das imagens como rastros que escapam à programação dos códigos lineares faria tábula rasa de outros tipos de programação, como a das tecnologias que mediam a experiência visual no mundo contemporâneo?

Referências

ANNYSTON, Endrigo. Globo lança a série *Dois irmãos*: "Dramaturgia diferente" Disponível em: <https://observatoriodatelevisao.bol.uol.com.br/noticia-da-tv/2016/12/globo-lanca-a-serie-dois-irmaos-dramaturgia-diferente>. 2016. Acesso em: 6 mar. 2017.

ARENDT, Hannah. *A vida do espírito*. Rio de Janeiro: Civilização Brasileira, 2009.

BENJAMIN, Walter. *Obras escolhidas*: magia e técnica. São Paulo: Brasiliense, 1985.

BLANCHOT. *Conversa infinita 1*: a palavra plural. São Paulo: Escuta, 2010.

BREA, José Luis (Ed.). *Estudios visuales*: la epistemología de la visualidad en la era de la globalización. Madri: Akal, 2011.

CHARTIER, Roger. *A ordem dos livros*. Brasília: UNB, 1999.

———. Escutar os mortos com os olhos. *Revista Estudos Avançados*, São Paulo: USP, v. 24, n. 69, 2010.

DEBORD, Guy. *A sociedade do espetáculo*. Rio de Janeiro: Contraponto, 1997.

DIDI-HUBERMAN, Georges. *Cuando las imágenes toman posición*: el ojo de la historia. Madri: Machado Libros, 2013. v. 1.

———. Quando as imagens tocam o real. *Revista Pós*, Belo Horizonte: Escola de Belas Artes (UFMG), v. 2, n. 4, 2012.

DUBOIS, Philippe. *Cinema, vídeo, Godard*. São Paulo: Cosac Naify, 2004.

ECO, Umberto. *Sobre espelhos e outros ensaios*. Rio de Janeiro: Nova Fronteira, 1989.

ELKINS, James. *The domain of images*. Ithaca, NY: Cornell University Press, 1999.

EPSTEIN, Jean. *Écrits sur le cinéma*. Paris: Seghers, 1974.

FIGUEIREDO, Vera Lúcia Follain de. *Narrativas migrantes*: literatura, roteiro e cinema. Rio de Janeiro: Ed. PUC-Rio/7Letras, 2010.

FLUSSER, Vilém. *Filosofia da caixa preta*: ensaios para uma futura filosofia da fotografia. Rio de Janeiro: Relume Dumará, 2002.

JAMESON, Fredric. *El posmodernismo y lo visual*. Valência: Episteme, 1997. v. 153. (Colección Eutopías).

KAZ, Roberto. Literatos sobem rio Negro em cruzeiro. *Folha de S.Paulo*, Ilustrada, 14 maio 2011.

MACDOUGALL, David. *Transcultural cinema*. Princeton: Princeton University Press, 1998.

MITCHELL, W. J. T. O que as imagens realmente querem. In: ALLOA, Emanuel (Org.). *Pensar a imagem*. Belo Horizonte: Autêntica, 2015.

MOXEY, Keith. Estética de la cultura visual en el momento de la globalización. In: BREA, José Luis (Org.). *Estudios visuales. La epistemología de la visualidad en la era de la globalización*. Madri: Akal, 2005.

RANCIÈRE, Jacques. Autor morto ou artista vivo demais? *Folha de S.Paulo*, Caderno Mais!, 6 abr. 2003.

——. *El espectador emancipado*. Buenos Aires: Manantial, 2010.

——. As imagens querem realmente viver? In: ALLOA, Emmanuel (Org.). *Pensar a imagem*. Belo Horizonte: Autêntica, 2015.

RICHTER, Gerhard (Ed.). *Benjamin's ghosts*: interventions in contemporary literary and cultural theory. Stanford: Stanford University Press, 2002.

SANCHES NETO, Miguel. Crítica e redes sociais. *Jornal Rascunho*, jan. 2012. Disponível em: <http://rascunho.com.br/critica-e-redes-sociais/>. Acesso em: 28 jul. 2016.

SCHOLLHAMMER, Karl Erik. *Além do visível*: o olhar da literatura. Rio de Janeiro: 7Letras, 2007.

STAM, Robert. Teoria e prática da adaptação: da fidelidade à intertextualidade. *Ilha do Desterro*, Florianópolis: UFSC, n. 51, jul./dez. 2006.

WAJCMAN, Gérard. *El ojo absoluto*. Buenos Aires: Manantial, 2011.

Interseção dos campos artísticos na cultura multimídia: literatura expandida e escrita cinematográfica

> *Se o paradigma da revolução digital presumia que os novos meios deslocariam os velhos, o emergente paradigma da convergência assume que os velhos e novos meios irão interagir de formas cada vez mais complexas.*
>
> Henry Jenkins

A crescente interseção entre campos artísticos, impulsionada pelos avanços tecnológicos, mais notadamente o embaralhamento das fronteiras entre cinema, vídeo, fotografia, escultura, performance, instalação, vem pontuando, desde a segunda metade do século passado, a reflexão teórica sobre a arte contemporânea. Já nos anos 1970, momento em que a grande revolução tecnológica das chamadas novas mídias apenas se anunciava como promessa, Gene Youngblood, no livro intitulado *Expanded cinema*, propunha, a partir do surgimento da televisão, do vídeo e do computador, outra maneira de pensar o cinema, que incluiria todas as formas de expressão constituídas pela imagem em movimento. Em sentido expandido, vídeo e televisão, assim como criações multimídias, poderiam ser considerados cinema.

Como assinalou Arlindo Machado (2007: 69), a ênfase no termo "expandido" revela uma mudança de estratégia analítica: em lugar de pensar os meios individualmente, a atenção dirige-se para as passagens que se operam entre a fotografia, o cinema, o vídeo e as mídias digitais. Com essa perspectiva, vários teóricos, como Peter Weibel, Raymond Bellour e Jeffrey Shaw, passam a empregar a expressão "cinema expandido", ao fazer referência à produção fílmica contemporânea, que, estendendo-se para além do espaço da tela, caracteriza-se por variados modos de projeção, difusão e recepção das imagens em movimento. Reforça-se, assim, a concepção do cinema como intermídia, presente no livro de Youngblood: diante, por exemplo, do filme realizado para ser exibido em exposições, nas quais a imagem cinematográfica é exposta como uma obra de arte na sala de um museu, ou em face de uma cineinstalação, o campo cinematográfico é repensado. Os critérios definidores de sua especificidade são revistos, entre eles o dispositivo instituído de apresentação dos filmes – isto é, a projeção em sala escura de imagens em movimento sobre uma tela de grande formato, diante de espectadores sentados por certo tempo –, que, aliás, já havia sido problematizado pelas vanguardas europeias ainda nas primeiras décadas do século XX.

Com os avanços da tecnologia digital, o fenômeno da "expansão" dos limites de cada campo artístico ganha ainda mais proeminência, falando-se de escultura expandida, de fotografia expandida, de vídeo expandido, de televisão expandida e também de documentário expandido e de literatura expandida. No que diz respeito às chamadas artes plásticas, Rosalind Krauss assinala que categorias como escultura e pintura foram esticadas e torcidas pela crítica americana do pós-guerra, em uma demonstração extraordinária de elasticidade que evidencia como o significado de um termo cultural pode ser ampliado a ponto de incluir quase tudo. Diz Krauss:

> Nos últimos 10 anos coisas realmente surpreendentes têm recebido a denominação de escultura: corredores estreitos com monitores de TV ao fundo; grandes fotografias documentando caminhadas campestres; espelhos dispostos em ângulos inusitados em quartos comuns; linhas provisórias traçadas no deserto. Parece que nenhuma dessas tentativas, bastante heterogêneas, poderia reivindicar o direito de explicar a categoria escultura. Isto é, a não ser que o conceito dessa categoria possa se tornar infinitamente maleável. (Krauss, 1984: 87)

Para a historiadora de arte, a categoria escultura, assim como qualquer outro tipo de convenção, tem sua própria lógica interna, seu conjunto de regras, as quais, ainda que possam ser aplicadas a uma variedade de situações, não estariam em si próprias abertas a uma modificação extensa, ou seja, não seriam infinitamente maleáveis. Partindo desse pressuposto, Rosalind Krauss pergunta, então, se a categoria escultura, ao ser forçada a abranger campo tão heterogêneo, não correria o perigo de entrar em colapso. Conclui, entretanto, que tal preocupação não se justificaria no pós-modernismo, pois trata-se de um momento no qual a práxis não seria definida em relação a determinado meio de expressão, como a escultura ou a pintura. Seria definida em relação a operações lógicas dentro de um conjunto de termos culturais para o qual vários meios – fotografia, livros, quadros, espelhos ou escultura propriamente dita – podem ser usados: "o campo estabelece tanto um conjunto ampliado, porém finito, de posições relacionadas para determinado artista ocupar e explorar, quanto uma organização de trabalho que não é ditada pelas condições de determinado meio de expressão" (Krauss, 1984: 88).

Embora tenham se tornado mais comuns com o aprimoramento das tecnologias eletrônicas e digitais, os deslocamentos e as expansões que abalam as especificidades de cada meio de expressão, constituindo uma questão central das artes contemporâneas, já se faziam presentes, como se sabe, pelo menos desde as colagens cubistas e dos *ready-mades* de Duchamp. A literatura também não ficou imune aos contínuos entrecruzamentos entre diferentes áreas da produção cultural, como atestam, mais recentemente, os transbordamentos da escritura para além dos limites da página. No entanto, essa questão não tem mobilizado, tanto quanto era de se esperar, os estudiosos da literatura: são os teóricos das áreas das artes plásticas, da história cultural e da comunicação que têm apresentado uma reflexão mais sistemática sobre as distensões da escrita e as interseções da literatura com os demais campos artísticos.

No Brasil, a convergência entre a literatura e as mídias digitais tem sido abordada frequentemente sob o signo do temor apocalíptico do fim do livro ou da euforia tecnológica em face dos novos suportes eletrônicos dos textos, acompanhada de certo deslumbramento com o potencial de divulgação das redes e com as novidades das edições digitais lançadas pelo mercado editorial. Algumas vezes, emprega-se a expressão "literatura expandida" para designar textos compostos pela montagem de citações de obras alheias, mesmo que esses textos sejam publicados em livros impressos, de forma convencional, ou seja, a noção de literatura expandida confunde-se com a de remixagem. O uso indiscriminado da expressão "literatura expandida" acaba por colocar em segundo plano a reflexão, que ela mesma suscita, sobre o destino daquilo que a modernidade convencionou chamar de literatura. Deixam-se de lado algumas perguntas importantes, como: Considerando, como lembra Krauss, que os campos artísticos constituem-se historicamente, pode-se afirmar que, no contexto hipermidiático, uma nova lógica regerá o campo da literatura? A partir daí, o termo literatura passará a abranger uma produção cujo principal meio de expressão não é necessariamente a palavra escrita?

Literatura expandida e arquivo: o trabalho de montagem

A dissertação de mestrado em artes visuais intitulada *Literatura expandida: arquivo e citação na obra de Dominique Gonzalez-Foerster*, de Ana Pato, publicada em 2012, caminha nessa direção. A autora identifica na prática da artista plástica francesa o surgimento de uma forma de literatura expandida, que constituiria um caminho possível para a criação literária em meio a um mundo saturado de textos e imagens. As citações e apropriações de textos de outros artistas por Dominique Gonzalez-Foerster decorreriam da opção por uma lógica arquivista em consonância com a ideia do mundo como biblioteca – segundo o pensamento de Jorge Luis Borges – e com as mudanças na concepção de acervo trazidas pela tecnologia digital: este teria ganhado mais dinamismo no ambiente virtual, já que o público pode reagrupar textos ou fragmentos, realizando, a partir deles, um trabalho de reinterpretação e de criação.

Transitando entre o cinema, o vídeo e a instalação, a produção artística de Gonzalez-Foerster constrói-se por meio de citações de obras de cineastas, escritores, arquitetos e músicos, colocando em xeque o modelo convencional de autoria. Tal procedimento, segundo

Ana Pato, transpõe para as artes visuais o método e o pensamento de autores contemporâneos, como Enrique Vila-Matas e J. C. Ballard, prenunciando um novo tipo de escrita e de literatura, que se expande para o espaço expositivo, que se hibridiza com as artes visuais, a exemplo do cinema experimental, que, reclassificado como arte contemporânea, é exibido em galerias de arte. Ana Pato reconhece nesse processo a possibilidade de uma nova forma de literatura, não mais circunscrita à palavra ou exclusivamente à comunicação linguística, mas pluridimensional: "um romance pode ser preenchido com personagens e lugares, descrições e diálogos, mas também com obras de arte", diz Dominique Gonzalez-Foerster, acrescentando:

> Sempre quis escrever, mas não consegui. Para mim, a forma de escrever de Vila-Matas é muito clara. Entendo como ele combina a leitura, o *déplacement*, o encontro. Sinto-me gêmea de sua forma de construir o texto e da ideia de que tudo é material, cada encontro, cada leitura. E de que, no final, é tudo um grande trabalho de edição, de montagem. (Pato, 2012: 70)

Seguindo uma tendência semelhante, trabalhos como *Delírio de Damasco*, da escritora e artista plástica Verônica Stigger, tanto a intervenção na Mostra Sesc de Artes, em São Paulo, em 2010, quanto o livro derivado da exposição confundem os contornos entre literatura e artes visuais. A exposição exibia placas de madeira, coladas em tapumes de uma construção no centro da cidade, com frases ouvidas na rua, como as seguintes: "Fome é meu estado natural"; "Isso é o que ela sente ou o que sente o coração dela?"; "Não pode. Por que não pode? Porque não pode". No livro, as frases são exibidas uma a uma em cada página. Declara a autora:

> Talvez tenha sido mais com os artistas plásticos do que com os escritores que aprendi a tomar gosto pela experimentação. Daí, eu trazer constantemente para o terreno da literatura procedimentos caros às artes visuais. Daí também minha preocupação com a forma que o livro terá. Para mim, a forma gráfica do livro é indissociável do texto. Enquanto escrevo, já vou pensando na forma que o livro deve assumir. (Stigger, 2013)

Minha novela, livro de Verônica publicado em 2013, foi apresentado originalmente em formato de vídeo, como parte de uma instalação, na mostra realizada na Embaixada do Brasil em Bruxelas, entre dezembro de 2012 e fevereiro de 2013. Na tela escura, o texto narrativo é exibido frase por frase, isto é, expõe-se uma frase de cada vez, como se a obra fosse constituída pela sequência de manchetes jornalísticas sobre reviravoltas na vida de personagens de folhetins: "Ivanor troca Amélia pela batina". "Rosalva busca paz na igreja e se apaixona por Ivanor". "Com medo de ser preso, Juvenal se atira de um viaduto" (Stigger, 2013).

Também os murais do projeto de intervenção *Paginário*, de Leonardo Villa-Forte, compostos de páginas de vários livros, privilegiando a montagem em detrimento da escrita original, acabam por aproximar a prática de leitura e o movimento de livre circulação dos visitantes em espaço expositivo, o que evidentemente põe em discussão não só o conceito de escrita, a noção de autoria, como também a relação que tradicionalmente se estabeleceu entre o leitor e o suporte do livro. Sob o nome de *Paginário*, Leonardo realiza, desde 2013, instalações urbanas em diferentes pontos do Rio de Janeiro, que consistem na colagem, em muros, de cópias de páginas de livros escolhidas por amigos do artista: as passagens preferidas de cada página são destacadas com marca-textos coloridos.

Por outro lado, em *O livro depois do livro*, de Giselle Beiguelman – obra que reúne ensaios sobre literatura, leitura e internet, publicada no formato de site e de livro –, destacam-se as transformações nas experiências de leitura que se abrem com a digitalização. Rejeitando a lógica da novidade iminente, que, segundo a autora, "draga não só o passado, mas o próprio presente, arremessando-nos em um estranho estado de expectativa de um pós-futuro que nunca chega", Giselle descreve seu trabalho teórico da seguinte maneira:

> Recusando esse tipo de abordagem (o da lógica da novidade iminente), interroga-se um contexto de leitura mediado por interfaces conectadas em rede, discutindo projetos criativos que têm como denominador comum o fato de expandirem e redirecionarem o sentido objetivo

do livro, permitindo pensar experiências de leitura pautadas pela hibridização das mídias e cibridização dos espaços (online e offline). (Beiguelman, 2005: 10)

Diante de vários projetos que apontam para transformações nos modos de leitura e na concepção do que chamamos de livro, diante também das reflexões que tais mudanças vêm provocando em diversos campos do conhecimento, pode-se dizer que, na área acadêmica de letras, como mencionamos, os rumos da literatura, como campo artístico, têm sido pouco discutidos, e muitas vezes a questão tem se diluído em meio ao debate sobre o futuro da cultura impressa. A literatura é, intrinsecamente, a arte do livro, como a definiram alguns pensadores? Se assim for, como delimitá-la a partir da mudança de suporte, isto é, do deslizamento dos textos para as telas? A literatura tal como a modernidade a concebeu seria ultrapassada com a hegemonia das escritas hipermidiáticas?

Para Foucault, a literatura teria começado no dia em que o espaço da retórica foi substituído pelo que se poderia chamar de o volume do livro, embora ela tenha sempre procurado transgredir esse espaço. Diz o filósofo que a literatura não deve ser compreendida nem como a linguagem do homem, nem como a palavra de Deus, nem como a linguagem da natureza, nem como a linguagem do coração ou do silêncio, mas como a linguagem própria do livro – "uma linguagem transgressiva, mortal, repetitiva, reduplicada" (Machado, 2000: 154).

A questão da mudança de suporte não se constitui, desse modo, apenas em um problema comercial, que afeta as editoras, como às vezes é tratada, já que, como observou Roger Chartier, os suportes materiais que permitem a leitura, a audição ou a visão dos textos participam profundamente da construção de seus significados:

> Se os textos se emancipam das formas que os acompanham desde os primeiros séculos da era cristã – desde o códex, o livro composto por cadernos, do qual derivam todos os objetos impressos que nos são familiares – são, de fato, todas as tecnologias intelectuais, todas as operações

em curso na produção de significações que se encontrarão modificadas. (Chartier, 1999: 91)

Nesse sentido, somos levados, então, a perguntar, seguindo a pista deixada pelo historiador francês: O que é um livro quando não é mais simultânea e inseparavelmente texto e objeto? Quais são as implicações, para a percepção das obras e a compreensão de seu significado, da prática de leitura de fragmentos de textos radicalmente desvinculadas da narrativa ou do argumento das quais são parte? Quais os critérios de definição de autoria quando a ideia de uma obra idêntica a si mesma é abalada pelo movimento incessante de apropriações e reciclagens?

Em face dessa contínua torrente de transformação intertextual, em um processo incessante de reciclagem, textos literários vêm cada vez mais assumindo o lugar de intermídia, para usar a expressão de Youngblood, servindo de prototexto no campo da produção cinematográfica, televisiva e digital. Como destacava, na década de 1980, Umberto Eco, no lugar do choque e da frustração de expectativas, ganha terreno, na era eletrônica, uma estética da repetição que vem minando o critério da originalidade característico da arte moderna. Identificada com os produtos veiculados pelos meios de comunicação de massa, essa estética da serialidade implica a ideia de infinitude do texto, cuja variabilidade se converteria em prazer estético (Eco, 1989: 110).

A exemplo de algumas vertentes das artes plásticas, a obra, no campo da literatura, também pode tornar-se conceito, e o escritor passa a ser, então, o proprietário de uma ideia, como observou Rancière.[11] Para o filósofo, o esvaziamento da obra, paradoxalmente, não concretizou a tão anunciada morte do autor, mas, ao contrário, fortaleceu-o, abrindo espaço para a negociação entre os proprietários de ideias e os proprietários de imagens. Daí decorre que "o autor por excelência seria então, atualmente, aquele cuja ideia é explorar o que

---

[11] Ver "Arte, mercado e estetização do cotidiano", anteriormente, neste volume.

lhe pertence como algo próprio, sua própria imagem". O autor não seria mais o "espiritual histrião", de que falava Mallarmé, mas o "comediante de sua imagem" (Rancière, 2003).

O escritor, o mercado editorial e as redes sociais

A expressão "comediante de sua imagem", despida aqui, neste texto, de qualquer sentido pejorativo, traz-nos à memória o folhetim digital *Delegado Tobias*, de Ricardo Lísias (2014a-2014e), publicado em cinco volumes. Os livros giram em torno do assassinato do escritor e personagem Ricardo Lísias – crime que teria como principal suspeito, segundo a polícia, um indivíduo chamado Ricardo Lísias. Escritores, críticos e jornalistas oriundos do chamado mundo real, como Manuel da Costa Pinto, aparecem como personagens dessa narrativa, que questiona, de maneira bem-humorada, o estatuto da ficção na sociedade da informação. Os limites entre o verdadeiro e o falso são problematizados, ao mesmo tempo em que a narrativa se alimenta da própria tenuidade dessas fronteiras, para envolver os leitores em mistérios gerados por uma trama de natureza metalinguística, que suscita perguntas tais como: O autor morreu? Quem o matou? Quem assumiu seu lugar? O escritor-personagem e o autor são a mesma pessoa? A literatura tem o compromisso ético de não confundir o leitor, deixando bem claro o que é ficção e o que é realidade? Quem é o leitor médio? O que é autoficção?

Depois das tensões geradas com a publicação do romance *Divórcio*, de fortes bases biográficas, cuja trama também extrapolou as páginas do livro, mas de modo não totalmente controlado pelo autor, Lísias parece ter decidido partir para a radicalização das simulações, para as falsificações duplicadas sem fim: o desdobramento vertiginoso da figura do autor em personagem e do personagem em autor rompe as fronteiras entre mundo real e ficção, apontando para a ficcionalização de tudo o que nos cerca. Diz o autor: "Há gente encontrando o delegado Tobias na rua até agora, assim como se diz absurdos sobre o meu romance *Divórcio* até agora também..." (Lísias, 2014a).

A trama ficcional do e-folhetim não se restringiu à página do e-book, expandindo-se para o Facebook, em uma narrativa interativa, com viva participação dos leitores, criada pelo escritor e pela editora e-galáxia. O autor travava discussões em sua própria página com o personagem, o delegado Paulo Tobias, que teve um perfil criado no Facebook e que protestava na rede contra o uso de sua imagem no texto de Lísias. Falsas manchetes de jornal também foram postadas, para instigar leitores, e até uma possível proibição do livro pela Justiça foi aventada pelo escritor e pela editora. Como assinalado no blog da editora e-galáxia, a ficção ultrapassou "os limites do suporte livro para em seguida tragar de volta para dentro do livro a realidade que dela se aproxima" (2014a). Conforme o blog, durante toda a semana de lançamento de *Delegado Tobias 1*, o e-book manteve-se entre os mais vendidos na categoria ficção das lojas Apple, Amazon e Livraria Cultura, e causou grande repercussão nas redes sociais.

O volume 5, que encerra a série, inicia-se com uma apresentação, assinada por Ricardo Lísias, na qual este se reporta às estratégias utilizadas para estender o e-folhetim para as redes sociais, como a criação do perfil do delegado no Facebook, enquanto Lísias e os editores, nas próprias páginas pessoais, lançavam um material que dialogava com o e-book: "Eram notícias falsas em recortes de jornal e revista, cartazes e inclusive a simulação de peças jurídicas de um hipotético processo que a personagem teria iniciado para proibir o e-book" (Lísias, 2014e). O último volume reúne parte desse material que circulou no Facebook, além de compor o texto fragmentado dos livros anteriores.

O e-folhetim de Lísias destacou-se pela ousadia do formato, isto é, pequenas narrativas em série disponibilizadas em e-books, dois deles gratuitos, e pelos meios usados para divulgação. Mas chamou atenção também porque, ao utilizar a comunicação em rede para alimentar a história ficcional, expondo-se como personagem de uma página policial (vítima e assassino chamam-se Ricardo Lísias), o escritor levou ao paroxismo a estratégia publicitária, levada a cabo pelas editoras, de dar visibilidade à obra através da performance do autor: cada vez mais, tira-se partido do prestígio social da figura do escritor e de seu desempenho como celebridade midiática.

Contra o escritor-celebridade e a desvalorização da obra de arte, Bernardo Carvalho afirma, no texto intitulado "Em defesa da obra":

> Ao se privilegiar as obras, se pressupõe que nem todos podem ser autores, e que nem todas as autorias são iguais. E nada mais natural, depois de tanto esforço de marketing a celebrar a figura do autor, que a obra tenha passado a ocupar um lugar secundário e insignificante. (Carvalho, 2011)

Para Bernardo Carvalho, a autoria passou a ser vista como sinônimo de visibilidade, uma forma privilegiada de estar e aparecer no mundo, em detrimento das obras, e seriam as grandes corporações da internet que acabariam colhendo os frutos dessa estratégia:

> [...] são elas que nos proporcionam afinal o sonho de sermos célebres autores de nós mesmos e são elas que nos vendem a miragem de transformar cada detalhe da nossa vida privada em evento público. Por uma razão muito simples: o lucro dessas novas empresas depende unicamente do conhecimento dos desejos íntimos dos consumidores. (Carvalho, 2011)

Não se pode negar que a visibilidade da obra literária foi se tornando, ao longo da segunda metade do século XX, cada vez mais tributária de fatores externos a ela própria, como do fato de ter fornecido matéria ficcional para um filme, valorizando-se o texto literário por intermédio de sua versão audiovisual. Essa tendência, como destacamos em *Narrativas migrantes: literatura, roteiro e cinema* (Figueiredo, 2010), manifesta-se nas inúmeras estratégias que visam a diluir as fronteiras entre as duas esferas de produção, como as reedições de obras que foram filmadas, colocando-se, na capa, fotos de cenas do filme, como tática de sedução do público.

Mais recentemente, algumas editoras têm lançado mão dos meios audiovisuais para divulgar livros. Pequenos filmes de cerca de dois minutos, exibidos na internet, em sites, blogs de editoras e até no cinema são usados como *trailers* de livros: no cinema, procura-se exibi-los antes de filmes que tenham alguma afinidade com a obra. O *booktrailer* serve de chamariz para o texto, substituindo resenha e publicidade escritas nos moldes tradicionais, como se as palavras impressas fossem insuficientes para atrair leitores, que necessitariam de estímulos audiovisuais. Em diferentes formatos, de acordo com o tipo de livro que apresentam, os *booktrailers* podem mostrar, por exemplo, cenas do autor lendo trechos selecionados, intercaladas com imagens de arquivo, como costuma acontecer com livros de historiografia. Outras vezes, ouve-se a poesia de um escritor consagrado na voz de um poeta com maior visibilidade midiática, de um ator ou cantor, enquanto imagens alusivas à obra ou à vida do autor do texto recitado são exibidas. Quando se trata de livros de ficção, o *trailer* busca sintetizar visualmente o enredo dessas narrativas: quase sempre conta com trilha sonora e é estrelado por atores, aproximando-se dos *trailers* de filmes. Há, no entanto, exceções, como o caso do romance *Leite derramado*, de Chico Buarque: nesse *booktrailer*, por cinco minutos o autor, em primeiro plano, lê algumas páginas do livro – a câmera só se desloca da imagem do escritor, cuja fama, no Brasil, deve-se à sua carreira de cantor e compositor, para aproximar-se das páginas que estão sendo lidas, voltando em seguida para o autor.

O propósito de atrair o leitor/espectador pelo entrecruzamento do campo literário e do audiovisual, nos dias de hoje, evidentemente não se esgota nos *booktrailers*. O mercado editorial tem investido também na publicação de romances que dão continuidade a séries de TV. Segundo matéria de Alexandra Alter publicada na *Folha de S.Paulo* (2015), desde a publicação da série de livros *Star wars*, que começou em 1976, várias narrativas de ficção televisiva deram origem a livros, como o drama sobre terrorismo *Homeland*, a série policial britânica *Broadchurch*, o seriado de ficção científica *Fringe*. Tais romances, que, muitas vezes, garantem a sobrevida de personagens de séries populares que terminaram há algum tempo, são garantia de lucro certo para editoras e produtores. Revigora-se também, na atualidade, a publicação de livros escritos a partir de filmes – prática muito antiga, presente já na Europa das duas primeiras décadas do século passado, quando eram comuns as publicações de versões romanceadas de obras cinematográficas e de textos destinados a serem convertidos em filmes.

Cabe lembrar ainda as mudanças no status do roteiro em razão da iniciativa do mercado editorial de ampliar a publicação desse tipo de texto, tido, tradicionalmente, como efêmero. Tais mudanças levaram-nos a indagar, em obra anterior (Figueiredo, 2010), se poderíamos estender a expressão literatura expandida a ponto de abrigar também os roteiros, já que estes são textos que se situam em um entrelugar entre a literatura e o audiovisual e que, de certo modo, ultrapassam as fronteiras da comunicação verbal e do suporte impresso. A ampliação da publicação dos roteiros tem, inclusive, fortalecido a ideia, defendida por alguns profissionais do cinema, de que constituem um novo gênero narrativo, capaz de despertar o interesse do leitor comum, não especializado.

A interseção entre os campos artísticos promovida pelas novas tecnologias e capitalizada pelo mercado tem alterado a prática dos próprios artistas, que se veem atuando dentro desse campo ampliado, tornando-se profissionais multimídia. Como observou Rosalind Krauss, a expansão dos campos artísticos que caracteriza a contemporaneidade tem dois aspectos:

> Um deles diz respeito à prática dos próprios artistas; o outro, à questão do meio de expressão. [...] Com relação à prática individual, é fácil perceber que muitos dos artistas em questão se viram ocupando, sucessivamente, diferentes lugares dentro do campo ampliado. (Krauss, 1984: 90)

A literatura e a escrita cinematográfica

Nesse quadro, a parceria entre escritores e cineastas, em uma espécie de colaboração que transcende as fronteiras de cada campo, é cada vez mais frequente, o que tende a tornar obsoleta a própria noção de adaptação. Esta pressupõe a ideia de transposição de uma obra literária acabada, isto é, fechada em sua integridade, para o audiovisual.

Pressupõe sempre, portanto, uma distância entre o trabalho do escritor e o do diretor, distância que tem se tornado cada vez menor, inclusive com a presença de escritores no *set* de filmagem, colaborando estreitamente com diretores e roteiristas, podendo ocorrer que os escritores atuem como roteiristas e até como atores em suas próprias obras.

O filme *Os famosos e os duendes da morte* (2009), por exemplo, resultou do trabalho conjunto realizado pelo diretor Esmir Filho e o escritor Ismael Canappele. O primeiro, ao ler o esboço do romance de Ismael Canappele, identificou-se com a história e decidiu filmá-la. Não se trata, portanto, de uma adaptação no sentido que comumente se atribui a esse termo, já que o roteiro e a forma final do livro nasceram juntos. Trata-se de uma criação compartilhada: o livro, ainda em fase de finalização, foi influenciado pelo próprio desenvolvimento do filme. Surgiram, simultaneamente, o filme de um livro e o livro de um filme (publicado pela Iluminuras). Canappele assinou o argumento junto com o diretor e fez uma participação no filme, que conquistou o Troféu Redentor como melhor longa de ficção do Festival do Rio de 2009.

Já o romance *Jesus Kid* (2004), de Lourenço Mutarelli,[12] nasceu de uma solicitação do diretor Heitor Dhalia, que necessitava de um roteiro para um filme de baixo orçamento. Mutarelli aceitou a encomenda, mas não escreveu um roteiro, e, sim, um romance para ser adaptado, que se constitui em uma crítica ácida à submissão dos escritores aos interesses da indústria cinematográfica e do mercado editorial. No romance, o personagem principal, chamado Eugênio, é um escritor de livros de entretenimento que, necessitado de dinheiro

---

[12] A carreira de Mutarelli como escritor foi impulsionada a partir do momento em que o filme *O cheiro do ralo* (Brasil, 2007) chegou às telas de cinema e que atuou como ator na adaptação do romance realizada por Heitor Dhalia. Mutarelli também participou como ator na adaptação, realizada por Paulo Machline (2011), de outra obra de sua autoria: *Natimorto*. Depois de *O cheiro do ralo*, publicado em 2002, dois de seus romances – *Jesus Kid* (2004) e *Miguel e os demônios, ou nas delícias da desgraça* (2009) – foram escritos sob encomenda para virar filmes.

para pagar contas, aceita a proposta de um produtor e de um diretor de cinema para escrever o roteiro de um filme. O contrato obriga Eugênio a escrever o roteiro em um hotel, onde deverá ficar por três meses, sem poder sair, fazendo lembrar a situação tanto dos participantes de *reality shows* quanto de alguns projetos editoriais que implicam o deslocamento dos escritores para locais determinados pelos editores. O personagem do diretor no universo ficcional exige que o filme de Eugênio seja sobre um escritor, em crise criativa, que se lança em um projeto de escrever um roteiro para um filme. Por outro lado, o diretor também exige que o enredo tenha muita ação e inclua aventuras amorosas com mulheres e, como se vê na passagem a seguir, cita como exemplo do que deseja o filme *Adaptation* (EUA, 2002), de Spike Jonze, com roteiro de Charles Kaufman:

> – E toda história deve se passar no interior do hotel?
> – Isso, desse hotel. Porque nós conhecemos o dono e ele vai deixar a gente rodar o filme aqui, na faixa. Isso nos economiza um montão de dinheiro.
> – Eugênio, você viu *Adaptation*?
> – Não, não vi.
> – Porra, Eugênio, que tipo de roteirista você quer ser se você não vai ao cinema?
> – Eu não sei se quero ser roteirista.
> – [...] E ele precisa inserir um pouco de favela, diga isso a ele.
> – Favela?
> – É favela. Isso ajuda na captação.
> – Mas como eu vou inserir favela em uma história que se passa, toda, dentro de um hotel?
> – Porra, nós vamos ter que arrumar um DVD do *Adaptation*.
> – *Adaptation*?
> – Cara, nesse filme, o cara bota todos os ingredientes hollywoodianos numa história que fala de orquídeas. É mole?! (Mutarelli, 2004: 64)

Criando um enredo em abismo, que espelha de maneira caricatural sua própria situação, Lourenço Mutarelli, em *Jesus Kid*, chama a atenção para uma série de questões que tensionam a escrita literária quando esta já nasce comprometida com a produção audiovisual.

Destaca o fato de problemas financeiros característicos do cinema acabarem por impor restrições temáticas aos romances ou por determinar a escolha de temas que facilitam a captação de recursos, como os de cunho social, que, na versão "filme de favela", constituíram um gênero bastante explorado pelo que se convencionou chamar de "cinema de retomada". Põe em evidência ainda a preocupação com o sucesso de bilheteria, que induz à utilização de fórmulas garantidas de sucesso, como a mistura de ingredientes das narrativas de entretenimento com uma dose certa de metalinguagem. Como Heitor Dhalia observou no prefácio do livro, nada escapou à ironia de Mutarelli, voltada sobretudo para o cinema: o romance aponta de maneira cortante "as fraquezas, mesquinharias e ambições mal disfarçadas da atividade cinematográfica, que mescla arte e dinheiro, como nenhuma outra" (Mutarelli, 2004: 2).

Em *Jesus Kid*, os clichês das narrativas de entretenimento tornam-se o próprio objeto da representação, isto é, o livro encena um tipo de encenação, dobra-se sobre o discurso da cultura de massa e estiliza-o, exibindo seus artifícios com o objetivo de exauri-los. Representando representações, o romance constitui-se em uma narrativa em segundo grau, já que procura evidenciar os mecanismos de fabricação das histórias estereotipadas que se alimentam da repetição dos esquemas genéricos. Absorve de maneira explícita e excessiva vários clichês, chamando a atenção para a retórica repetitiva e vazia que preside os produtos submetidos a interesses puramente mercadológicos. Ao utilizar de maneira crítica esses mesmos recursos, não abdica, entretanto, do propósito de seduzir um público mais amplo, proporcionando-lhe o prazer do reconhecimento do que lhe é familiar. Assim, o romance/roteiro não deixa também de se alinhar com o modelo proposto – o mencionado filme *Adaptation*, no qual reflexões sobre a relação entre literatura, cinema e mercado cruzam-se com peripécias típicas dos filmes de ação.

O artifício utilizado por Mutarelli – a mistura de ingredientes das narrativas de entretenimento com certa dose de metalinguagem –

constitui-se em uma convenção narrativa dominante em nossa época pouco afeita às radicalidades e às rupturas. *Miguel e os demônios, ou nas delícias da desgraça*, livro do mesmo autor, posterior a *Jesus Kid*, escrito por encomenda do cineasta Tadeu Jungle, assume-se, sem críticas explícitas, como um texto pré-filme, sendo pontuado por indicações que remetem à esfera cinematográfica, como a que inicia o texto – "tela branca" –, além de referências a posicionamentos de câmera que enquadrariam a cena narrada, como ocorre, por exemplo, na passagem: "A câmera se afasta, revelando a mosca que se debate contra o para-brisa." Tais indicações constituiriam um recurso tanto para orientar os integrantes de uma equipe de filmagem quanto para seduzir o leitor comum, familiarizado com a linguagem do audiovisual. Acrescente-se que, além da mixagem de ingredientes formais e temáticos de gêneros narrativos populares, como o romance policial e o filme de ação, predominam, em *Miguel e os demônios*, formas verbais no presente e frases nominais – recursos que tendem a presentificar as cenas narradas, como ocorre no cinema. Leia-se, a título de exemplo, o seguinte trecho:

> Calor infernal. Dezembro. Interior de um Fiat Uno branco modelo 94. Rua Domingos de Morais, Vila Mariana. Fachadas se alternam. Pequenas lojas, pequenas portas, prédios comerciais e residenciais. Blocos de três ou quatro andares. Papai Noel por toda parte. Múltiplo. Ubíquo. Papai de plástico, papai de gesso, papai de papelão. Postes e molduras cobertos de lampadinhas. Pisca-pisca. (Mutarelli, 2009: 6)

Como se pode perceber, a interseção entre a obra literária e o campo do audiovisual, na atualidade, manifesta-se em diferentes níveis. Outro caso bastante significativo nesse sentido é o diálogo constante travado entre o cineasta Beto Brant e a literatura de Marçal Aquino. Para citar apenas um exemplo mais recente, o diretor, que adaptou para o cinema o livro *Eu receberia as piores notícias dos seus lindos lábios*, de autoria de Aquino, publicado em 2005, produziu uma minissérie de televisão em quatro episódios, exibida em julho de 2009, partindo de um personagem secundário do romance:

o psicanalista Benjamin Schianberg. O mesmo material deu origem a um filme longa-metragem.

A minissérie, realizada a convite da TV Cultura e do Sesc TV, em coprodução com a Drama Filmes, acompanhou o início do relacionamento amoroso entre um ator e uma artista plástica, a partir da convivência no interior de um apartamento, durante três semanas. A proposta envolvia a instalação de câmeras no apartamento, como em um *reality show*, com o diferencial de que os atores não estariam confinados. Na narrativa audiovisual, o personagem Schianberg, um psicanalista que reflete sobre o comportamento amoroso a partir do relacionamento de casais por ele observados, é representado pela voz de um narrador, que analisa a relação dos atores Gustavo Machado e Marina Previato. Segundo Beto Brant, não havia uma dramaturgia previamente escrita. Diz o diretor:

> A gente criou uma regra: contaminar o menos possível. Saíssem quando quisessem, limpassem o apartamento. E eu me comunicava com e-mails, torpedos, que era uma forma de manter contato sem contaminar. E de brincar mesmo! Eu estava em outro apartamento, com joysticks, com oito câmeras, como se fosse um game mesmo, buscando enquadramento e olhares, flagrando detalhes que acrescentassem significados no filme. Eu era o próprio Schianberg! (Brant, 2010)

Desse modo, o personagem de *Eu receberia as piores notícias dos seus lindos lábios* deu origem a outra narrativa, que se realizou de forma aberta, incorporando os elementos do dia a dia dos atores às tramas sugeridas por um esboço de roteiro. Em certo sentido, podemos dizer que o romance de Aquino expandiu-se, dando origem a um filme e a uma minissérie – esta, por sua vez, dilui os contornos entre a ficção e o documentário. Beto Brant estabeleceu um diálogo com o modelo televisivo dos *reality shows*, tendo como mediação o personagem do livro. Encontra-se aí, mais uma vez, um exemplo do esforço empreendido pelos artistas no sentido de extrair potência inventiva de lugares-comuns temáticos e formais oriundos da cultura massiva, dobrando-se sobre ela.

Há futuro para a escrita? Flusser e os roteiros

Preocupado com o destino dos textos em meio à profusão de imagens técnicas, Vilém Flusser dedica um dos capítulos do livro *A escrita: há futuro para a escrita?* aos roteiros. Ao defini-los, o autor destaca o fato de serem textos que não se dirigem a editores e, por meio destes, aos leitores, mas aos produtores de cinema. Para ele, os roteiristas são pessoas que pisam em chão escorregadio, em um plano inclinado que serve de ponte entre "o planalto da cultura escrita" e o "precipício da cultura das imagens técnicas", estando sempre a ponto de rolar nesse precipício. Segundo Flusser, de maneira semelhante aos equilibristas, os roteiristas tentam manter o equilíbrio entre texto e imagem por meio de uma acrobacia literária, mas não conseguem, porque o campo de gravidade das imagens puxa-os. Diz o autor:

> Se o roteiro fosse um número no circo público (os roteiristas se defrontariam com o público no coliseu da mídia), todos ouviriam falar de sua fama em todos os lugares. Ele preencheria o espaço da cultura escrita, que está se esgotando, como um grito estridente: *"morituri te salutant"*. (Flusser, 2010: 147)

Na perspectiva do filósofo tcheco, os roteiros para produtos audiovisuais seriam um duplo engano: simulam que são textos quando são programas de imagens. Seriam o canto do cisne da literatura, a despedida melancólica da literatura:

> Quem escreve roteiros rendeu-se de corpo e alma à cultura das imagens. E ela é[,] do ponto de vista da cultura da escrita, o demônio. Os roteiristas servem a esse demônio literalmente, eles colocam as letras à disposição dele. [...] Nenhuma outra traição aos escritores, aos intelectuais, ao espírito da história é mais óbvia do que aquela cometida pelos roteiristas. (Flusser, 2010: 152)

Como se pode perceber, a rejeição de Flusser à prática profissional dos roteiristas, que o leva a criticar com tanta veemência, em texto cuja primeira edição é de 1987, uma atividade que existe pelo menos desde os primórdios do cinema, decorre de sua preocupação com a expansão da cultura eletromagnética, que conferiria centralidade às imagens técnicas em detrimento dos textos escritos. Desenvolvendo argumentos que lembram o vaticínio de McLuhan sobre o fim da era de Gutenberg, Flusser assume posição oposta à do teórico canadense, saindo em defesa da escrita alfabética como código fundante do pensamento ocidental, que teria dado origem à consciência histórica e, consequentemente, criado as condições para a superação do mundo mágico-mítico. Por isso, reivindica, para o livro mencionado, o estatuto de uma petição a favor da escrita, protestando contra o risco de o alfabeto se transformar em um código auxiliar, subjugado à produção de imagens.

Flusser antevê a descentralização promovida pela aceleração do processo de deslizamento dos textos do suporte impresso para os meios audiovisuais, por isso acusa os roteiristas de traidores, porque estariam a serviço desse movimento, que, como se sabe, realiza-se cada vez mais rápido, podendo ocorrer, hoje, que um romance seja adaptado antes mesmo de ser dado como concluído por seu autor. A redução do espaço de tempo entre a publicação do livro e seu aproveitamento pelo cinema abala a ideia da obra literária como produto final, já que o texto literário recém-publicado dará origem a outro texto, o cinematográfico.

As ponderações do filósofo remetem-nos à estreita relação que se estabeleceu entre a escrita, o objeto livro e a racionalidade moderna – associação que se vê ameaçada pela mobilidade de fronteiras entre os campos da produção cultural, características da cultura multimidiática. A própria textualidade digital abala as categorias e práticas que fundaram a ordem dos discursos e dos livros no contexto moderno, dificultando a distinção, a classificação e a hierarquização dos formatos discursivos dos textos em função de sua materialidade (como livro, jornal, carta ou documento de arquivo). São abaladas também as distinções entre as mídias sonoras, visuais e textuais, cujos limites objetivos, como observou Giselle Beiguelman (2005: 13), são agora implodidos pela interface.

A literatura vem se esforçando para se adaptar aos novos tempos, nos quais os textos literários circulam no interior de uma ampla rede de bens simbólicos, desfazendo-se antigas hierarquias, ao mesmo tempo que o mercado, seguindo a lógica comercial, cria segmentações de acordo com o tipo de público a que o produto se destina. Os roteiristas não são, assim, na atualidade, os únicos agenciadores da entrada da literatura no circuito incessante de remissões entre obras impressas e produtos audiovisuais. Os próprios escritores, ao mesmo tempo que problematizam em suas obras a desrealização do mundo, que seria desencadeada pela proliferação das imagens técnicas, têm, crescentemente, lançado mão de procedimentos formais, de modos enunciativos e inflexões que visam a aproximar suas narrativas do regime de visibilidade instaurado por essas imagens. Buscando fazer uma literatura para ser lida como um filme, mais até do que para ser filmada, autores utilizam tópicos da cultura audiovisual como mediação entre o texto e o leitor. Seguindo essa direção, a ficção literária contemporânea, cada vez mais, assimila o ritmo dos cortes rápidos e procedimentos de montagem de cenas próprios da linguagem cinematográfica, privilegiando os diálogos e minimizando o papel do narrador: o "aqui e agora" vai tomando o lugar do "era uma vez".

Nesse contexto, o papel da crítica, hoje, não seria o de culpabilizar os roteiristas ou os escritores, mas de pensar as consequências, para o campo literário, dos deslizamentos promovidos pelos novos circuitos, à luz do protagonismo exercido pelo mercado como grande mediador da cultura. Caberia indagar se os parâmetros de valoração criados a partir da arte modernista ainda são adequados quando se trata de avaliar a literatura produzida nesse cenário, se devemos julgá-la a partir dos critérios oriundos da estética do choque, da ruptura, da originalidade. Cânones modernistas, formulados há um século, são adequados para pensar a arte contemporânea? Os paradigmas estéticos modernistas não seriam datados historicamente, sendo frutos de uma época marcada pelo surgimento das metrópoles e dos meios de produção cultural do final do século XIX – fotografia, cinema, técnicas de reprodução e gravação?

Ao contrário do que previu McLuhan, a era do audiovisual não substituiu a era da escrita: estamos mergulhados em um mundo de textos, ainda que não necessariamente impressos em papel. Entretanto, o universo cultural construído a partir da primazia da escrita, base dos paradigmas de valor da racionalidade moderna, foi irremediavelmente alterado com as transformações simultâneas nos suportes para a escrita, nas técnicas de reproduzir e distribuir as obras e nas formas de leitura. Portanto, o plano escorregadio no qual, segundo Flusser, se movem os roteiristas é o mesmo em que escritores e críticos tentam se equilibrar.

Referências

ALTER, Alexandra. Romances dão continuidade a séries que terminam na TV. *Folha de S.Paulo*. 24 jan. 2015.
AQUINO, Marçal. *Eu receberia as piores notícias dos seus lindos lábios*. São Paulo: Companhia das Letras, 2005.
BEIGUELMAN, Giselle. *O livro depois do livro*. São Paulo: Peirópolis, 2005.
BELLOUR, Raymond. Cineinstalações. In: MACIEL, Kátia (Org.). *Cinema sim*: ensaios e reflexões. São Paulo: Itaú Cultural, 2008.
———. *Entre imagens*. Campinas: Papirus, 1997.
BRANT, Beto. Entrevista. *Terra Magazine*, 23 fev. 2010. Disponível em: <http//terramagazine.terra.com.br>. Acesso em: 25 jun. 2010.
CARVALHO, Bernardo. Em defesa da obra. *Revista Piauí*, n. 62, nov. 2011.
CHARTIER, Roger. *A ordem dos livros*. Brasília: UNB, 1999.
ECO, Umberto. *Sobre espelhos e outros ensaios*. Rio de Janeiro: Nova Fronteira, 1989.
FIGUEIREDO, Vera Lúcia Follain de. *Narrativas migrantes*: literatura, roteiro e cinema. Rio de Janeiro: Ed. PUC-Rio/7Letras, 2010.
FLUSSER, V. *A escrita – há futuro para a escrita?* São Paulo: Annablume, 2010.
GOLDSMITH, Kenneth. La vanguardia vive en internet. Entrevista concedida a Eduardo Lago. *El País*, 15 fev. 2014. Disponível em: <http://cultura.elpais.com>. Acesso em: 10 out. 2014.
KRAUSS, Rosalind. A escultura no campo ampliado. *Gávea*: Revista Semestral do Curso de Especialização em História da Arte e Arquitetura no Brasil, Rio de Janeiro: PUC-Rio, n. 1, 1984.
LÍSIAS, Ricardo. *Delegado Tobias 1*: o assassinato do autor. São Paulo: e-galáxia, 2014a. E-book.
———. *Delegado Tobias 2*: delegado Tobias & delegado Jeremias. São Paulo: e-galáxia, 2014b. E-book.

_____. *Delegado Tobias 3*: o começo da fama. São Paulo: e-galáxia, 2014c. E-book.

_____. *Delegado Tobias 4*: caso Lísias é realidade. São Paulo: e-galáxia, 2014d. E-book.

_____. *Delegado Tobias 5*: os documentos do inquérito. São Paulo: e-galáxia, 2014e. E-book.

_____. Entrevista concedida a Alexandre de Paula. *Correio Brasiliense*, 8 out. 2014f. Disponível em: <www.correiobraziliense.com.br/>. Acesso em: 6 dez. 2014.

MACHADO, Arlindo. *Arte e mídia*. Rio de Janeiro: Jorge Zahar, 2007.

MACHADO, Roberto. *Foucault, a filosofia e a literatura*. Rio de Janeiro: Jorge Zahar, 2000.

MUTARELLI, L. *Jesus Kid*. São Paulo: Devir, 2004.

_____. *Miguel e os demônios, ou nas delícias da desgraça*. São Paulo: Companhia das Letras, 2009.

PATO, Ana. *Literatura expandida*: arquivo e citação na obra de Dominique Gonzalez-Foerster. São Paulo: Edições Sesc São Paulo/Associação Cultural Vídeo Brasil, 2012.

RANCIÈRE, Jacques. Autor morto ou vivo demais? *Folha de S.Paulo*, Caderno Mais!, 6 abr. 2003.

STIGGER, Verônica. *Delírio de Damasco*. Florianópolis: Cultura e Barbárie, 2012.

_____. Entrevista. *Garupa*, número zero, 2013a. Disponível em: <http://revistagarupa.com/>. Acesso em: 5 dez. 2014.

_____. *Minha novela*. Florianópolis: Cultura e Barbárie, 2013b.

WEIBEL, Peter. Expanded cinema, video and virtual environments. In: SHAW, Jeffrey; PETER Weibel. *Future cinema*: the cinematic imaginary after the film. Cambridge, Mass.: MIT Press, 2003.

YOUNGBLOOD, Gene. *Expanded cinema*. Nova York: P. Dutton & Co., 1970.

O mal-estar da crítica: estética do uso e diluição das esferas de competência

> *Desde o princípio, os êxitos da arte moderna não resultaram nem de afirmar nem de rechaçar sua posição concreta na ordem social, mas de representar esta posição em sua contradição, abrindo assim a possibilidade de uma consciência crítica em geral.*
>
> Thomas Crow

A incompatibilidade com as normas de seu tempo e a originalidade são atributos constitutivos da arte moderna. A paixão pelo novo, que, segundo Octavio Paz (1984: 189), definiria a modernidade esteve, no entanto, sempre associada à ideia de progresso e à visão utópica do futuro, que, hoje, caíram em desgraça. Não por acaso, junto com o fim da história anunciou-se também, nas duas últimas décadas do século passado, a impossibilidade do novo na arte. Como observou Borys Groys (2008: 8), liberar-se da obrigação de ser novo passa a ser considerada uma grande vitória da vida em face das narrativas históricas que antigamente predominavam e que tenderiam a subjugar, ideologizar e formalizar a realidade. Para o autor, a enorme ilusão causada pelo fim do novo na arte estaria ligada à "promessa de incorporar a arte na vida – mais além das construções e considerações históricas, mais além da oposição entre o antigo e o novo" (Groys, 2008: 9). Tais considerações levam-nos a refletir sobre o lugar da crítica de arte nesse contexto, no qual se afirma, cada vez mais, uma estética da apropriação, da reciclagem, em que tudo pode se tornar artístico. Faz-se, então, necessário um recuo no tempo.

Como se sabe, a mutação radical na representação do belo ocorrida com a chegada dos tempos modernos está estreitamente ligada ao nascimento da estética. É quando o belo passa a ser pensado em termos de gosto, associado à subjetividade humana, definindo-se pelo prazer que desperta, pelas sensações que suscita, e a estética constitui-se em campo filosófico. Deixa-se para trás a ideia, predominante no mundo antigo,[13] de uma beleza intrínseca ao objeto, cuja harmonia refletiria uma ordem exterior ao ser humano, seja uma ordem natural ou divina. A primazia do gosto integra, assim, o movimento mais amplo de subjetivação do mundo que acompanha a modernidade, provocando a derrocada progressiva das tradições em nome da liberdade dos homens.

Se, nas sociedades pré-modernas, era a ordem cósmica da tradição que fundava a validade dos valores e instaurava entre os homens um espaço possível de comunicação, com a modernidade trata-se, desde Descartes, de fundar, a partir de si mesmo, valores que valham também para os outros: "fundar a objetividade a partir das representações do sujeito torna-se uma das questões centrais no mundo moderno", como destacou Luc Ferry (1990: 44). Portanto, no que diz respeito à fundação do belo também será preciso encontrar critérios objetivos a partir dos quais se possa afirmar a beleza de uma obra. Abrem-se aí, na busca desses critérios objetivos, as condições de possibilidade da crítica e da história da arte, que vêm ocupar o lugar vazio deixado pela tradição, recriando instâncias de consagração e conservação, estabelecendo novas bases para a constituição dos cânones: artistas profissionais passam a reconhecer exclusivamente nas regras da "tradição" artística de seus predecessores o ponto de partida ou de ruptura de sua produção. Na esteira de tais mudanças, o artista deixaria de ser "um rapsodo que se limita a traduzir em palavras, em sons ou imagens os valores da comunidade", tornando-se "um autor propriamente dito, ou seja, um indivíduo dotado da capacidade de criação de algo original" (Ferry, 1990: 48).

Em decorrência das condições criadas pela cultura moderna, a crítica assume o papel de mediadora, encarregando-se de garantir a comunicabilidade da experiência estética segundo determinados

---

[13] Estamos usando o adjetivo "antigo" para referir à modalidade tradicional da experiência em oposição à modalidade moderna, que desautoriza a primeira como obsoleta, erodindo seus componentes míticos em prol de uma leitura histórica da realidade.

padrões, em tensão com a tendência também moderna de subjetivação do gosto, sintetizada pelo senso comum na fórmula "gosto não se discute" e ratificada por Voltaire ao afirmar: "Perguntai a um sapo que é a beleza, o supremo belo, o *to kalon*. Responder-vos-á ser a sapa com os dois olhos exagerados e redondos encaixados na cabeça minúscula, a boca larga e chata, o ventre amarelo, o dorso pardo."

Nesse sentido, pode-se dizer que o campo da arte é um cenário privilegiado, quando se trata de pensar as tensões entre o individual e o coletivo que caracterizam a alta modernidade. Nele, evidenciam-se as oscilações do pensamento moderno no que diz respeito à valoração do sensível: de um lado, a afirmação de sua autonomia em relação ao inteligível, relacionada com a legitimação do indivíduo como criador, com a valorização da invenção e da originalidade, assim como do sentimento na avaliação estética, em detrimento da pretensão de critérios objetivos. De outro, a reintegração do sensível no âmbito da razão pela analogia buscada entre a objetividade do julgamento estético e a dos modelos científicos, identificando-se, muitas vezes, a beleza com "a representação sensível da verdade" (Ferry, 1990: 62). Em meio às relativizações que abalaram as regras da tradição e à tentativa de conciliação entre liberdade do sujeito e constituição de novos parâmetros coletivos de julgamento, a arte necessitou criar suas próprias convenções a partir das quais definia as fronteiras de seu território em relação a outras esferas da produção cultural.

Vinculada ao processo de autonomização do campo artístico, a atividade crítica, ao longo do tempo, tomou para si a tarefa de explicitação e sistematização de princípios de legitimidade estética, destacando cada vez mais o valor da forma em detrimento do tema e, com isso, o triunfo do artista como criador independente das demandas externas ao campo. O estabelecimento desses princípios gerais de legitimidade estética pela crítica é indissociável da ideia da obra de arte fechada em sua perfeição, isto é, como unidade que impõe, em determinado momento, o sentimento de estar terminada, a impossibilidade de acréscimos, de continuação, como a definiu Roland

Barthes, em 1968, contrapondo esse fechamento ao caráter aberto do texto. O mesmo Barthes que, tendo advogado, naquele momento, a abolição da distância entre escritura e leitura e anunciado a morte do autor, saudou, tempos depois, "o abalo do superego teórico", que lhe permitiu retornar ao gosto pelo que chamou de "nebulosa biográfica", ou seja, retornar ao autor, contrapondo-se à frieza das generalizações (Barthes, 2005: 168).

A oscilação entre busca da objetividade e primado do subjetivismo foi acompanhada de outra tensão, também central na constituição da cultura moderna, entre mercado e liberdade criadora, entre as obras criadas para um público e as que tendem a criar seu público. Entretanto, o desenvolvimento que produziu tanto a arte pela arte quanto a indústria cultural teve por princípio, como assinalou Bourdieu, os progressos da divisão do trabalho e a organização racional dos meios técnicos. Ambas – indústria cultural e arte pela arte – valorizavam a técnica: uma, pela busca do efeito sobre o público, por meio da fabricação engenhosa; outra, pelo culto da forma pela forma (Bourdieu, 2010: 117).

Em ensaio sobre *O conde de Monte Cristo*, publicado em 1985, Umberto Eco chamava a atenção para esses modos divergentes de valorização da técnica na escrita literária. O autor destaca, logo de início, que a publicação do romance de Alexandre Dumas pela editora Gallimard elevou o livro à altura das grandes obras. Declarando sua paixão pelo romance, não deixa de observar, entretanto, que o texto é cheio de repetições, não só as repetições próprias do folhetim, para conectar leitores de um episódio a outro, mas também as decorrentes do fato de Dumas ganhar por linha, trabalhando em colaboração e modificando seu produto de acordo com as exigências do mercado. O destaque dado a tais defeitos pelo teórico italiano visa a pôr em relevo a qualidade maior do livro, isto é, a magistral construção narrativa – que confere às repetições uma dimensão menor –, sendo responsável pelo vigor com que o romance nutre o imaginário coletivo. Conclui, então, Umberto Eco:

O Monte Cristo, ao contrário, nos diz que, se narrar é uma arte, as regras dessa arte são diferentes das dos outros gêneros literários. E que talvez se possa narrar, e fazer grandes narrativas, sem fazer necessariamente o que a sensibilidade moderna chama de obra de arte. (Eco, 1989: 151)

Ao chamar a atenção para a narrativa do *Conde de Monte Cristo*, Eco (1989: 151) problematiza a relação entre regras estéticas e função fabuladora, acrescentando: "Monte Cristo é mentiroso como todos os mitos, verdadeiros em sua verdade visceral. Capaz de apaixonar até quem conhece as regras da narrativa popular e percebe quando o narrador prende seu público ingênuo pelas vísceras."

Afastando-se cada vez mais das convenções narrativas voltadas para a sedução dos leitores, a literatura moderna distanciou-se do gosto do público mais amplo e, quanto mais se tornava esotérica por suas estruturas complexas, que sempre cobravam referência às estruturas anteriores, mais a atividade do crítico, como mediador, justificava-se.[14] Ao longo do tempo, no entanto, os valores relativos à autonomia, que serviam de parâmetro para a crítica da arte, foram colocados, permanentemente, em xeque pelas trocas entre o campo artístico e o da vida cotidiana. A crítica, pelo menos desde o romantismo, passando pelas vanguardas históricas, teve, então, de lidar com a porosidade das fronteiras entre arte e não arte, isto é, teve de lidar, como já observamos,[15] não só com a transformação do objeto de arte em mercadoria, mas com o movimento oposto. Tal indiscernibilidade constituiu sempre uma ameaça para o discurso crítico,

---

[14] Por esse viés, pode-se supor que o fato de não ter se constituído uma instância especializada de crítica da produção da chamada cultura de massa, com critérios e valores próprios, à semelhança do que ocorreu no campo artístico, talvez se deva à suposição de que o ajuste desses produtos à demanda do grande público dispensaria os intermediários, os mediadores: a competência, aí, seria definida pela conquista do público, estando subordinada aos interesses do mercado, isto é, dos possuidores dos instrumentos de produção e difusão.

[15] Ver a esse respeito o "Arte, mercado e estetização do cotidiano", anteriormente, neste volume.

que, já abalado pelos contínuos deslocamentos, é, desde Duchamp, cada vez mais posto à prova.

Assim, o impacto causado pela *pop art* na reflexão teórica de Arthur Danto, no final dos anos 1970, pode ser comparado, guardadas as proporções, ao provocado pelos *reality shows* televisivos no pensamento de François Jost em 2007. Diante de um programa como *Big Brother*, pergunta ele em *Le culte du banal: de Duchamp à la télé-réalité*:

> Acaso a arte do século XX depois de ter rompido com a arte do século anterior introduzindo o objeto comum nos museus, em sua reivindicação da utilização do banal, dos dejetos e do lixo, não havia instituído uma lógica que se apoiava nos mesmos valores em que se baseia a TV do século XX? É tão grande a brecha entre dadá e a TV lixo? Porque os primeiros são legitimados nos museus e o *Big Brother* é condenado pelos intelectuais? (Jost, 2007: 9)

Considerando que a arte do século passado enobreceu os dejetos e a reciclagem de objetos, Jost busca compreender a diferença entre o banal e a reivindicação do banal, entre o banal e o culto ao banal. Dialoga principalmente com o livro mencionado de Arthur Danto, cujas premissas contesta. Discorda da ênfase no status ontológico da obra, em detrimento do estético, do fato de o filósofo norte-americano considerar que toda obra de arte é, por essência, representação, seja ou não figurativa. Para Jost, o que torna Duchamp revolucionário não é representar o banal, é não representá-lo, exibi-lo tal qual: "o dadaísmo questiona não o objeto da arte mas os valores de culto da arte", afirma (Jost, 2007: 26).

Seguindo essa linha, Jost retoma o argumento de Pacquement, crítico do *Le Monde*, de que a réplica da *Fountain*, de Duchamp, de 1964, havia se convertido no original, indagando: "Como é possível ver uma réplica, produzida a partir de uma fotografia, como original, quando a originalidade de Fountain era justamente ser um *ready-made*" (Jost, 2007: 13)? Ressalta que, ao contestar a rejeição da *Fountain* pelo comitê da exposição da Sociedade dos Artistas Independentes, Duchamp afirmara que fabricar o urinário com as próprias mãos ou não seria um fato irrelevante. Diz Jost (2007: 14):

"ele tomou um objeto ordinário da vida cotidiana e o situou de maneira a fazer esquecer sua função e significação utilitária sob um novo título e um novo ponto de vista, criando um pensamento novo para este objeto". A partir daí, chega à conclusão de que a obra de arte contemporânea distingue-se do objeto ordinário não por suas qualidades estéticas, mas pelo uso. A linha de demarcação entre os resíduos e objetos de culto seria dada pelo valor de uso, isto é, o valor de um objeto depende de que seja útil ou tenha um significado. Utilidade e significação seriam inversamente proporcionais.

Para o teórico francês, de Léger ao *Big Brother*, o sonho de inquisição visual do homem comum vai rondar os artistas – Andy Warhol, Georges Perec, Akerman – até diluir-se na tela pequena. Assinala também que, ao contrário dos objetos extravagantes, eleitos pela singularidade, que povoavam os gabinetes de curiosidades, antecessores dos museus, o banal estaria do lado daquilo que se repete (Jost, 2007: 21), embora, na era da reprodutibilidade digital, venha se afirmando a tendência de transformar a reprodutibilidade mecânica em idade de ouro. Em uma época em que nada diferencia uma cópia digital de outra, os aficionados teriam encontrado nos produtos em série suas ínfimas diferenças, que lhes conferem autenticidade. Consequentemente, na contemporaneidade, a multiplicação de uma foto ou película não eliminaria, necessariamente, a aura: cinéfilos e teléfilos inventam ritos, como a busca da cópia do autor ou a valorização de cópia recuperada em cinemateca (Jost, 2007: 19).

Pode-se, então, afirmar que a chamada "crise da crítica", hoje, é tributária das tensões constitutivas da modernidade, isto é, não decorre de nenhuma ruptura, mas de um desequilíbrio, ou, se quisermos, de outro arranjo entre as forças, os polos que balizavam a cultura moderna. Outro arranjo que, impulsionado pelos avanços da tecnologia, é fruto, sobretudo, da própria vocação democrática da modernidade para contrapor-se às distinções, às compartimentalizações de competências que ela mesma estabeleceu. Em consonância com o que se convencionou chamar de virada etnográfica da cultura, os estudos culturais, por exemplo, propõem uma ação necessariamente localizada e parcial, enfatizando os investimentos, as suscetibilidades e as identificações do sujeito que interroga o objeto – tomada de posição que, para alguns teóricos, entre eles Martin Jay (2003/2004: 23), promoveria um "nivelamento pseudopopulista de todos os valores culturais". Nesse quadro, problematiza-se a exterioridade em relação ao objeto, própria do ofício do crítico, colocando-se em dúvida a neutralidade do conhecimento do especialista. Seguindo a tendência mais ampla de contestação da própria concepção de vanguarda associada ao intelectual, questiona-se o papel de sujeito universal exercido pelo crítico, seu lugar não especificado, de fora, apontando os caminhos.

Com a tecnologia digital, a função da crítica literária é descentrada, rompendo-se as hierarquias convencionais, criando-se novos canais de mediação e legitimação, o que leva Miguel Sanches Neto a afirmar:

> A morte do crítico enquanto baliza intelectual não representa, no entanto, a morte da crítica, que sofreu sucessivos deslocamentos na contemporaneidade, adaptando-se a novos contextos. Pensar a crítica como sinônimo de um crítico ideal, de rodapé ou acadêmico, é escolher um modelo hoje impossível, recusando as tensões próprias de uma época de democratização – e também de mediocrização midiática – dos repertórios. A crítica, talvez mais do que outras áreas do conhecimento, sofre uma reconfiguração com a entrada de novos atores: os escritores/leitores ou leitores/escritores da era da internet. É nesta frequência cultural que se processa hoje boa parte das avaliações, com as suas inevitáveis idiossincrasias. (Sanches Neto, 2012: 1)

As redes sociais funcionam, então, como pontes de comunicação entre o escritor e o leitor, diminuindo a distância entre eles, tendo a seu favor a agilidade do meio digital. Para Sanches Neto, a proliferação de textos sobre obras clássicas ou recentes nos blogs e em sites diversos dilui as fronteiras entre o que é ensaio, o que é crítica de rodapé, o que é resenha jornalística ou o que é mera opinião. Segundo o crítico, haveria "uma fermentação cultural nesse processo de leitura instantânea, acalorada e espontânea (no sentido de que não é encomendada)",[16] e as redes sociais funcionariam não apenas para dar visibilidade às obras, mas principalmente como estímulo criativo (Sanches Neto, 2012: 1).

Como lembra Boris Groys, se, durante a modernidade, o museu era a instituição que definia o regime dominante sob o qual a arte funcionava, em nossos dias a internet oferece uma alternativa para a produção e distribuição da arte que abriga um número sempre crescente de artistas. Menos seletiva que os museus e as editoras tradicionais, a internet tornaria obsoletos os critérios de seleção da crítica institucional. Para o autor, se há exemplos de que foi alvo de censura política, a cargo de certos Estados, não se conhecem casos de censura estética: "todos podem pôr na internet qualquer texto ou qualquer material visual" (Groys, 2016: 134, tradução nossa).

Sintomaticamente, em um contexto de desaparecimento dos suplementos literários dos jornais, vemos ressurgir na internet o fenômeno dos clubes de livros. Trata-se de um novo tipo de serviço, no qual se oferece curadoria especializada aos assinantes em troca de uma mensalidade, como é o caso da *Garimpo Clube do Livro*, que surgiu no final de 2016. O kit entregue na casa dos assinantes conta com um livro, uma carta do curador do clube e brindes eventuais. A iniciativa tem como proposta levar ao público leitor algo diferente dos *best-sellers* que costumam estampar os catálogos das grandes editoras, como explica Julia Wähmann, uma de suas idealizadoras: "As editoras têm catálogos fantásticos, cheios de livros que acabam tendo pouca chance de exposição, pouca mídia. Livros de pequenas e médias editoras também têm pouquíssima chance de êxito, e nem sempre têm distribuição."[17] O *Garimpo*, como o próprio nome indica, propõe-se encontrar obras de valor em meio à profusão de livros comerciais que ganham grande visibilidade a partir das estratégias publicitárias. O empreendimento vem ocupar, assim, o lugar das re-

---

[16] Alguns *booktubers* já são remunerados pelas editoras para fazerem a divulgação dos livros, perdendo-se, assim, o caráter espontâneo da atividade.
[17] Ver *Garimpo Clube do Livro*. Disponível em: <http://www.garimpoclube.com.br/midia>. Acesso em: 1º jun. 2017.

senhas críticas dos jornais, que tinham também como objetivo orientar as escolhas do leitor diante dos diversos lançamentos editoriais.

Por outro viés, segundo Josefina Ludmer (2010), estaríamos vivendo o fim do ciclo da autonomia literária, isto é, estaríamos diante do fim de uma era em que a literatura teve uma lógica interna e um poder crucial, regendo-se por suas próprias leis, com instituições próprias – crítica, ensino, academias – que debatiam publicamente sua função e seu valor.

> Ao perder voluntariamente a especificidade e atributos literários, ao perder "o valor literário" (e ao perder "a ficção"), a literatura pós-autônoma perderia o poder crítico, emancipador e até subversivo que a autonomia atribuiu à literatura como política própria, específica. A literatura perde o poder ou já não pode exercer esse poder. (Ludmer, 2010: 3)

As ideias de Ludmer remetem ao recuo, ao longo da segunda metade do século XX, da utopia estética, isto é, da crença na capacidade da arte de contribuir para a transformação radical das condições de vida coletiva: recuo que cria a oportunidade para a postulação de uma arte modesta, não somente no que concerne à sua capacidade de transformar o mundo, mas também no que diz respeito à afirmação da singularidade de seus objetos.

O fim do modelo teleológico da arte, instituído na modernidade, ou seja, o ocaso "da tentativa desesperada de fundar o próprio da arte, atando-o a uma teleologia simples da evolução e da ruptura histórica", como afirmou Rancière (2005a: 41), não significaria, no entanto, para o filósofo, o fim da arte, nem da relação entre arte e política. Por essa razão, afirma que é o declínio do paradigma modernista – paradigma esse regido pelo esmero da forma, em detrimento da função comunicacional da arte, e pela rejeição das misturas de gêneros e de suportes – que se costuma identificar como crise da arte (Rancière, 2005a: 38).

Além disso, se o próprio da arte, na atualidade, continua a ser mostrar que não há verdadeiramente o próprio da arte – legado das vanguardas históricas, assumido sem o horizonte utópico que as caracterizava –, agravam-se os impasses que o modernismo já havia colocado para a crítica. Em síntese, pode-se dizer que o mal-estar da crítica de arte, hoje, acompanha o mal-estar do próprio campo artístico, em função da redefinição de suas relações com a cultura em geral, indissociável do declínio dos valores que deram sustentação ao ideal de autonomia. Diante da visão da arte, cujo mérito não residiria na perfeição técnica, mas em seu uso social, por meio de pequenas intervenções no espaço urbano, qual o papel do crítico? Ou ainda, qual o papel do crítico quando o próprio artista assume tarefas que antes lhe competiam?

A crítica profissional ressente-se da relativização dos critérios de competência, que põe em xeque a noção de autoria e, consequentemente, a noção de obra, embaralhando os papéis do criador e do receptor. A oposição entre emissor e receptor – combatida pelas vanguardas dadás e neodadás – teria sido finalmente superada, segundo Bourriaud (2009a: 41), por uma nova modalidade de fruidor: a do "usuário" como "operador de formas". O crítico francês refere-se, mais especificamente, à prática daquele grupo de artistas, já referidos em texto anterior,[18] que se utiliza de produtos culturais disponíveis ou obras realizadas por terceiros, abolindo a distinção entre produção e consumo, criação e cópia, *ready-made* e obra original:

> O ateliê perdeu sua função inicial: ser "O" lugar de fabricação de imagens. Como resultado, o artista se desloca, vai para onde as imagens são feitas, insere-se na cadeia econômica, tenta interceptá-las. O ateliê, portanto, não é mais o lugar privilegiado da criação, ele é apenas o lugar onde se centralizam as imagens coletadas por toda parte. Além disso, um ateliê é onde a matéria-prima é manipulada. (Bourriaud, 2003: 77)

Tal poética dos procedimentos, da manipulação da matéria-prima, dos chamados usuários produtores dá lugar, na esfera da literatura, à chamada escrita não criativa. Ao mesmo tempo que essa cultura da atividade desfecha um forte golpe na singularidade do estilo, um dos pilares da produção literária moderna, o culto ao banal

---

[18] Ver a esse respeito o artigo "Arte, mercado e estetização do cotidiano", anteriormente, neste volume.

pelo campo artístico perde seu impacto a partir do momento em que a expansão das redes sociais permite que cada um erija sua própria banalidade como história notável. Nesse contexto, Bourriaud (2009a: 44) afirma que "a filosofia crítica tradicional (a Escola de Frankfurt em particular) não alimenta mais a arte, a não ser como folclore arcaico, esplêndida ninharia sem eficácia alguma".

Segundo Rancière (2003), o autor no mundo contemporâneo seria mais estritamente proprietário do que em qualquer outra época, mas essa propriedade confunde-se cada vez mais com a de uma patente de inventor, isto é, já não se refere "à expressão da vontade criadora de um autor numa materialidade específica trabalhada por ele, singularizada na figura da obra, erigida como original distinto de todas as suas reproduções". A prática dos DJs, mixando elementos sonoros tomados de composições existentes, a ponto de torná-las impossíveis de reconhecer, ou a transferência da originalidade para a ideia a partir da qual a obra se constituiu, independentemente da elaboração de sua matéria particular, como na arte conceitual, confirmariam a mudança na forma de propriedade. Mudança que, ao diluir o conteúdo mesmo da noção de obra, afetaria a crítica, contribuindo para torná-la prescindível.

No campo das artes plásticas, obras constituem-se como intervenção efêmera em lugares de trânsito, em locais aleatórios de encontro, o que deixa pouco espaço para a atuação da crítica institucionalizada. Criação e exposição, em muitos casos, confundem-se: a arte faz-se na galeria, isto é, o trabalho artístico ocorre em tempo real, na interação com os visitantes. Em muitos casos também, a ênfase recai sobre o desenvolvimento de uma ideia, e não sobre a demonstração de domínio técnico: recorre-se a performances, instalações que priorizam o conceito como antídoto ao caráter visual da obra, em um gesto de resistência à apropriação pelo mercado de bens simbólicos. Trata-se de assumir formas modestas de uma micropolítica, que se realiza no âmbito dessa estética do pequeno, do cotidiano, distanciando-se do sonho moderno de fundar sua legitimidade a partir do projeto de emancipação de toda a humanidade.

Ao se deixar para trás o privilégio antes concedido às relações internas ao campo, à subversão da linguagem e ao novo, para priorizar o modo de inserção na cultura e a interação com o espectador, altera-se significativamente a concepção de obra de arte: cada vez mais, a ênfase recai sobre a discursividade sempre em andamento, e, portanto, sobre o provisório, os processos, a exibição dos "bastidores" como parte da própria obra. A aura do produto acabado é, desse modo, abalada, e a experiência do autor torna-se parte da obra. As instâncias intermediárias do processo construtivo dão origem a produtos que se equiparam à obra final, porque esta servirá de base a outra obra, e assim sucessivamente, em um constante movimento de remissão, que reafirma a vocação para o comentário, para a metalinguagem que caracteriza a arte contemporânea. Se, na elaboração da obra, nenhuma decisão é final, em uma retomada contínua que não alcança uma conclusão, qual o ponto de partida para o trabalho crítico? Para Rancière, a saída da arte contemporânea estaria exatamente na indeterminação de seus poderes e limites, na indeterminação concernente à sua identidade mesma, condição que pode servir para perturbar a distribuição dos territórios, dos grupos e das identidades características da ordem consensual. Se a saída da arte está na indeterminação, qual o lugar da crítica?

Preocupado com a contínua redução do espaço da crítica nas sociedades capitalistas, Boltansky (2009), em *De la critique: précis de sociologie de l'émancipation*, propõe ir além do pragmatismo da ação contingente, resgatando a posição de exterioridade do crítico, mas sem deixar de prestar atenção nas ações ordinárias dos atores sociais. Para o autor, a crítica artística atuante e combativa da década de 1960 teria sido incorporada pelo capitalismo na década seguinte, com a intromissão ideológica do neoliberalismo: o próprio capitalismo teria produzido a valorização de uma mudança contínua, que põe em xeque as antigas bases nas quais a sociedade se estruturava. Nesse mundo móvel, cada vez mais fragmentado e individualizado, casos particulares não conseguiriam se destacar do plano do privado e se exprimir em termos mais coletivos: a crítica não conseguiria se "des-singularizar", perdendo o vigor. Por isso, o sentimento de impotência, de ausência de alternativas.

Entre a defesa da indeterminação de limites e territórios da arte e a proposta de revalorização de certa distância, de recuperação da exterioridade como condição indispensável para a vitalidade da atividade crítica, os destinos tanto das modalidades modernas de produção e de circulação das obras de arte quanto da reflexão teórica sobre o campo artístico são colocados em pauta de discussão. Acrescente-se que a convergência dos meios e o consequente entrelaçamento das fronteiras entre as diversas esferas da produção cultural, erodindo valores que davam sustentação aos paradigmas estéticos estabelecidos pela modernidade, ampliam ainda mais o leque das indefinições.

O inventário dos contínuos abalos sofridos pelos campos da arte e da crítica remete-nos à estratégia utilizada por Arthur Danto diante da indagação, frequente em nossos dias, sobre o futuro da própria arte. Em seu último livro – *O descredenciamento filosófico da arte* (2014) –, Danto reporta-se à filosofia da história de Spengler, segundo a qual toda civilização atravessa um ciclo de juventude, decadência e morte, dando lugar a um novo período cultural com vigor e características próprias. O pensamento do autor de *A decadência do Ocidente* é retomado, assinalando-se, ao contrário do que sempre se destacou, o caráter otimista de sua premissa, que, uma vez aceita, nos permitiria, de acordo com Danto (2014: 143), afirmar que a arte terá um futuro, embora tivéssemos de, em seguida, acrescentar: apenas nossa arte não terá. Tal leitura irônica do "otimismo" de Spengler poderia servir também à especulação sobre o futuro da crítica.

Referências

BARTHES, Roland. *A preparação do romance II*. São Paulo: Martins Fontes, 2005.

BOLTANSKY, Luc. *De la critique*: précis de sociologie de l'émancipation. Paris: Gallimard, 2009.

BOURDIEU, Pierre. *El sentido social del gusto*: elementos para una sociología de la cultura. Buenos Aires: Siglo Veintiuno, 2010.

BOURRIAUD, Nicolas. *Estética relacional*. São Paulo: Martins Fontes, 2009a.

――――. O que é um artista (hoje)? *Arte/Ensaio*: Revista do Programa de Pós-Graduação em Artes Visuais, Rio de Janeiro: EBA, n. 10, 2003.

――――. *Pós-produção*: como a arte reprograma o mundo contemporâneo. São Paulo: Martins Fontes, 2009b.

CHARTIER, Roger. Escutar os mortos com os olhos. *Revista Estudos Avançados*, São Paulo: USP, v. 24, n. 69, 2010.

DANTO, Arthur C. *A transfiguração do lugar-comum*. São Paulo: Cosac Naify, 2005a.

――――. A filosofia da arte. Entrevista concedida a Natasha Degen. *Novos Estudos Cebrap*, São Paulo, n. 73, nov. 2005b.

――――. *O descredenciamento filosófico da arte*. Belo Horizonte: Autêntica, 2014.

ECO, Umberto. O elogio do Monte Cristo. In: ECO, Umberto. *Sobre os espelhos e outros ensaios*. Rio de Janeiro: Nova Fronteira, 1989.

FERRY, Luc. *Homo aestheticus*: l'invention du goût à l'âge démocratique. Paris: Grasset, 1990.

GROYS, Boris. *Sobre lo nuevo*: ensayo de una economía cultural. Valência: Pre-Textos, 2008.

――――. *Volverse público*: las transformaciones del arte en el ágora contemporânea. Buenos Aires: Caja Negra, 2016.

HUYSSEN, Andreas. *Memórias do modernismo*. Rio de Janeiro: UFRJ, 1996.

JAY, Martin. Relativismo cultural e a virada visual. *Aletria*: Revista de Estudos de Literatura, v.10/11, Belo Horizonte, UFMG, 2003/2004.

JOST, François. *Le culte du banal*: de Duchamp à la télé-réalité. Paris: CNRS, 2007.

LUDMER, Josefina. Literaturas pós-autônomas. *Revista Sopro*, n. 20, jan. 2010. Disponível em: <http://www.culturaebarbarie.org/sopro/n20.pdf>. Acesso em: 9 jul. 2020.

PAZ, Octavio. *Os filhos do barro*. Rio de Janeiro: Nova Fronteira, 1984.

RANCIÈRE, Jacques. *A partilha do sensível*: estética e política. São Paulo: Ed. 34, 2005a.

――――. Autor morto ou artista vivo demais? *Folha de S.Paulo*, Caderno Mais!, 6 abr. 2003.

――――. *Sobre políticas estéticas*. Barcelona: Museu d'Art Contemporani de Barcelona/Servei de Publicacions de la Universitat Autónoma de Barcelona, 2005b.

SANCHES NETO, Miguel. Crítica e redes sociais. *Jornal Rascunho*, 2012. Disponível em: <http://rascunho.com.br/critica-e-redes-sociais/>. Acesso em: 28 jul. 2016.

Fábulas da vida obscura:
imagens técnicas e anonimato

> *A miséria social inspirou, nos bem situados, a ânsia de tirar fotos, a mais delicada de todas as atividades predatórias, a fim de documentar uma realidade oculta, ou, antes, uma realidade oculta para eles.*
>
> Susan Sontag

Os termos que compõem a dicotomia visibilidade/invisibilidade não são necessariamente contrários, nem tampouco definem lugares fixos. Ver sem ser visto é um atributo do poder, ao mesmo tempo que não ser visto pode significar a exclusão de toda e qualquer esfera de participação na vida da sociedade. Em certo sentido, a visibilidade do anônimo não lhe garante a voz; ao contrário, a exposição de sua imagem pode ser um modo de silenciá-lo. Portanto, falar da invisibilidade dos anônimos é falar também de sua visibilidade, ou melhor, da necessidade de torná-los visíveis pelas instâncias de controle e vigilância, ou de torná-los visíveis como integrantes dos espetáculos que dão sustentação ao poder: são os anônimos que constituem a massa, a matéria moldável que serve, por exemplo, ao processo de estetização da política na primeira metade do século XX europeu.

Com a modernidade, os anônimos são cada vez mais colocados em cena, seja como atores da história, seja como vítimas da própria história, como ocorreu, por exemplo, no momento da Revolução Francesa ou no do massacre do proletariado insurgente em junho de 1848. Caracterizada pela ambivalência, a modernidade descreveu um movimento de atração/repulsão pelos que compunham primeiro a multidão, e depois o povo ou a massa: a arte acompanhou tal movimento. Uma obsessiva busca de transparência pontuou o realismo do século XIX, cujos antecedentes próximos podem ser buscados no surgimento do gênero das fisiologias: estas, como destacou Benjamin (1994: 36), ao descreverem de maneira amistosa os tipos que circulavam nas feiras e nos bulevares, procuravam afastar as inquietações provocadas pela vida na cidade grande, convencendo o leitor de sua própria capacidade de adivinhar a origem, o modo de vida e o caráter dos estranhos que dividem com ele o espaço das ruas: "Quem vê sem ouvir fica muito mais inquieto do que quem ouve sem ver", diz Simmel (apud Benjamin, 1994: 36), chamando a atenção para o fato de as relações na cidade se distinguirem pela preponderância da atividade visual sobre a auditiva.

Tributária dos aperfeiçoamentos das técnicas de imprensa e da maior circulação dos jornais, a ficção literária exerceu papel decisivo nesse momento em que o outro, o desconhecido que circulava nas grandes cidades, era objeto de curiosidade, medo e compaixão. O romance realista invadia a vida privada dos pequeno-burgueses, entrava em suas casas, para desvelar a intimidade familiar, como fez Balzac, adentrando os círculos domésticos para decifrar os segredos por trás das aparências sociais. O baixo mundo da cidade, que tanto assustava quanto fascinava a burguesia, garantiu o sucesso estrondoso de folhetins como *Os mistérios de Paris*, de Eugène Sue, cujo primeiro capítulo foi publicado em 1842. Sue vestia-se de operário e perambulava pelos bairros pobres da cidade para observar o baixo mundo da miséria, das barricadas, dos criminosos, mas também dos agiotas e dos burgueses avarentos, com o objetivo de, por meio de sua narrativa, descortinar para os leitores, de maneira fiel e rigorosa, as dores, os vícios e as virtudes daquela camada da população urbana cujos costumes excêntricos e desgraças eram invisíveis para as classes abastadas.

Paralelamente a esse tipo de literatura, que se alimentava do exotismo do mundo miserável dos proletários, mas também se nutria da compaixão que suas vidas inspiravam, a narrativa policial tranquilizava o público, perscrutando sinais aparentemente insignificantes para recompor identidades ocultas que ameaçavam a ordem. Por outro viés, o romance histórico tematizava o heroísmo do homem comum, que passara a ver a história como algo que lhe concerne em termos imediatos, já que uma série de transformações sociais, políticas e econômicas ocorridas naquele momento envolvia as massas populares em um processo ininterrupto de mudanças, com consequências diretas sobre a vida de cada indivíduo.

Desde a virada do século XVII para o XVIII, como observou Foucault, o Ocidente viu nascer toda uma fábula da vida obscura, uma arte da linguagem cuja tarefa já não era cantar o improvável, mas pôr em evidência o que não é evidente. Durante muito tempo, segundo o filósofo, a vida de todos os dias, na sociedade ocidental, só pôde ter acesso ao discurso quando atravessada e transfigurada pelo fabuloso, pelo heroísmo, pelas aventuras, pela providência e pelo poder, fugindo ao vulgar (Foucault, 1992: 124). Com a modernidade, surge uma nova ética do discurso literário, pautada pela determinação de desentranhar a parte mais noturna e mais cotidiana da existência, empenhada na revelação do mais comum dos segredos:

> A literatura faz assim parte daquele grande sistema de coação por meio do qual o Ocidente obrigou o cotidiano a pôr-se em discurso; todavia, ela ocupa aí um lugar especial: obstinada a procurar o cotidiano por debaixo dele próprio, a ultrapassar os limites, a levantar brutal e insidiosamente segredos, a deslocar regras e códigos, a fazer dizer o inconfessável, ela terá tendência a pôr-se fora da lei, ou pelo menos a tomar a seu cargo o escândalo, a transgressão ou a revolta. (Foucault, 1992: 127)

Consolidado como gênero na primeira metade do século XIX, período heroico da burguesia, quando esta incorporava a defesa da emancipação universal à sua ideologia, o romance, segundo Georg Lukács, começa a mudar de rumo após o massacre dos operários em 1848. Para o filósofo, ao atacar as massas, a Ilustração enfrenta-se com seus limites sangrentos, e a transparência da narrativa é perdida com o sangue do proletariado (2011: 254). Retomando, a seu modo, o argumento de Lukács, Roland Barthes, em *O grau zero da escritura*, afirma que, em torno de 1850, ocorre a conjunção de três fatos históricos: "a modificação da demografia europeia, a substituição da indústria têxtil pela indústria metalúrgica" e a "secessão (consumada pelas jornadas de junho de 48) da sociedade francesa em três classes inimigas, isto é, a ruína das ilusões do liberalismo" (Barthes,

1971: 71). Para Barthes, até então era a própria ideologia burguesa que dava a medida do universal, preenchendo-o sem contestação. Diz o autor:

> O escritor burguês, único juiz da infelicidade dos homens, não tendo diante de si nenhum outro para olhá-lo, não se via dilacerado entre sua condição social e sua vocação intelectual. Daí por diante, essa mesma ideologia só apareceria como uma ideologia entre outras possíveis: o universal escapa-lhe. (Barthes, 1971: 71)

A literatura incorporava a consciência culpada, e o escritor, a partir daí, passava a assumir ou renegar, através da escritura, sua condição burguesa:

> Cada vez que o escritor traça um complexo de palavras, é a própria existência da Literatura que se põe em questão; o que a modernidade permite ler, na pluralidade de suas escrituras, é o impasse de sua própria história. (Barthes, 1971: 72)

Nesse mesmo contexto, avanços técnicos e científicos forneciam instrumentos que alimentavam o desejo de onividência das sociedades modernas. A própria iluminação artificial nas grandes cidades funcionava como um antídoto contra a obscuridade, eliminando as zonas de sombra, onde podiam abrigar-se temporariamente parcelas da população marginalizadas pela nova ordem urbana. Confundir-se com a multidão tornava-se, então, a maneira mais eficaz de esconder-se, de dissolver a identidade em meio ao grupo uniforme dos congêneres, como pressente o personagem de Edgar Allan Poe no conto "O homem da multidão", em sua caçada ao desconhecido que circulava sem rumo na cidade.

O fascínio das luzes, que prometiam transparência, complementou-se com o surgimento da fotografia e do cinema. A primeira tanto dissociava imagem e referente, circulando independentemente do modelo, quanto, em seu uso instrumental, neutralizava os perigos da mobilidade, da circulação incessante, último refúgio dos que não queriam ser vistos. Tornando-se ferramenta da investigação policial, a fotografia fixava identidades, atrelava a imagem ao nome:

"À mobilidade da multidão urbana e à fantasmagoria de identidades e nomes falsos, o sistema legal opôs uma circulação regulada de informações e imagens", como assinalou Tom Gunning (2001: 73). Por sua parte, o cinema punha em evidência o anonimato, levando o espectador a ver a si mesmo como elemento de uma massa urbana em perpétua transição. Com a consolidação das artes mecânicas, surgiria o que Jacques Rancière chamou de regime estético das artes, que levava à ruína o regime de representação tal como era constituído até então: "um sistema em que a dignidade dos sujeitos comandava a dignidade dos gêneros de representação", que "reservava a tragédia para os nobres, a comédia para a plebe" (Rancière, 2005: 47). Daí em diante, o anônimo tornava-se tema de arte, em detrimento das histórias dos grandes feitos e dos grandes personagens, instaurando-se um novo regime de verdade, a partir de uma nova racionalidade do banal e do obscuro, que se contrapõe às ordenações aristotélicas (Rancière, 2005: 56).

O medo das massas, vistas inicialmente como aglomeração informe e inextricável, gerou a necessidade de esquadrinhá-las, de constituir um saber sobre a maneira como elas se constituem, sobre como se relacionam com a autonomia do indivíduo. Em 1895, Gustave Le Bon publicava *Psicologia das massas* (2005). No livro, de grande repercussão – retomado inclusive por Freud em texto da década de 1920 intitulado *Psicologia das massas e a análise do eu* –, Le Bon adverte que, segundo a história nos ensina, quando as forças morais de uma sociedade deixam de atuar, a dissolução final é efetuada "pelas multidões inconscientes e brutais, qualificadas justamente de bárbaras", acrescentando:

> As civilizações foram criadas e têm sido guiadas, até agora, por uma reduzida aristocracia intelectual, jamais pelas massas, que não têm poder mais que para destruir. Seu domínio representa sempre uma fase de desordem. Uma civilização implica regras fixas, uma disciplina, o trânsito desde o instintivo até o racional, a previsão do porvir, um grau elevado de cultura, condições totalmente inacessíveis às massas, abandonadas a si mesmas. (Le Bon, 2005: 18)

Tal esforço de desvelamento-iluminação, visando a neutralizar a força ameaçadora das massas urbanas, no entanto, conviveu sempre com a contrapartida das estratégias de ocultamento, com as conspirações: quanto mais intensos foram os conflitos, mais densos foram os segredos.

Nesse sentido, a invisibilidade também se constituiu em uma arma. É desse pressuposto que parte Ricardo Piglia em seu texto "Teoría del complot". Para ele: "Em princípio, o complô supõe uma conjura, e é ilegal porque é secreto; sua ameaça implícita não deve se atribuir à simples periculosidade de seus métodos, mas ao caráter clandestino de sua organização. Como política, postula a seita, a infiltração, a invisibilidade" (Piglia, 2006: 1, tradução nossa). Segundo o escritor argentino, o excesso de informação produz um efeito paradoxal, porque aquilo que não se sabe passa a ser a chave da notícia em um mundo onde todos obrigam-se a buscar a chave escondida que permita decifrar a realidade. Daí que a paranoia, antes de tornar-se um caso clínico, seria uma saída para a crise de sentido. Ler entre linhas, como se houvesse algo cifrado, seria por si só um ato político: o censor leria desse modo e também o conspirador, os grandes modelos do leitor moderno (Piglia, 2006: 1). O complô implicaria a própria ideia de revolução:

> O partido leninista foi fundado sobre a noção de complô e conecta complô e classe, complô e poder. Gramsci fez ver que o conceito de organização em Marx estava ligado à primitiva organização dos clubes jacobinos e às conspirações secretas de pequenos grupos. Guevara, desde logo, exaspera essa linha com sua noção de grupo guerrilheiro, isolado em território inimigo, como uma base móvel da sociedade futura. (Piglia, 2006: 1, tradução nossa)

A noção de complô, conforme a teoria de Piglia, permitiria também pensar a política de Estado, que tem sua face clandestina nos serviços secretos, nas formas de controle, cujo objetivo central seria registrar os movimentos da população. Além disso, o Estado anuncia, desde sua origem, o fantasma de um inimigo poderoso e invisível. Portanto, pelo viés do segredo, os mecanismos do poder e do contrapoder se assemelhariam: construir um complô contra o complô do Estado seria a resposta do sujeito que se sente socialmente manipulado por forças às quais atribui características de uma conspiração destinada a controlá-lo. O conspirador contra o poder procuraria apagar suas pegadas, opondo-se à lógica social da visibilidade. Sua aparição deve ser instantânea e explosiva: estaria, então, sempre disposto a abandonar seu nome, "fazer-se anônimo, converter-se em ninguém" (Piglia, 2006: 5).

Para o autor, no romance como gênero, o complô substituiu a noção trágica de destino: certas forças ocultas definem o mundo social, e o sujeito é um instrumento dessas forças que não compreende. O romance teria feito a política entrar na ficção sob a forma do complô:

> A diferença entre a tragédia e o romance parece estar ligada a uma mudança de lugar da noção de fatalidade: o destino é vivido sob a forma de um complô. Já não são os deuses que decidem a sorte, são as forças obscuras, que constroem maquinações, que definem o funcionamento secreto do real. Os oráculos mudaram de lugar; é a trama múltipla da informação, as versões e contraversões da vida pública, o lugar visível e denso de onde o sujeito lê cotidianamente a cifra de um destino que não consegue compreender. (Piglia, 2006: 2, tradução nossa)

Seguindo esse raciocínio, Piglia considera que as chamadas vanguardas históricas, com sua política de intervenção localizada, com sua percepção conspirativa da lógica cultural, concebiam a produção de poder como uma guerra de posições, propondo-se assaltar os centros de controle cultural e alterar hierarquias: o modelo de sociedade seria a batalha, não o pacto, o estado de exceção, não a lei (Piglia, 2006: 4). Contra a falsa ilusão de acordo e consenso, as vanguardas propunham a provocação à ordem e, opondo a seita à maioria, optavam por uma política escandalosa e hermética para fazer frente ao falso equilíbrio do mercado e da circulação de bens culturais. Vista por esse ângulo, a vanguarda artística seria uma prática antiliberal, uma versão conspirativa da política da arte que supõe sempre a necessidade de construir um complô para quebrar o cânon, negar a tradição estabelecida e impor outra hierarquia e outros valores: a vanguarda estabeleceria um corte entre mundo cultural e democracia, que apresenta como antagônicos, opondo-se ao gosto da maioria e ao saber submetido ao consenso (Piglia, 2006: 4).

O próprio relato de um complô, na perspectiva de Ricardo Piglia, já faria parte do complô, estabelecendo-se uma relação concreta entre narração e ameaça: o complô poderia ser considerado uma ficção potencial, uma intriga que se trama e se põe em circulação, cuja realidade seria sempre duvidosa (Piglia, 2006: 1).

Tal relação entre complô e narrativa remete-nos de imediato ao papel voluntário ou involuntário desempenhado pelas mídias na circulação das intrigas conspiratórias. A título de exemplo, cabe lembrar que o papel das mídias na divulgação de relatos que já constituem complôs é um dos temas do filme *O capital*, de Costa Gravas (França, 2012), baseado no romance de mesmo nome do francês Stéphane Osmont. O mundo financeiro, as transações bancárias são representados na obra sob o signo do complô. As disputas pelo poder levam o presidente de um banco francês a contratar um investigador para descobrir as tramas daqueles que o rodeiam, inclusive as intenções ocultas que levaram à sua própria indicação para o cargo. As notícias plantadas na mídia pelos homens do mundo financeiro seguem os planos arquitetados pelos especuladores, com consequências desastrosas para a vida econômica dos países e dos indivíduos que neles trabalham.

Reforça-se, assim, a ideia das disputas políticas e econômicas como combate realizado no campo da fabricação de narrativas. Nesse sentido, poder e contrapoder podem assumir o papel de artistas criadores. Essa é uma das teses desenvolvidas também por Éric Michaud, embora focalize a relação entre arte e política por outro prisma, diferente do adotado por Piglia. Em seu livro *A estética nazi: uma arte da eternidade*, Michaud volta-se para a sobreposição da figura do ditador e do artista, para a junção da arte e da vida na retórica do nazismo, que atribuía a Hitler a grande missão de esculpir a realidade. Para o autor, na primeira metade do século XX, afirmou-se a ideia da legitimação do poder pelo gênio artístico, isto é, expandiu-se a convicção de que o homem de Estado seria também um artista. Lembra, então, as palavras de Goebbels, em 1931, no texto "Combate em Berlim": "A massa não é para nós mais que um material informe. É pela mão de um artista que da massa nasce um povo e do povo uma nação" (Michaud, 2012: 13). Entre outros exemplos retirados da retórica dos ditadores naquele momento, o autor recorda as palavras de Mussolini, considerado o escultor da nação italiana, ao inaugurar, em 1922, uma exposição do grupo *Novecento*: "falar como artista entre os artistas, pois a política trabalha sobre o mais difícil e o mais duro dos materiais, o homem" (2012: 14).

Segundo Michaud, naquele contexto, os ditadores justificavam normativamente sua existência por uma identificação de princípio entre atividade artística e atividade política. O nazismo teria se apropriado do mito da superioridade do artista, da ideia de força brutal da arte, que rompe todas as convenções, propalada pelas vanguardas, e do abismo existente entre as propostas estéticas vanguardistas e as massas, para colocar-se como o grande artífice da espiritualização do povo e da transformação das massas em obra de arte. Para o autor, na base da glorificação da arte pelo nazismo está o pensamento de Nietzsche, privilegiando-se não o despojamento de si do artista em sua obra, mas a vontade de poder (Michaud, 2012: 56).

Por outro viés, Jacques Rancière, em *A partilha do sensível*, considerando que a história das relações entre partidos e movimentos estéticos é, antes de mais nada, a história de uma confusão, às vezes complacentemente entretida, em outros momentos violentamente denunciada, destaca a existência de duas ideias de vanguarda: uma estratégica e outra estética. A primeira apontaria para a existência de uma inteligência política, na qual se concentrariam as condições essenciais de transformação, implicando a noção topográfica e militar da força que marcha à frente. A segunda se enraizaria na antecipação estética do futuro, anunciaria experiências sensíveis inovadoras, próprias de uma comunidade de homens livres ainda por vir: seria uma revolução estética, que produziria uma nova ideia de revolução política. Essas duas ideias não estariam separadas em dois campos diversos, o da arte e o dos movimentos políticos, porque a própria vanguarda política se dividiria entre a concepção estratégica e a estética.

A leitura feita por Rancière das relações entre vanguarda e política, na qual também se podem encontrar ecos do pensamento nietzschiano, decorre de sua convicção de que a arte e a política têm uma origem comum, já que a política seria, como a arte, uma forma de organizar o sensível, de construir formas de inteligibilidade e de dar visibilidade. Discorda, então, de Benjamin, quando este afirma que o exercício do poder teria se estetizado em um momento específico, isto é, nas manifestações do Terceiro Reich. Para Rancière, o poder sempre lançou mão de formas espetaculares de *mise-en-scène*. Mas não só o poder: toda manifestação política, toda insurreição teriam um caráter teatral. Assim, com o objetivo de demonstrar o vínculo essencial entre política e teatro, retoma, em texto da coletânea *Momentos políticos* (2010), a imagem de uma barricada na insurreição dos trabalhadores franceses de junho de 1848, publicada em um jornal inglês. A partir dessa fotografia, na qual os insurgentes pareciam exibir-se vaidosamente, desenvolve o argumento de que, ao ocupar as ruas, os operários apropriavam-se de um espaço que, em geral, serve à circulação dos indivíduos e das mercadorias, para situar ali outra cena e redistribuir papéis. Diz o autor: "O espaço de circulação dos trabalhadores se converte em um espaço de manifestação de um personagem esquecido nas contas do governo, o povo, os trabalhadores ou qualquer personagem coletivo" (Rancière, 2010: 54).

Como se pode depreender da leitura de seus textos, dentre as três bandeiras da Revolução Francesa – liberdade, fraternidade e igualdade –, Rancière elege a igualdade como base para a transformação das sociedades, como pressuposto que viabilizaria a conquista da liberdade e da fraternidade. Em função disso, confere à ficção um papel privilegiado, já que constituiria o espaço por excelência da mobilidade dos papéis, da multiplicidade de identidades, alargando o limite dos possíveis. Partindo do princípio de que o mundo imaginário da ficção não se opõe ao mundo real, considera que a política começaria com a duplicidade dos papéis instaurada pela ficção, que configura novos cenários. Para ele, se Platão "denunciou tão fortemente a tragédia, não foi simplesmente porque poetas eram pessoas inúteis ou suas histórias eram imorais. Foi porque percebeu a solidariedade entre ficção teatral e política democrática" (Rancière, 2010: 55). Não poderia haver, do ponto de vista de Platão, seres duplos na cidade, onde cada um devia ocupar-se exclusivamente de seus próprios assuntos: "E não só os atores de teatro seriam seres duplos. O trabalhador que deixa de trabalhar com sua ferramenta para converter-se em ator de um personagem como povo também é um ser duplo", diz Rancière (2010: 55).

O caráter teatral das barricadas dos tempos heroicos é contraposto ao que ocorreria no mundo contemporâneo, no qual os governantes elaborariam sua imagem como marca, mas renunciariam ao que era a essência espetacular da política: a retórica pública. Diz o autor:

> As ficções televisivas são antificções que nos apresentam a personagens como nós, que se desenvolvem num cenário parecido com aquele desde o qual o miramos, e que expõem problemas similares aos nossos, similares aos que expõem, em outro horário, os testemunhos da realidade. (Rancière, 2010: 57)

A sociedade na qual vivemos, que leva em domicílio tanto as guerras sangrentas quanto as pequenas preocupações cotidianas, isto é, a ficção similar à realidade, não seria, para o filósofo, a sociedade do espetáculo descrita por Guy Debord, mas a da antifantasia, a que diz, junto com os governantes, que só existem a realidade, as mercadorias, as pessoas que as produzem, as vendem e as consomem. A mensagem da sociedade da negação das aparências seria: "Deixem de fazer teatro. Já não estamos em tempos de teatro" (Rancière, 2010: 58).

Quando assinala o entrelaçamento da estética da política com a política da estética, Rancière volta à questão da relação entre arte e vida, que ele terá de ajustar, não sem dificuldades, à sua defesa da distância entre palco e plateia, entre espectador e ator, desenvolvida principalmente em *O espectador emancipado*. Nesse livro, rejeita a ideia de que a eficácia política da arte será recuperada pela abolição da separação entre a cena da atividade artística e a da vida coletiva. Nega a eficácia política do teatro sem espectadores, do teatro como forma de comunidade vivente, como assembleia ou cerimônia da comunidade, afirmando a necessidade de suspensão de toda relação direta entre a produção das formas da arte e a produção de um efeito político determinado sobre o público. No entanto, em artigos que compõem o livro *Momentos políticos*, considerando que o povo representaria nas manifestações populares um papel diverso do que lhe foi reservado pelo poder, afirma a teatralidade como traço inerente à manifestação política do povo nas ruas, e acrescenta:

> A política começa com a capacidade de fingir sua própria dor, de compor uma máscara, uma fábula que faz com que essa dor possa ser compartida mais além do medo e da compaixão. Porque o sofrimento fundamental é o estado daquele que não pode fingir sua dor. (Rancière, 2010: 38)

O ativismo político abordado pelo viés da teatralidade aproxima-se dessa forma do teatro sem espectadores, do teatro que se propõe como coro do povo em ato, ao qual Rancière, em *O espectador emancipado*, nega eficácia política, enfatizando a separação entre a arte como um domínio próprio e outras formas de experiência sensível, embora considere que é essa mesma separação que, paradoxalmente, garante-lhe o caráter político.

Tudo o que foi dito até aqui permite, então, afirmar que complô e teatro das ruas, invisibilidade e espetáculo, arte e vida, subterrâneo e aparente, direito ao oculto e direito à imagem constituem balizas que pautaram as tensões da modernidade: balizas que, no século XXI, ganham outras configurações, tornando-se ainda mais cambiantes. A dimensão política, que a década de 1990 relegara ao segundo plano em meio à euforia com a globalização da economia, volta a ser discutida, mas, sintomaticamente, é abordada como conquista de lugares, e não como movimento projetivo da história, isto é, a política especializa-se.

Nesse quadro, não é de se estranhar que a ideia de revolução seja considerada obsoleta. O termo revolução é indissociável da dimensão temporal, tanto em sua acepção primeira, de retorno – para designar o movimento cíclico dos astros –, quanto na acepção que a modernidade lhe conferiu, como ruptura radical que instaura um novo tempo, um novo começo. Sabe-se que os modelos utópicos dos séculos XVI e XVII seguiam a lógica do deslocamento espacial. Os países ideais de Morus e Campanella não se encontravam no futuro, mas distantes no espaço. Somente nos séculos XVIII e XIX haverá a temporalização completa da história, e é nesse momento que o conceito de revolução deixa de implicar a ideia de regeneração e adquire a dimensão da novidade, da criação de uma forma de governo totalmente diferente, comprometida com a libertação da opressão: a utopia torna-se ucronia.

Ao definir-se hoje, como faz, por exemplo, Rancière, a política como um modo de divisão de ocupações, o que fica de fora é a prospecção temporal. A política como arte do dissenso descreve uma luta permanente pela conquista de espaços, na qual cada momento vale por si, travada por parte daqueles que não têm visibilidade: nem utopia, nem ucronia, mas heterotopia. Procura-se evitar a ideia de marcha histórica orientada para o futuro, a ideia de necessidade histórica. Ressalta-se, então, a reordenação intermitente do que é visível e enunciável, e, em função disso, a ficção ocupa o lugar proeminente antes reservado à história, porque se considera que é o trabalho da ficção que cria dissensos, que "muda os modos de representação do sensível e as formas de enunciação, mudando os marcos, as escalas e os ritmos, construindo novas relações entre a aparência e a realidade, o singular e o comum, o visível e seu significado" (Rancière, 2012: 67).

Se levarmos em conta que tanto para Rancière quanto para Piglia o problema da relação entre a arte e a política não é a transição da ficção ao real, pois estaríamos diante de duas maneiras de produzir ficções, pode-se dizer que os pensamentos dos autores aproximam-se no que diz respeito à concepção de política. Para ambos, o que caracterizaria a ficção dominante, a ficção consensuada, é precisamente negar seu próprio caráter de construção ficcional, fazendo-se passar pelo real em si mesmo. Entretanto, as estratégias propostas pelos dois teóricos na luta contra a ficção do poder são diversas. Rancière toma partido do espetáculo, que se contrapõe ao fatalismo da realidade cotidiana, sempre igual a si mesma, com seus lugares fixos, imutáveis. Piglia destaca a própria invisibilidade como trincheira que viabiliza a luta, quando o desequilíbrio de forças é extremamente desfavorável para o lado dos que se insurgem contra a injustiça. Em face desse desequilíbrio, os anônimos resistiriam, criando ficções contra a ficção do consenso que o poder instituído deseja instaurar. Contra a lógica social da visibilidade reinante em nossa época, o complô consistiria em formas antissociais e antiestatais de luta, para modificar as relações de força. No entanto, a conspiração implicaria uma política baseada "na debilidade extrema, na ameaça contínua de ser descoberto, na iminência de uma derrota e na construção de redes de fuga" (Piglia, 2001: 5).

Já para Rancière, a visibilidade é a condição necessária para dar início a qualquer embate que vise à conquista da igualdade. Visibilidade é, aí, tanto a estratégia – como a ocupação dos espaços públicos para fins não previstos pelos governos, a ocupação das ruas pela multidão insatisfeita – quanto o resultado final pretendido, isto é, a conquista dos direitos de cidadania, de ser visto como igual e, portanto, de ser incluído entre aqueles que contam.

Nesse ponto, torna-se inevitável retornar ao que Piglia chamou de exercício da leitura paranoica. Na atualidade, o papel de detetive paranoico desempenhado pelo leitor moderno tende a acentuar-se, já que, cada vez mais, a oposição entre exibir e ocultar perde a nitidez: a conspiração exibe-se nas redes sociais; as máscaras, ao mesmo tempo, ocultam e conferem visibilidade; o direito à imagem é reivindicação de ser visto e, contraditoriamente, de ser dono da própria imagem, impedindo sua exibição ou negociando essa mesma exibição, fazendo da imagem uma mercadoria. Assim, mesmo que rejeitemos a ideia de que a conspiração é o motor da história, pelo caráter paralisante que pode assumir, atribuindo ao povo o papel de eterna marionete nas mãos de pequenos grupos, a consciência crescente de que a mídia apresenta-nos versões dos fatos leva-nos a suspeitar de que tais versões são movidas por interesses que desconhecemos. Passando ao largo dessa tensão, alguns falam com grande otimismo de uma interação horizontal sem lideranças, que estaria se configurando com a tecnologia digital; contrapõem o que consideram a autonomia da comunicação em rede ao controle das grandes mídias.

Na perspectiva paranoica, assumida como gesto político, entretanto, o permanente exercício da desconfiança suscita uma série de perguntas. Pode-se indagar se o culto da horizontalidade, indissociável do entusiasmo com o desenvolvimento tecnológico, ao qual se atribuem efeitos democratizantes, não implicaria o esquecimento de que toda técnica é um meio a serviço dos homens, sendo eles que lhe conferem destino político. Seguindo essa linha, torna-se inevitável perguntar até que ponto as hierarquias dissolvidas pela tecnologia digital têm contribuído para a dissolução de outras hierarquias, como as que se assentam na estrutura injusta do sistema econômico. Sociedades alicerçadas nos saberes transversais da internet, avessas a toda e qualquer liderança, seriam necessariamente mais igualitárias? Também sempre se pode questionar, em tempos de práticas de espionagem no mundo digital, até que ponto as redes constituem esse espaço de liberdade e autonomia em relação aos poderes instituídos. Ainda valeria indagar se a propalada descrença na confiabilidade das grandes mídias reduziu seu papel na cena política: para uma grande maioria de pessoas, o teatro das ruas só existe quando representado no teatro da grande imprensa. O que se oculta nessa dobra, o que está por trás do que se mostra? Daí derivam outras perguntas. Como transformar a visibilidade em uma arma eficaz? Como evitar que o complô se transforme no exercício estéril de fabricar contraficções desconectadas de um projeto efetivo de transformação da realidade?

Mas, se a ideia de que o amanhã confere sentido ao hoje e ao ontem caiu em descrença, como falar em projeto? Voltamos, por esse caminho, à questão da temporalidade, aos referenciais do passado que assaltam, para o bem ou para o mal, nossa percepção do presente, assim como também o presente é assaltado pelas perspectivas futuras, que implicam estratégias ou agendas de ação política.

Foi aos referenciais do passado que Jacques Derrida recorreu, na década de 1990, para contrapor-se à euforia neoliberal que levou Francis Fukuyama a proclamar o fim da história. Com o objetivo de combater a ideia tranquilizadora de que teríamos atingido a democracia perfeita e, portanto, teríamos entrado em uma era pós-histórica, o filósofo evocou a obra de Karl Marx: mais especificamente o "espectro de Marx", que, segundo ele, teria atemorizado a Europa ao longo dos dois últimos séculos e ainda estaria sendo conjurado até hoje, não só no Velho Continente.

O termo espectro, tal como utilizado, em perspectiva histórica, pelo próprio Marx, prestava-se à representação figural da intervenção do passado no presente e, na direção contrária, remetia também à iminência do futuro, cuja presença já poderia ser pressentida. Essa última situação fica evidente na primeira linha do *Manifesto comunista*, em que se lê: "Um espectro ronda a Europa – o espectro do comunismo." Em síntese, lançava-se mão da figura do espectro para designar uma luta travada, na esfera da história, entre a recorrência do passado e a abertura para o novo.

Derrida chama a atenção para o fato de que o fantasma, no *Manifesto*, era uma presença por vir, ou seja, era o que, na representação ideológica da Europa, por aquele tempo, só tinha aparência de um espectro, mas que deveria se tornar, no futuro, uma realidade presente, ou seja, viva. Diz o filósofo:

> O *Manifesto* invoca, reclama esta apresentação da realidade viva: é preciso fazer com que, no porvir, este espectro – e, em primeiro lugar, uma associação de trabalhadores obrigada ao segredo até por volta de 1848 – torne-se uma realidade e uma realidade viva. (Derrida, 1994: 139)

Enfatizando a ideia de que o *Manifesto* pressupunha a materialização do espectro, isto é, a passagem do segredo para a visibilidade, o filósofo formula a hipótese de que a crença na distinção entre fantasma e realidade efetiva, entre simulacro e presença real explicaria a obsessão de exorcizar espectros que pontuaria o pensamento de Marx.

Retomado na ótica da filosofia da desconstrução, de sua proposta de diluição dos binarismos que balizaram a metafísica ocidental, o termo "espectro" torna-se, no livro de Jacques Derrida, uma categoria operadora da fusão entre o visível e o invisível, em um giro que transforma não só o próprio Marx, mas também o futuro anunciado por ele, em renitente assombração que atormenta todos por seu caráter mesmo de assombração. Assim, ao voltar ao passado visando a resgatar a promessa de emancipação como antídoto ao conformismo reinante, Derrida recorre ao paradigma da visualidade para valorizar o caráter reiterativo das imagens fantasmáticas, espectrais, não sua superação no porvir, como pretendia Marx. Propõe uma nova historicidade, comprometida com a afirmação da promessa emancipatória, mas como promessa, não como programa.

A teoria do outro como espectro serve, então, de mote para que se conclua este capítulo convocando outro fantasma: o do sentido da história, tomando-se o vocábulo "sentido" na acepção de direção, que implicaria a escolha de caminhos a serem tomados. Não seria esse fantasma que se quer exorcizar, quando se abordam as desigualdades sociais pelo viés da visibilidade/invisibilidade, destacando a iteratividade, o caráter intempestivo dos acontecimentos contra a ideia de processo histórico? Para esconjurá-lo, Rancière fala de "momentos políticos", definidos como aqueles em que a temporalidade do consenso é interrompida. Para afugentá-lo também, Jacques Derrida, ao reler Marx, ressalta sua permanência entre os vivos, mas como espectro, isto é, como aparição provocadora, que incita a reação contra o conformismo, mas que não chega a se materializar em um projeto de sociedade tal como o proposto pelo filósofo alemão.

Referências

BARTHES, Roland. *O grau zero da escritura*. São Paulo: Cultrix, 1971.
BENJAMIN, Walter. *Charles Baudelaire*: um lírico no auge do capitalismo. São Paulo: Brasiliense, 1994.
DERRIDA, Jacques. *Espectros de Marx*: o Estado da dívida, o trabalho do luto e a nova Internacional. Rio de Janeiro: Relume Dumará, 1994.
FOUCAULT, Michel. *O que é um autor?* Lisboa: Vega, 1992.
GUNNING, Tom. O retrato do corpo humano: a fotografia, os detetives e os primórdios do cinema. In: CHARNEY, L.; SCHWARTZ, V. R. (Org.). *O cinema e a invenção da vida moderna*. São Paulo: Cosac Naify, 2001.
LE BON, Gustave. *Psicologia das massas*. Lisboa: Ésquilo, 2005.
LUKÁCS, G. *O romance histórico*. São Paulo: Boitempo, 2011.
MICHAUD, Éric. *La estética nazi*: un arte de la eternidad. Buenos Aires: Adriana Hidalgo, 2012.
PIGLIA, Ricardo. Teoría del complot. *Revista Casa de las Américas*, Havana, n. 245, out./dez. 2006. Disponível em: <http://www.casa.cult.cu/publicaciones/revistacasa>. Acesso em: 20 nov. 2007.
RANCIÈRE, Jacques. *A partilha do sensível*. São Paulo: Ed. 34, 2005.
———. *Momentos políticos*. Buenos Aires: Capital Intelectual, 2010.
———. *O espectador emancipado*. São Paulo: Martins Fontes, 2012.

O intelectual e a partilha do espaço urbano na ficção cinematográfica

> *Para pôr as coisas em termos brutais, se a economia global pôde livrar-se de uma minoria de países pobres como economicamente desinteressantes e irrelevantes, também poderia fazer o mesmo com os muito pobres dentro das fronteiras de qualquer um e de todos os seus países, contanto que o número de consumidores potencialmente interessantes continuasse suficientemente grande.*
>
> Eric Hobsbawm

A rápida circulação de produtos, imagens e informações, as migrações e o turismo em fluxo contínuo levam-nos a refletir sobre a mobilidade na modernidade tardia, considerando os aspectos que a distinguem do intenso movimento de circulação de pessoas e mercadorias iniciado com o surgimento dos grandes centros urbanos na Era Industrial. Na atualidade, a tecnologia da comunicação parece diluir cada dia mais os obstáculos relacionados com o tempo e o espaço, permitindo inclusive o deslocamento, sem se mover, pelos espaços virtuais. No entanto, se algumas das antigas fronteiras foram derrubadas para viabilizar tal mobilidade, outras reafirmaram-se sob novas formas, já que as diferenças e as desigualdades continuam a erguer barreiras tanto internas quanto externas aos países.

Desde sempre lugar da multiplicidade, do simultâneo e das trocas generalizadas, as cidades têm suas feições alteradas pela crescente urbanização do mundo: nas megalópoles ocidentais, ampliam-se as zonas de exclusão, definidas como periferias, embora muitas vezes o que se convencionou chamar de "periferia" permeie o tecido urbano, tornando-se difícil traçar com clareza seus limites geográficos. Os espaços nas regiões urbanizadas, ao se rarefazerem, tornaram-se mercadoria de alto valor e alvo da especulação imobiliária, que reconfigura a arquitetura das cidades: disputada por muitos, a cidade impõe sacrifícios de diversas ordens a seus habitantes, que vivem, hoje, em escala máxima, os desconfortos decorrentes da mercantilização do espaço, entre eles as proximidades compulsórias.

As migrações e a urbanização em massa, isto é, os deslocamentos impostos pela economia mundial, embaralham as fronteiras entre interioridade e exterioridade, abalando identidades "estáveis" constituídas a partir do traçado dessas mesmas fronteiras. Daí decorrem reações radicais daqueles que, mantida a devida distância, não tinham problemas para reconhecer a especificidade do outro, desde que este se mantivesse em suas comunidades, concebidas como "fechadas e autênticas". É, portanto, o fato de o outro se diversificar, de ser capaz de refazer alhures seu lugar, tornando-se próximo, que exaspera os que não necessitam abandonar seus territórios de origem para sobreviver. O outro distante, das viagens turísticas, dos cartões-postais ou espetacularizado pelas mídias, não chega a ser visto como ameaça à identidade, isto é, o outro em seu lugar não atemoriza – entendendo-se por lugar não apenas a localização espacial, mas também as categorizações impostas pela divisão da sociedade em classes ou em estratos distintos de prestígio.

Tal quadro leva a perguntar se o contato próximo com o outro, em meio ao crescimento desordenado das megalópoles, não se constitui na grande motivação para o retorno da reflexão sobre a política que tem pontuado a produção teórica europeia mais recente e que fora deixada de lado no período de euforia com o capitalismo neoliberal e a globalização. Nesse sentido, o retorno da dimensão política, quando se trata de refletir sobre os problemas urbanos, no caso dos países europeus, seria estimulado não tanto pelas desigualdades socioeconômicas que delimitam as classes sociais, mas pelo fato de ter ficado evidente que a condescendência multiculturalista do Ocidente, o ideal professado da convivência híbrida de mundos culturalmente diversos, não conseguiu resistir à prova do partilhamento dos espaços públicos com o outro "real", com os imigrantes que estão por toda parte:

A tolerância liberal desculpa o Outro folclórico, privado de sua substância (como a multiplicidade de comidas étnicas numa megalópolis contemporânea), mas denuncia qualquer Outro "real" por seu fundamentalismo, dado que o núcleo da Outridade está na regulação de seu gozo: o Outro "real" é por definição patriarcal, violento, jamais o Outro da sabedoria etérea e dos costumes encantadores. (Jameson e Zizek, 2003: 157)

Os eufemismos contemporâneos, que, elipsando tensões de diversas ordens, referem-se à sociedade como um todo composto de partes adjacentes – maiorias e minorias sociais, categorias socioprofissionais, grupos de interesses e comunidades –, vêm, então, perdendo sua eficácia em um momento em que as misturas e as "contaminações" parecem suplantar os exotismos. A segregação em decorrência da diferença de costumes e crenças tem ocorrido mesmo no caso em que a atividade profissional dos imigrantes coincide com os interesses da sociedade.

Nesse ponto, cabe lembrar o filme *Entre muros*, de Laurent Cantet (França, 2008), vencedor de vários prêmios, entre eles a Palma de Ouro em Cannes, exibido no Brasil com o título de *Entre os muros da escola*. Baseado no livro homônimo de François Bégaudeau, o filme, para além das dificuldades específicas do campo da educação, discute, a partir de uma turma composta de adolescentes franceses e filhos de imigrantes de várias procedências, problemas suscitados pela diferença cultural. Como o próprio título original – que não inclui a palavra "escola" – indica, trata-se de discutir os muros que não foram derrubados, isto é, todas as espécies de barreiras que se erguem entre "o mesmo" e os "outros", entre elas a divisão entre os que sabem e os que não sabem, pautada pela oposição entre universal e particular – divisão que os alunos imigrantes de *Entre muros* questionam, nos embates em sala de aula, ao colocar em dúvida a validade do saber que lhes é transmitido pelo professor francês.[19]

---

[19] Caberia lembrar também que, para Jacques Rancière (1996: 118), as barreiras de exclusão, hoje, mimetizam a classificação escolar. Diz o autor: "Nessa sociedade 'sem classes', a barreira é substituída por um *continuum* das posições que, do mais alto para o mais baixo, mimetiza a mera classificação escolar."

Por esse viés, talvez se possa entender melhor por que, ao refletir sobre a política tendo em mente os três ideais da Revolução Francesa – liberdade, igualdade e fraternidade –, Jacques Rancière tome como bandeira a igualdade e, mais especificamente, a igualdade de inteligências como pressuposto norteador do diálogo entre diferentes. Para o filósofo, a liberdade pode constituir-se em uma aparência de liberdade, tornar-se vazia, se não há igualdade, e a fraternidade não implica necessariamente a alteração dos lugares hierárquicos designados para cada um. Daí decorre a definição de política como uma prática relacionada com a lógica do estar junto e que só ocorreria em determinados momentos: naqueles em que o consenso é interrompido, em que é necessário que a comunidade crie outras configurações da relação de cada um com todos, que reflita sobre o tipo de comunidade que ela constitui, sobre os que inclui e sob que títulos os inclui (Rancière, 2010: 11). Seguindo essa linha, a política entraria em jogo, por exemplo, quando um governo toma decisões sobre os critérios a partir dos quais quem vai trabalhar em um país estrangeiro é considerado um excedente, quando legisla sobre o que o país pode aceitar nessa esfera, tendo como parâmetros os valores que constituem a comunidade nacional. Mas, na direção inversa, também há política quando os imigrantes lutam para alterar o regime de visibilidade e invisibilidade que situa os corpos em seus lugares, segundo seu nome ou sua ausência de nome, buscando "recompor as relações entre os modos do fazer, os modos de ser e os modos do dizer que definem a organização sensível da comunidade" (Rancière, 1996: 51).

Assim, a abordagem da política pela questão da partilha do sensível, desenvolvida pelo filósofo francês, embora não se restrinja aos impasses colocados pela convivência com os imigrantes nos países hegemônicos, é sem dúvida tributária dessa questão, agravada pelas dificuldades econômicas da Europa unificada. Uma afirmativa como "a política não é feita de relações de poder, é feita de relações entre mundos" (Rancière, 1996: 53) pode ser lida a partir de tal pressuposto, assim como o trecho a seguir:

O caráter de combinação de todos esses elementos é próprio a um modo de visibilidade que neutraliza ou acusa a alteridade do estrangeiro. É desse ponto de vista que se pode discutir a simples inferência do número grande demais de imigrantes para a sua rejeição. O limiar dessa rejeição não é claramente uma questão estatística. Há vinte anos, os imigrantes não eram muito menos numerosos. Mas eles tinham um outro nome: chamavam-se trabalhadores imigrantes ou simplesmente operários. O imigrante de hoje é um operário que perdeu seu segundo nome, que perdeu a forma política de sua identidade e de sua alteridade, a forma de uma subjetivação política do cômputo dos incontados. (Rancière, 1996: 120)

Como pano de fundo dessa questão, como se sabe, está o passado colonialista desses países, em que a representação do outro, na condição de imigrante, caminharia, atualmente, como o próprio Rancière (1996: 119) assinala, para "a fixação de uma alteridade radical", sendo "objeto de ódio absoluto, pré-político". Passado colonial não suficientemente tematizado por Rancière, mas que é evocado em uma passagem de seu livro *O desentendimento* para destacar a despolitização ocorrida no presente, comparando-a com a dimensão política assumida por um episódio, nos anos 1960, a partir do qual, segundo ele, para além da identificação com as vítimas, teria se desencadeado uma relação litigiosa da cidadania francesa consigo mesma:

> Os corpos expostos ou os testemunhos vivos dos massacres na Bósnia não criam o vínculo que podiam ter criado, no tempo da guerra da Argélia e dos movimentos anticolonialistas, os corpos, subtraídos à vista e à avaliação, dos argelinos jogados no Sena pela polícia francesa em outubro de 1961. Em torno desses corpos duas vezes desaparecidos de fato se criou um vínculo político, feito não de uma identificação com as vítimas ou até com sua causa, mas de uma desidentificação em relação ao sujeito "francês" que as havia massacrado e subtraído a toda contagem. A negação de humanidade era assim construível na universalidade local, singular, de um litígio político, como relação litigiosa da cidadania francesa consigo mesma. (Rancière, 1996: 138)

A relação entre a dificuldade de partir do pressuposto da igualdade no contato com o outro, como propõe o filósofo francês, e o passado colonialista é trabalhada de maneira mais contundente no filme *Caché* (França/Áustria/Alemanha/Itália, 2005), de Michael Haneke,[20] que, como o próprio título sinaliza, remete ao que as aparências encobrem, às barreiras inconscientes, no plano individual, e ao apagamento da memória coletiva pelos discursos oficiais. Não é por acaso que a origem do problema que será vivido pelo personagem principal quando adulto, já no século XXI, está no passado, na infância e, mais precisamente, no ano 1961, isto é, está naquele episódio histórico aludido por Rancière no trecho citado anteriormente. Episódio cuja gravidade a história oficial francesa procurou negar: o massacre de centenas de argelinos em 17 de outubro de 1961 pela polícia francesa, em um momento em que os dois países já negociavam o fim da guerra pela independência da Argélia.

Convocados pela Frente de Libertação Nacional para uma manifestação pacífica e familiar nas ruas de Paris contra o toque de recolher que lhes fora imposto pela polícia, homens, mulheres e crianças argelinos foram assassinados pelos policiais sob o comando de Maurice Papon, então diretor de polícia da cidade e ex-colaboracionista das forças de ocupação nazista na França. Segundo o jornal *Le Monde* em matéria publicada no dia 17 de outubro de 2011, os "franceses mulçumanos da Argélia", desarmados, foram mortos com tiros ou coronhadas, estimando-se que o número de vítimas ultrapassou 150 – nas semanas seguintes, dezenas de cadáveres foram retirados do Sena – e que cerca de 11 mil foram presos, sendo violentamente espancados pelos policiais, que lhes chamavam de "porcos árabes". Diz o historiador Benjamin Stora, no mesmo jornal:

> Nessa altura havia [na França] um imenso desconhecimento daquilo a que chamamos o indígena ou o imigrante, ou seja, o outro. Quando se

---

[20] A obra do cineasta austríaco, alemão de nascimento, Michael Haneke caracteriza-se pela crítica às injustiças sociais e à intolerância, trazendo à tona traumas históricos e ressentimentos. Seus filmes, entre eles *A fita branca* e *Código desconhecido*, questionam o próprio estatuto da imagem cinematográfica: expõem seus artifícios ao colocar o espectador diante de diferentes dispositivos de imagem, que remetem a pontos de vista diversos em relação aos fatos narrados.

tem esta percepção do mundo, como é que alguém se interessa pelos imigrantes que vivem nos bairros de lata da região parisiense? Os argelinos eram os "invisíveis" da sociedade francesa.

Ainda de acordo com a matéria do *Le Monde*, na manhã do dia posterior à tragédia, a polícia contava oficialmente três mortos – dois argelinos e um francês. A mentira instala-se, e o silêncio sobre o episódio dura mais de 20 anos: os relatos que se contrapõem à versão oficial são censurados. A memória do episódio só ganha o espaço público na década de 1980, a partir da publicação do livro *La bataille de Paris*, de Jean-Luc Einaudi, mas o Estado francês nunca reconheceu o massacre.

Em *Caché*, os pais do personagem Majid, que eram empregados na casa da família de Georges Laurent, morreram na manifestação de 1961. Os patrões resolvem, então, adotar o menino que ficou órfão, o que não se realiza em função de uma intriga criada pelo filho deles, de seis anos de idade. Georges, que não quer dividir seu espaço com Majid, acusa-o de ter matado um galo para assustá-lo, ameaçando-o com a faca suja de sangue. O filho dos empregados argelinos é, então, enviado para um orfanato. Esse passado surge fragmentariamente na narrativa fílmica à medida que Georges, já adulto, passa a receber mensagens anônimas que lhe roubam a tranquilidade.

No eixo do presente da ação, o filme coloca-nos diante de um casal de intelectuais, bem situado economicamente, que reside com o filho adolescente em Paris, em uma casa repleta de livros, onde, com frequência, recebe amigos igualmente cultos e refinados. O marido, Georges Laurent, é apresentador de um programa de televisão sobre literatura; a mulher, Anne, trabalha em uma editora; e o filho adolescente, Pierrot, é estudante. A vida normal da família será abalada pelo envio de pacotes com fitas de vídeo e desenhos, sem qualquer identificação do remetente, além de telefonemas de um estranho que procura por Georges.

Nas fitas, podem-se ver a fachada da casa em que moram, o movimento de entra e sai da família e de poucos transeuntes no pequeno trecho da rua residencial. Essas imagens silenciosas, tomadas de um ponto determinado da rua por alguém desconhecido, serão suficientes para dar início a um processo em que, pouco a pouco, a paz da família se esvai. A tranquilidade do espectador também é perturbada, e logo na primeira cena: o filme inicia-se com um plano fixo da fachada da casa, mas, minutos depois, a imagem é rebobinada e somos remetidos ao interior da casa onde Georges e Anne assistem ao vídeo. O espectador se dá conta, então, de que seu olhar deslizou da imagem do vídeo para a imagem que presentifica a ação, isto é, inicialmente identificado com o ponto de vista de quem vê de fora, passou a se identificar com o olhar daqueles que estão dentro da casa.

Daí por diante, toda tomada externa em plano fixo gera apreensão: não se sabe de que olhar ela parte, que intenções dirigem a filmagem. O deslizamento entre imagens captadas por câmeras que cumprem funções diversas na economia da narrativa instaura o clima de insegurança que envolve o espectador, pois este perde as referências no que diz respeito ao estatuto da imagem que contempla. Percebe que, inadvertidamente, pode ser levado a assumir o ponto de vista do outro, o da câmera misteriosa que vê de fora, pois não há, em princípio, nada que distinga essa imagem "clandestina" da outra utilizada para contar a história em si, ocorrendo que, em alguns momentos, as cenas são duplicadas, isto é, vemos de novo as mesmas imagens, só que atribuídas a câmeras que servem a propósitos diferentes.

Em *Caché*, o jogo de câmeras põe em evidência a questão da visibilidade. Além da câmera que conduz o desenvolvimento da narrativa fílmica, há a câmera misteriosa do outro e as câmeras da televisão, cujas imagens também são exibidas na tela maior. Os vídeos e os desenhos enviados são imagens isoladas, que compõem outra narrativa, fragmentária, mas que perturba a narrativa coerente dos franceses intelectualizados. Nos desenhos, os traços infantis, que compõem a figura de uma criança em continuidade com uma grande mancha vermelha, sugerindo sangue, remetem ao passado que o personagem principal quer esquecer. Essas imagens sem palavras contrastam com as outras imagens, como as do programa literário de Georges, que exercem papel secundário em relação à palavra oral, que se dobra sobre textos escritos para comentá-los: a primazia, ali, é do discurso racionalizador e interpretativo dos críticos literários.

No filme, o desafio colocado pelo outro consiste no fato de apropriar-se de meios de produção de imagens, tornando-se sujeito do olhar, já que é ele que escolhe e recorta a cena a ser vista. Ironicamente, a visibilidade daqueles que impõem seu discurso é utilizada como arma para abalar a estabilidade de suas posições. O intelectual famoso que é visto no programa da TV torna-se objeto de outro olhar, que o transformará em espectador passivo do vídeo de um anônimo. A reprodutibilidade das imagens, facilitada pelo avanço da tecnologia, é utilizada para subverter a ordem estabelecida, para alterar a partilha do sensível, nos termos de Rancière. Se o outro foi excluído da cultura letrada, se não lhe foi permitido o domínio sofisticado do universo da escrita, as imagens podem ser usadas para criar uma contraposição a esse mundo, trazendo à tona o que fora recalcado pela chamada civilização ocidental.

O próprio anonimato serve de instrumento para abalar o regime de distribuição de lugares e competências, aterrorizando a família francesa e o espectador, que com ela tende a se identificar: não havendo como provar a autoria das imagens, o recurso ao aparato policial é ineficaz. A perturbação da ordem estabelecida realiza-se pelo resgate do passado, pela luta para evitar o apagamento da memória. O argelino invisível para os franceses usa a própria invisibilidade para produzir imagens que não deixem o passado colonialista cair no esquecimento – passado esse que deixou suas marcas, por mais que se pretenda recalcá-lo, como se vê na cena em que Georges ofende um negro que involuntariamente quase o atropela com a bicicleta, demonstrando que não aprendeu a conviver com a diferença, não perdeu o sentimento de superioridade. No universo ficcional de *Caché*, a tal desidentificação do sujeito francês consigo mesmo, a relação litigiosa da cidadania francesa consigo mesma em função dos horrores da prática colonialista, a que se refere Jacques Rancière, não se confirmam. A racionalidade dos discursos encobre a culpa, que, por si só, não é capaz de alterar os comportamentos.

É também sobre o incômodo causado pelo outro próximo – figura que, sintomaticamente, tem se tornado objeto de estudos antropológicos – que gira *O homem ao lado* (Argentina, 2009), de Mariano Cohn e Gastón Duprat. O filme retoma a questão que vem sendo formulada de modo recorrente em obras teóricas e ficcionais desde o século passado: qual a "distância correta" a ser mantida entre o eu e o outro? Nesse sentido, a cena em que Leonardo, morador de uma mansão, utiliza uma trena para medir o espaço entre sua janela e a do vizinho, com o objetivo de verificar se está de acordo com o determinado pela lei, é emblemática. Em *O homem ao lado*, a distância desejada pela classe dominante é alterada pelo crescimento urbano desordenado, pela ação do capital, que subordina o espaço ao investir no rendoso mercado da habitação, degradando a arquitetura das cidades:

> A urbanização da sociedade é acompanhada de uma deterioração da vida urbana: explosão dos centros, a partir de então privados de vida social, pessoas segregativamente repartidas no espaço. Estamos diante de uma verdadeira contradição do espaço. De um lado, a classe dominante e o Estado reforçam a cidade como centro de poder e de decisão política, do outro, a dominação dessa classe e de seu Estado faz a cidade explodir. (Lefebvre, 2008: 149)

No centro da disputa entre Leonardo e o vizinho está, portanto, a cidade, como espaço instituído e também, como afirma Lefebvre (2008: 82), "como obra no sentido de obra de arte, como espaço modelado, apropriado por este ou aquele grupo, segundo suas exigências, sua ética, estética e ideologia".

O filme de Mariano Cohn e Gastón Duprat não é ambientado na França, de passado colonialista, mas na Argentina, país que foi colonizado, mas cuja população é predominantemente branca, em decorrência inclusive das imigrações de europeus. O confronto entre universos culturais diferentes em *O homem ao lado* não se dá, então, entre o intelectual nativo do país e o imigrante, como em *Caché*, mas entre o artista de formação cultural europeizada e o homem oriundo das camadas populares. A tranquilidade de Leonardo, designer famoso, e de sua mulher é perturbada quando o vizinho Vitor, também argentino, resolve abrir uma janela em uma das paredes de sua casa para ter acesso a um pouco da luz do sol. A janela a ser aberta não só expõe ao olhar do outro o interior de um dos cômodos da casa de Leonardo, como constitui uma agressão de ordem estética, já que este último reside na única casa que Le Corbusier projetou na América, que, por isso, se constitui em atração turística e objeto de contemplação de estudiosos de arquitetura. A casa Curutchet, escolhida como locação para a residência de Leonardo, conciliava, na época da elaboração de seu projeto, os princípios universais da arquitetura de Le Corbusier com as particularidades do contexto urbano de La Plata, capital da província de Buenos Aires. Fundada em 1882, La Plata é uma das primeiras cidades do mundo construída a partir de um plano urbanístico prévio, o que se reflete em seus numerosos parques e praças, assim como nas amplas avenidas. Erguida sobre *pilotis*, a casa Curutchet apresenta fachadas de vidro que permitem a integração com os espaços verdes circundantes.

A luta pelo direito à janela, travada por Vitor, recoloca mais uma vez a questão da visibilidade, isto é, não se trata somente de quem tem o direito de ter acesso a um raio de sol, mas também de quem tem o direito de ver e ser visto. O olhar de admiração dos turistas, legitimado pela capacidade de reconhecer o valor artístico da obra do arquiteto, não incomoda Leonardo: o que o desespera é o olhar do vizinho, do homem comum, que não tem a competência cultural específica para render homenagem àquele monumento arquitetônico e, portanto, não sabe respeitar a distância que sua sacralização exigiria.

Leonardo, designer famoso, que criou uma cadeira ergométrica de repercussão nos salões internacionais, comunica-se com o mundo através de suas intervenções artísticas no espaço e, paradoxalmente, isola-se do mundo em sua casa-vitrine. Pela internet – outra vitrine –, divulga em várias línguas sua obra, como convém a um cidadão cosmopolita: é a disposição estética que lhe garante uma interação distante e segura com o mundo. Pertencente ao que Bourdieu chama de "nobreza cultural", o personagem situa-se, ao mesmo tempo, entre dois campos, a arquitetura e o design, que, em princípio, produzem formas que não devem ser dissociadas de sua função: ao contrário de outras artes, como a música, que suscitaria predominantemente uma percepção estética dissociada das razões práticas. O caráter fronteiriço de sua atividade profissional está em conexão com o estetismo que envolve a vida do designer e que o leva a viver em uma casa concebida de acordo com o racionalismo arquitetônico da vanguarda modernista, munida de aparatos tecnológicos de comunicação de última geração, mas não necessariamente congregadora. Os notebooks individuais, assim como o dispositivo de som com fone de ouvido da filha, também contribuem para a individualização dos espaços no interior da casa. A menina, sempre confinada na música que só ela ouve e no quarto finamente decorado, não dialoga com os pais. Como observou Bourdieu, a disposição estética, tal como definida pelas elites culturais modernas, tende a submeter as necessidades diárias ao requinte e à sublimação:

> [...] além disso, em todos os campos, a estilização da vida, ou seja, o primado conferido à forma em relação à função, à maneira em relação à matéria, produz os mesmos efeitos. E nada determina mais a classe e é mais distintivo, mais distinto, que a capacidade de constituir, esteticamente, objetos quaisquer ou até mesmo vulgares (por serem apropriados, sobretudo, para fins estéticos, pelo "vulgar") ou a aptidão para aplicar os princípios da estética "pura" nas escolhas mais comuns da existência comum – por exemplo, em matéria de cardápio, vestuário ou decoração da casa – por uma completa inversão da disposição popular que anexa a estética à ética. (Bourdieu, 2008: 13)

Nesse sentido, o filme coloca em conflito dois padrões estéticos diversos, forjados de acordo com a origem de classe de cada personagem. Enquanto o gosto de Vitor remete aos excessos, submetendo a arte aos valores da vida, das emoções mais imediatas, o padrão de gosto de Leonardo remete a uma estética *clean*, ao lema do "menos é mais", à ideia de que o objeto artístico deriva de uma construção racional que permite atingir a plena correspondência entre forma e função: submete, dessa maneira, a vida aos valores da arte de orientação universalista. A escultura criada por Vitor, montada a partir do aproveitamento de materiais diversos, como armas e canos, que, segundo ele mesmo, simboliza a vagina materna, constituindo-se em homenagem à sua origem, não será legitimada como obra de arte pelo vizinho de hábitos sofisticados. Independentemente da intenção estética de Vitor, trata-se de um objeto concebido por um homem rústico, com um estilo de vida do qual o artista busca se afastar. O designer reverencia a música instrumental que incorpora ruídos, mas não suporta os ruídos que vêm da casa do vizinho, considerado um troglodita e, portanto, alguém cuja linguagem em si já é um ruído:

> A legitimidade da disposição estética pura é tão totalmente reconhecida que nada faz lembrar que a definição da arte e, através dela da arte de viver, torna-se um pretexto de luta entre classes. As artes de viver dominadas – que, praticamente, nunca receberam expressão sistemática – são quase sempre percebidas, por seus próprios defensores, do ponto de vista destruidor ou redutor da estética dominante, de modo que a única alternativa é a degradação ou as reabilitações autodestrutivas ("cultura popular"). (Bourdieu, 2008: 49)

Pode-se dizer, então, que a janela, limiar entre o dentro e o fora, entre o ver e o ser visto, sintetiza, no filme, a partir de um confronto engendrado pela vida urbana contemporânea, as tensões inerentes aos espaços de fronteira, que, paradoxalmente, juntam e separam territórios diversos.[21] De um lado, é preciso abrir janelas para que a

---

[21] A janela e a rua como dupla imagética recorrente nas artes, na literatura e nas mídias para representação da vida urbana são objeto de análise de Renato Cordeiro Gomes no artigo "Janelas indiscretas e ruas devassadas: duas matrizes para a representação da cidade" (2012), no qual o autor chama a atenção para a perda de amplitude da imagem da janela como ponto fixo de observação da cidade a partir do momento em que dela não mais se divisa o espetáculo das ruas, mas apenas outras janelas.

habitação interaja com o exterior, como sabia Le Corbusier. De outro, é preciso fechar janelas para preservar as divisões, como as que se estabeleceram entre público e privado, alta e baixa cultura, entre estética erudita e estética popular, entre indústria e arte, que, apesar de ainda contarem com instâncias de legitimação, têm sido, no entanto, cada vez mais ameaçadas. Não só pela desconfiança em relação aos padrões universalistas, mas também pelo avanço das tecnologias e do mercado de bens culturais. Assim, o que mais atemoriza o designer Leonardo é o fato de Vitor tratá-lo como um igual, ou seja, tentar ultrapassar limites, recusando o lugar que lhe estaria reservado como um homem simples, inferior ao artista. Lugar esse no qual a empregada da mansão se enquadra harmoniosamente, recebendo, em troco, um tratamento politicamente correto.

Como *Caché*, o filme *O homem ao lado*, utilizando outra estratégia, também coloca o espectador em uma situação incômoda, porque este, pouco a pouco, é levado a perceber que não está diante de uma luta do bem contra o mal. O que se opõe ao universo da alta burguesia requintada, com seu sentimento de superioridade, não é o outro de ideais revolucionários que propõe uma mudança radical de valores, nem o outro relegado à extrema pobreza, vítima da privação dos bens necessários à sua subsistência: é o outro da pequena burguesia, marcado pela diferença cultural, mas que deseja ser incluído no universo do mesmo, e que, em função disso, tanto quanto este último, lança mão de subterfúgios e de procedimentos intimidadores. Se, com o decorrer da narrativa, acentua-se o desconforto do espectador com a conduta pusilânime de Leonardo – apesar de o público desse tipo de filme, ao que tudo indica, não se situar tão distante das preferências estéticas desse personagem –, é improvável que chegue a experimentar uma identificação plena com Vitor. Do ponto de vista do comportamento de cada um, fica a impressão de que a diferença entre eles consiste no fato de Vitor ser predominantemente um homem da ação, e Leonardo preferir sempre o caminho da omissão, como convém, aliás, à sua posição de "intelectual introspectivo". Vale supor que, pelo menos até o contundente e inesperado final, o público, em sua maioria, tenda a oscilar entre um e outro lado da janela.

Como se pode concluir, na era da hipertrofia da dimensão cultural, a teoria e a ficção convergem, ao problematizar as contradições sociais pelo viés da relação entre estética e política, em detrimento da relação entre política e economia, privilegiada no período que se estende do século XIX até meados do século XX. É o maior ou menor acesso aos meios de reprodução, e não aos meios de produção, que tem sido utilizado como critério para a delimitação das distinções de classe, o que se pode relacionar com o destaque conferido, pelos próprios textos teóricos, à questão da visibilidade. Na sociedade dos meios de comunicação de massa, do predomínio do audiovisual, a cidadania plena é definida pelo direito de ver e de ser visto. Se, no passado, ao fazer referência ao abismo entre as elites e o povo, falava-se dos que tinham ou não tinham voz, hoje se fala cada vez mais dos que têm ou não têm visibilidade. Nesse sentido, é a imagem mais do que a palavra, o espectador mais do que o ouvinte ou o leitor que servem de ponto de partida quando se trata de refletir sobre a necessidade de alterar a distribuição de papéis e competências hierarquicamente estabelecidos.

Torna-se notória, então, a proeminência da categoria do espaço sobre a categoria do tempo, a tendência de traduzir as relações de poder em termos de distribuição de lugares, tomando como base determinado território ou determinada sociedade. Ao contrário do que ocorre em *Caché*, deixam-se em segundo plano os elos entre o presente e o passado: o outro, sem história, torna-se simplesmente "o homem ao lado", isto é, sua identidade é reduzida a uma posição no espaço.

Referências

BOURDIEU, Pierre. *A distinção*: crítica social do julgamento. São Paulo: Edusp; Porto Alegre: Zouk, 2008.
GOMES, Renato Cordeiro. Janelas indiscretas e ruas devassadas: duas matrizes para a representação da cidade. *Dispositiva*: Revista do Programa de

Pós-Graduação em Comunicação Social da Faculdade de Comunicação e Artes da PUC Minas, Belo Horizonte, v. 1, n. 1, jan./jul. 2012.

JAMESON, Fredric; ZIZEK, Slavoj. *Estudios culturales*: reflexiones sobre el multiculturalismo. Buenos Aires: Paidós, 2003.

LEFEBVRE, Henri. *Espaço e política*. Belo Horizonte: UFMG, 2008.

RANCIÈRE, Jacques. *Momentos políticos*. Buenos Aires: Capital Intelectual, 2010.

──────. *O desentendimento*: política e filosofia. São Paulo: Ed. 34, 1996.

Figurações do outro no cinema brasileiro

> *Talvez se possa dizer que certos conflitos ideológicos que animam as polêmicas de hoje em dia se desencadeiam entre os piedosos descendentes do tempo e os habitantes encarniçados do espaço.*
>
> Michel Foucault

No filme *O invasor*, de Beto Brant, o crime é a ponte de ligação entre o espaço dos ricos e o dos pobres nas grandes cidades. Os mais ricos servem-se do crime por encomenda, esperando que o "assalariado do crime" se mantenha no lugar que lhe foi designado socialmente, sem ferir hierarquias. Entretanto, constituindo-se em uma ampla rede, a esfera do crime impõe uma geografia própria, que, ao embaralhar as fronteiras entre centro e periferia, ameaça a estabilidade dos que não fazem, mas mandam fazer. Ao contrário do romance de Marçal Aquino que lhe dá origem, *O invasor*, de Beto Brant, concentra-se nessa diluição de fronteiras. No livro, privilegia-se a crise de consciência de Ivan, um dos dois empresários envolvidos no plano de assassinato do terceiro sócio, visando a adquirir o controle da firma de engenharia em que trabalham. Já na versão de Beto Brant, a ênfase recai sobre a luta pela conquista de espaço: os mandantes do crime querem ocupar o espaço do sócio na construtora, e o assassino de aluguel quer conquistar um espaço na classe social dos empresários. A ação deste último pauta o ritmo agressivo do filme, levando-se às últimas consequências o título da obra. Anísio, o matador de aluguel, além de invadir, no campo diegético, o mundo dos empresários, domina, sorrateiramente, o ponto de vista da narrativa por meio da câmera, que invade com ele os lugares que lhe seriam vedados, e da trilha sonora, de autoria do rapper Sabotage.

Em *O invasor*, livro e filme, o crime não é apanágio dos marginalizados, estende-se a todas as esferas de uma sociedade regida pela ambição de poder e pelo desejo de acumulação de riquezas. Assim, em uma cena em que tenta convencer Ivan da justeza do assassinato, o outro empresário, chamado Giba, toma como exemplo Cícero – o mestre de obra da construtora – para desenvolver seu argumento. Diz, então:

> Ele é o encarregado da obra. Tem poder. Manda na peãozada. Mas claro que ele não está contente com isso. Ele quer mais, como todo mundo. E se tiver uma oportunidade, ele vai aproveitar. Você tem alguma dúvida? (Aquino, 2011: 47)

Em seguida, acrescenta:

> No fundo, esse povo quer o seu carro. Querem o seu cargo, o seu dinheiro, as suas roupas. Querem comer a sua mulher, Ivan. É só surgir uma chance. É isso que nós vamos fazer com o Estevão: vamos aproveitar a nossa oportunidade antes que ele faça isso primeiro. (Aquino, 2011: 166)

Como se vê, ao descrever a atmosfera de permanente ameaça que os cerca, Giba não contrapõe ricos e pobres, ao contrário, iguala-os. As tensões descritas não surgem de uma luta pela melhoria econômica, empreendida pelos que se encontram na base da pirâmide social; são fruto da dinâmica da competitividade capitalista, que rege o comportamento de todos, justificando qualquer violência. A luta por espaço, travada pelos personagens do filme de Beto Brant, visa a garantir maiores poderes no campo de forças constituído aqui e agora, pois a dimensão do tempo tem papel reduzido em função da imediatez dos resultados esperados. Diferencia-se, desse modo, dos conflitos tematizados em perspectiva utópica, já que a utopia é um não lugar no presente, mas aponta para um lugar no futuro.

Nesse sentido, a figura de Anísio, o invasor, em nada se assemelha à dos bandidos heróis do cinema brasileiro de meados do século passado, cuja violência era lida como resposta à injustiça social, acenando, portanto, para uma promessa de mudança da sociedade. Naquele momento, o que unia certos segmentos da classe média ao povo não era o crime, mas o desejo de construção de uma sociedade mais justa no país: pelo menos essa era a visão dominante entre a intelectualidade de esquerda. Daí que, para Nelson Werneck Sodré (1962: 14), o povo poderia ser definido como "o conjunto de classes, camadas e grupos sociais empenhados na solução objetiva das tarefas do desenvolvimento progressista e revolucionário na área em que vive".

No contexto de grande efervescência social, política e cultural que se estende de meados dos anos 1950 até o final da década de 1960, palavras como "povo" e "oprimido", hoje praticamente em desuso nos discursos dos artistas e dos intelectuais em geral, pontuavam os debates sobre os rumos a serem tomados, nos diversos campos artísticos, tendo em vista o projeto de transformação do Brasil em uma nação moderna, livre e democrática. A expressão "cultura popular" designava tanto a produção cultural que vem do povo quanto aquela que a ele se dirige, assumindo a defesa dos seus interesses. Pela perspectiva do Centro Popular de Cultura (CPC), criado pela União Nacional dos Estudantes (UNE) em 1961, a arte revolucionária seria popular, mesmo se feita por artistas cuja origem não é popular, porque se identificaria com a aspiração fundamental do povo: "Eis por que afirmamos que, em nosso país e em nossa época, fora da arte política não há arte popular", diz o manifesto do CPC (Hollanda, 1981: 131).

Ao mesmo tempo, o sentido de "popular" estava intimamente vinculado ao de "nacional", e, em função disso, a quinta-essência do povo era buscada naquele integrante da sociedade menos contaminado por ingerências exteriores, isto é, o homem do mundo rural – o que explica o protagonismo desse personagem na ficção cinematográfica da época. Na arte, tratava-se, então, de encontrar o caminho mais adequado para consolidar um estilo brasileiro que expressasse o que havia de mais autêntico em nossa cultura, sem deixar de denunciar as contradições da realidade, contribuindo para transformá-la. Referindo-se ao cinema de autor no Brasil dos anos 1960, Ismail Xavier assinala que este teria servido de alavanca para o cinema político, assim como para o nacionalismo cultural, acrescentando:

Está clara, nesta conotação, a força de uma conjuntura na qual a nação, enquanto categoria orientadora da ação cultural ou política, tinha papel-chave principalmente nos países da periferia da ordem internacional, afirmando-se como traço nuclear de uma época pautada pelo processo de descolonização na África e na Ásia, e em especial pelas revoluções argelina e cubana, de forte ressonância no Brasil. (Xavier, 2001: 24)

Assim, para Glauber Rocha, como se pode ler em *Revisão crítica do cinema brasileiro*, a política do autor moderno era uma política revolucionária: "nos tempos de hoje nem é mesmo necessário adjetivar um autor como revolucionário, porque a condição de um autor é um substantivo totalizante" (Rocha, 2003: 36).

Na conjuntura histórica da época, a reação contra a desumanização gerada pelo mundo capitalista era a tônica tanto dos intelectuais dos países periféricos quanto dos que atuavam nos centros hegemônicos. O artista intelectual militante, seja no teatro, na música, no cinema ou na literatura, solidarizava-se com os oprimidos, colocando-se como tradutor das demandas sociais, já que eles não tinham possibilidade de representar a si mesmos. No Brasil, esperava-se que a produção cultural crítica, voltada para a desalienação das camadas populares, assumisse um papel decisivo no processo de construção de uma nação mais justa. Obras como *Quarup* (1967), de Antonio Callado, por exemplo, buscavam compor um amplo painel da trajetória nacional e apontar saídas para nossos impasses, propondo o redirecionamento da participação política do intelectual no sentido do engajamento na luta guerrilheira, ao lado do povo.

Como se sabe, a derrota sofrida pelos movimentos de esquerda na América Latina, ceifados pelas ditaduras militares, pôs fim à confiança dos artistas e intelectuais em sua capacidade de intervir na história do país. O momento seguinte será de amarga autocrítica. Ao longo da década de 1970, os próprios artistas passaram a questionar a eficácia da arte como conscientizadora do povo e o lugar do intelectual como porta-voz daqueles que não têm voz. Não só o conceito de intelectual como também o de povo e o de revolução sofrem revisões, na tentativa de corrigir os erros de interpretação que levaram ao fracasso. Seguindo essa linha, Glauber Rocha, em 1971, volta-se contra a razão, que estaria a serviço do colonizador, inclusive a razão de esquerda, que, de acordo com o cineasta, seria herdeira da razão revolucionária burguesa europeia:

> A razão do povo se converte na razão da burguesia sobre o povo. [...] As vanguardas do pensamento não podem mais se dar ao sucesso inútil de responder à razão opressiva com a razão revolucionária. A revolução é a antirrazão que comunica as tensões e rebeliões do mais irracional de todos os fenômenos que é a pobreza. [...] A estética da fome era a medida da minha compreensão racional da pobreza em 1965. Hoje recuso falar em qualquer estética. A plena vivência não pode se sujeitar a conceitos filosóficos. (Rocha, 2004: 250)

Se, para Nelson Werneck Sodré, em 1962, o povo poderia ser definido como "o conjunto de classes, camadas e grupos sociais empenhados na solução objetiva das tarefas do desenvolvimento progressista e revolucionário na área em que vive (Sodré, 1962: 14), ou seja, "povo" eram todos aqueles empenhados no projeto utópico de transformação do país, para Glauber, 10 anos depois, o povo "é o mito da burguesia", porque "a cultura popular será sempre uma manifestação relativa quando apenas inspiradora de uma arte criada por artistas ainda sufocados pela razão burguesa". Após a derrota das esquerdas no Brasil, o cineasta exclui do conceito de povo as classes médias, pois estas não passariam de "caricaturas decadentes das sociedades colonizadoras" (Rocha, 2004: 251).

As considerações de Glauber Rocha remetem à reação mais geral dos cineastas, que, como destacou Ismail Xavier, passam a desconfiar de seus referenciais, a ter culpas e a desconfiar também de seu mandato como representantes dos oprimidos, deixando de falar "em nome de":

> Começa-se então a problematizar a figura do cineasta enquanto representante dos oprimidos. O questionamento do papel de porta-voz das vítimas passa a ser também um tema. É daí que surge o que chamo de "etnografia discreta". (Xavier, 2000: 8)

Na mesma direção, comentando os rumos tomados pelo cinema-documentário naqueles anos, Jean-Claude Bernardet[22] destaca a ruptura com uma voz sociológica:

> Nos anos 70, essa atitude muda 180°. Faz-se uma crítica do intelectual superior que do alto de sua câmara julga cientificamente o comportamento do povo, lhe mostra seus erros e aponta para o caminho correto pelo qual evolui a história. (Bernardet, 2005: 297)

Para o crítico, a destituição do documentarista sociológico, dominador corresponderia à "destituição do príncipe, do caudilho, do presidente da República, do reitor, do pai, generoso ou não, bem ou mal-intencionado, com suas aberturas e censuras". O cinema-documentário, naquele momento, estaria revelando uma nova compreensão do sujeito cineasta, da inserção do artista na sociedade. Em contrapartida, o outro, o oprimido, assumiria o status de sujeito da história, ao deixar de ser objeto do documentarista, matéria do filme do saber.

A mudança de atitude assinalada por Jean-Claude Bernardet harmonizava-se com transformações que vinham ocorrendo nos grandes centros irradiadores de cultura: nos países centrais, a partir da segunda metade do século passado, intelectuais decepcionados com os rumos tomados pela utopia socialista deram início a todo um processo de autocrítica e revisão do papel que lhes cabia desempenhar. Os valores e saberes humanísticos foram postos sob suspeita, identificados com tendências totalizantes do pensamento ocidental, associados às elites aristocráticas, religiosas e educativas. Questionam-se também a concepção essencialista de nação e de povo e a apropriação intelectual do que era classificado como cultura popular. Denuncia-se a estratégia discursiva, que, aliada à consolidação da nação moderna, difundiria, a serviço dos poderes instituídos, a ideia de povo como um conjunto unitário, homogêneo, elipsando diferen-

---

[22] Jean-Claude Bernardet refere-se, entre outros, a filmes como *Congo*, de Artur Omar (1972), *Iaô*, de Geraldo Sarno (1975), *O amuleto de Ogum*, de Nelson Pereira dos Santos (1975), e *Rito e metamorfose das mães nagô*, de Juana Elbein dos Santos (1979).

ças culturais e fazendo tábula rasa das práticas residuais e emergentes oriundas das margens.

Em decorrência da suspeita lançada sobre o potencial emancipatório da afirmação de uma identidade nacional, ganham ênfase, no lugar do resgate do autêntico homem do povo brasileiro, as tensões do espaço urbano, tematizadas agora pelo viés da violência, que assola favelas e bairros periféricos das grandes cidades. Não só o emprego do vocábulo povo, até então frequente nos discursos teóricos, políticos e artísticos, se rarefaz, como as desigualdades sociais não são mais abordadas pelo viés da relação oprimido/opressor, base, por exemplo, das propostas de conscientização da Pedagogia do Oprimido, de Paulo Freire, e do Teatro do Oprimido, de Augusto Boal. Associados ao ideário moderno e nacional, assim também como ao pensamento crítico centrado na luta de classes, termos como povo e oprimido serão substituídos por outros, mais compatíveis com um olhar que rejeita a temporalidade teleológica, tendo como alvo as disjunções que afloram no eixo do presente. Com a perda do horizonte utópico, a dimensão temporal característica da consciência antecipadora, que olha o real como processo, cede cada vez mais lugar para o enfoque das tensões a partir da categoria de espaço, o que justifica o uso, sobretudo a partir da década de 1990, de termos como "excluído", periferia e margem[23] para designar as camadas mais pobres da população urbana – mudança que faz lembrar a seguinte observação de Foucault, em texto publicado em 1984:

> A época atual seria talvez de preferência a época do espaço. Estamos na época do simultâneo, estamos na época da justaposição, do próximo e do distante, do lado a lado e do disperso. Estamos em um momento em que o mundo se experimenta, acredito, menos como uma grande via que se desenvolveria através dos tempos do que como uma rede que religa pontos e que entrecruza sua trama. (Foucault, 2009: 411)

---

[23] É importante diferenciar o emprego do termo marginal, tal como ocorre nas duas últimas décadas, daquele que surgiu, ainda nos anos 1970, para designar um tipo de contracultura associada à valorização de comportamentos desviantes aos quais se atribuía caráter político contestatório.

Com a predominância da categoria de espaço, a antropologia,[24] mais do que a história, oferecerá o modelo a ser seguido quando a missão de conscientizador, de agente do processo de desalienação das camadas populares, que vinha sendo assumida pelos cineastas brasileiros, é deixada de lado. Em tempos pós-utópicos, a estratégia adotada será reduzir tanto quanto possível a própria autoridade discursiva, incluir a si mesmo no campo de observação, deixando evidente o lugar de enunciação, com o objetivo de abrir espaço para a escuta de outras vozes. O intelectual rejeita os grandes sistemas de interpretação e propõe-se orquestrar, sem maiores pretensões, a polifonia contemporânea. Com o chamado cinema de retomada, assiste-se ao florescimento do documentário de entrevista, aliviando-se a consciência do artista, que se exime da tarefa de apontar caminhos, embora outras questões, de natureza ética, tenham de ser enfrentadas, já que continua sendo ele quem seleciona os personagens e opera a montagem da narrativa fílmica. Na esteira do horror das totalizações, a ficção cinematográfica é colocada sob suspeita e busca legitimar-se por uma estética realista, com base testemunhal. Os filmes *Cidade de Deus* (Brasil, 2002), de Fernando Meirelles, e *Carandiru* (Brasil, 2003), de Hector Babenco, por exemplo, têm como ponto de partida livros que tangenciam a escrita etnográfica.

Fugindo desse modelo, *Quase dois irmãos* (Brasil, 2004), de Lúcia Murat, ao buscar conciliar a visada diacrônica com o recorte sincrônico, que privilegia as tensões no espaço, deixa entrever o impasse da cineasta, ao rever criticamente as ações dos movimentos de esquerda no país, tendo sido ela própria uma intelectual engajada na resistência à ditadura. No filme, um fato histórico – a presença, no mesmo pavilhão, de criminosos comuns e presos políticos na cadeia da Ilha Grande, no início dos anos 1970 – é retomado, visando a levar o espectador a refletir sobre questões que estão na origem da mudança ocorrida no país, ao longo da segunda metade do século XX, na maneira de conceber a relação entre o intelectual e o povo.

---

[24] Sobre a longa história das interseções entre cinema e antropologia, ver Freire (2005).

Com esse objetivo, o filme recua até os anos 1950, momento em que o projeto desenvolvimentista despertava, em setores da intelectualidade, a esperança de que a modernização do país se realizasse em um padrão inclusivo, corrigindo injustiças históricas. Na esfera da cultura, a aproximação entre a burguesia progressista e o homem do povo, tendo como ponte a música popular, reforçava essa expectativa. Não é por acaso que, para compor a atmosfera desse passado, recorre-se, no filme, ao samba de Cartola e Carlos Cachaça, cuja letra se refere ao sofrimento silencioso, à dor contida do pobre, que procura não demonstrar sua insatisfação. Diz o samba: "Quem me vê sorrindo,/ pensa que estou alegre./ Meu sorriso é de consolação,/ porque sei conter, para ninguém ver/ o pranto no meu coração".

Ainda que a narrativa fílmica não seja linear, pois as imagens das diferentes épocas evocadas – fim dos anos 1950, início dos anos 1970 e o primeiro quinquênio do século XXI – entrecruzam-se, fica claro o propósito de recompor a trajetória das relações entre as classes sociais no país ao longo desse período histórico. A trajetória no tempo, no entanto, é balizada pela sucessão das gerações no universo familiar de Miguel, o personagem de classe média que se torna preso político. Assim, o enredo contempla o pai que gostava de samba, o filho militante de esquerda e a neta que gosta de funk e namora um traficante – a "branquinha que se encanta com o do morro" –, como se diz no filme. Os destinos dos personagens da linhagem negra, com exceção do vivido por Jorginho, são referidos indiretamente pelos discursos que nos fazem saber da morte da mãe e do pai, e que este morreu sem chegar a gravar nenhum disco.

O tratamento geracional da temporalidade histórica em *Quase dois irmãos* implicou a opção por situações e personagens típicos, que expressassem a atmosfera de cada momento. A conjuntura política, que determina a passagem do tipo de relação que a geração do pai mantinha com o homem do povo para aquele que o filho vai vivenciar, fica como pano de fundo, afetando a composição dos personagens militantes de esquerda, que resultam pouco densos e, por vezes, com comportamentos esquemáticos. Na década de 1970, a classe média passa a dividir outro espaço com o pobre, além do campo de futebol e da roda de samba: a cadeia. *Quase dois irmãos*, centrando-se no erro das esquerdas, que, na ótica da diretora, teria contribuído para acentuar a desesperança e o ressentimento dos personagens marginais, confere a esse espaço um sentido alegórico, como cenário do irônico confronto entre o intelectual e aquele pelo qual ele luta, mas cuja realidade desconhece. Daí decorre que a violência do poder ditatorial cria a condição necessária para o desenvolvimento da trama, como responsável pela forçada convivência entre as diferentes classes sociais no horror do presídio, mas não ocupa um lugar central no desenrolar dos fatos do enredo.[25]

Na perspectiva do filme, é a incapacidade de ver o outro, demonstrada pelos militantes políticos, fechados em suas próprias certezas, que provoca o afastamento entre os dois personagens – Miguel e Jorginho – de diferentes origens sociais, mas próximos afetivamente. Esse afastamento simboliza, na esfera social e política mais ampla, a ruptura entre o mundo dos intelectuais de esquerda e o mundo dos presos comuns, sinalizando o fim da visão romântica, que idealizava o personagem pobre fora da lei, fazendo dele um aliado, ainda que de maneira inconsciente, na luta contra as injustiças sociais. A fala de Jorginho, no último diálogo entre os dois amigos na Ilha Grande, marca esse momento de ruptura:

> – Quer dizer que nós somos tudo igual, não é? Que a gente tem de se unir, que meu filho vai estudar na mesma escola do teu, que o nosso destino é o mesmo, que nós vamos viver da mesma forma que vocês... Porra, meu irmão, se nem aqui vocês querem morar conosco... Agora querem mandar carta para o diretor para separar: rico pra lá, pobre pra cá, branco pra lá, preto pra cá. [...] Agora chegou. Chega desse papo-furado de garoto bom que quer salvar o mundo.

No filme de Lúcia Murat, a experiência das duas últimas gerações aponta para a cisão irremediável entre a classe média e os segmentos

---

[25] Os horrores da tortura serão trazidos à memória, pela diretora, através do testemunho de presas políticas no filme *Que bom te ver viva*, produzido em 1989.

marginais da sociedade, para a impossibilidade de qualquer aliança em torno de um projeto comum, seja no plano individual, seja no plano coletivo. Nesse quadro, o contato entre periferia e centro, que se estabelece, hoje, quando jovens da classe média abastada frequentam bailes das comunidades, é trazido à cena, para que se reitere a inexistência de vínculos afetivos ou ideológicos consistentes entre os dois segmentos da sociedade: na trilha sonora, a música de artistas da periferia sublinha a tomada de consciência do abismo entre as classes sociais. A relação da filha de Miguel com os personagens marginais realiza-se, então, como uma versão degradada do sonho de convivência pacífica, estimulado, no passado, pelo lirismo da arte popular desprovida de agressividade. O funk, em contraposição, marca território, denuncia, de modo direto, a discriminação sofrida, como ocorre em "Vida na cadeia", de Mr. Catra, destacada no filme, que tematiza o tratamento desumano dado aos pobres nos presídios:

> Liberta Coração! Liberta Coração
> A vida na cadeia amigo não é mole não
> A vida na cadeia não dá nem pra imaginar
> Acredite meu amigo só vendo para falar
> Na mão do delegado ele tem que responder
> Não importa o motivo já sabe que vai sofrer
> O elemento vai depondo o que aconteceu
> Escreveu não leu oi meu amigo pau comeu
>
> Chegou na carceragem vem a recepção
> É difícil meu amigo a divisão de facção
> De um lado só amigo, do outro só alemão
> Todos eles vêm sofrendo dia a dia na prisão
>
> É Bangu I É Bangu II,
> Força meus irmãos a liberdade os espera
> Agua Santa Frei Caneca Sá Carvalho e o Galpão
> que o justo amenize a dor no seu coração
> Lemos Brito Hélio Gomes e a colônia de Magé
> para todos os internos muita paz, amor e fé
> Ilha Grande acabou mas também teve sua história
> pois lá muitos sofreram e ainda guardam na memória.

Ironicamente, é no Carnaval, enquanto o ex-militante de esquerda – herdeiro do amor do pai pelo samba – assiste ao desfile das escolas no Sambódromo, que sua filha, em busca do namorado, sobe o morro em guerra, alheio à festa popular, e é violentada. O desejo de aproximação com o outro, presente nas três gerações, ainda que com motivações diferentes, serve, então, para assinalar o abismo entre o mundo do pai e o da filha, que vê com desprezo o passado de militância do pai: "Estou cansada das suas historinhas", diz ela. Por esse viés, *Quase dois irmãos* remete ao apagamento da memória das atrocidades cometidas pela ditadura promovido no Brasil e à ênfase que se imprimiu à desmitificação das esquerdas,[26] até certo ponto reforçada pelo filme. A falta de diálogo entre Miguel e a filha, no interior do universo ficcional, reitera a ideia da cegueira das esquerdas no que diz respeito àquilo que escapa a seus esquemas de compreensão da realidade – crítica que acabou ocupando maior espaço na mídia brasileira do que os discursos de denúncia da violência exercida pela ditadura militar. Daí a avaliação ambígua que as gerações posteriores fazem, por vezes, da participação política de seus antepassados próximos. Tal avaliação caracteriza-se por um misto de incompreensão e ressentimento, deixando aflorar, por outro lado, certo incômodo gerado pelos resquícios de uma heroização difusa, que faz desse passado uma espécie de sombra a acompanhar os mais jovens em meio ao vazio deixado pela perda do horizonte utópico. É o que se vê, por exemplo, em filmes recentes, como *A falta que nos move* (Brasil, 2011), de Christiane Jatahy, e *Diário de uma busca* (Brasil/França, 2010), de Flávia Castro.

Na ausência do horizonte utópico, destaca-se também o ressentimento do personagem marginal, como observou Ismail Xavier:

> Essa ausência, por exemplo, provocou a crise do personagem do bandido no cinema nacional, que tinha uma aura de rebelde romântico, de

---

[26] *O que é isso, companheiro?*, de Bruno Barreto, lançado em 1997, primeiro filme do chamado "cinema de retomada", que tematiza os movimentos de resistência à ditadura, já se realizara sob o signo da autocrítica.

herói que defendia a causa da justiça. Não há mais personagens como Lampião ou o Corisco de Glauber Rocha ou o Lúcio Flávio de Hector Babenco. Eles eram vistos como figuras sacrificadas, com uma dimensão de luta contra poderes constituídos. Nos filmes recentes isso não acontece. O bandido é apenas um profissional do crime ou um ressentido em busca de vingança. (Xavier, 2000: 9)

Profissionais do crime são, por exemplo, os personagens de *Assalto ao Banco Central* (Brasil, 2011), de Marcos Paulo, que podem ser contrapostos aos de *Assalto ao trem pagador* (Brasil, 1962), de Roberto Farias. No filme da década de 1960, o diretor tomou o partido dos fora da lei, representados como vítimas da sociedade. A pobreza dos personagens envolvidos no assalto e o fato de serem retratadas suas relações familiares, as dificuldades cotidianas geradas pela penúria em que vivem criam a empatia do espectador com a figura de Tião Medonho. A violência, aí, é resposta à violência maior do sistema. Em *Assalto ao Banco Central*, a questão social está ausente, e os personagens existem apenas como peças que se movem, desencadeando a trama bem urdida do assalto. Além dos imprevistos que põem em risco a execução do plano do assalto ao banco, o clima de tensão é acentuado pela desconfiança recíproca entre os profissionais do crime, submetidos ao comando discricionário de um deles: a violência, no caso, é linguagem.

Os impasses que Lúcia Murat enfrenta em *Quase dois irmãos*, ao focalizar os conflitos gerados no espaço do presídio, com o objetivo de abordar reflexivamente a questão do desencontro entre o intelectual e os habitantes da periferia urbana, são contornados, mas não resolvidos, nos documentários de entrevista, tão em voga nas duas últimas décadas. Nestes, buscam-se combinar, como na antropologia, a observação participante e o olhar distanciado, evitando-se a atitude pedagógica, vista como decorrência de um sentimento de superioridade. Ocorre, entretanto, que o outro só é o sujeito dos pequenos relatos que compõem o filme, mas não é o sujeito do discurso fílmico: não é ele quem seleciona os entrevistados, corta as falas e monta a sequência das entrevistas que imprime uma direção à narrativa fílmica. Não é ele que determina o que merece ser visto e por quanto tempo. O marginalizado continua sendo personagem de quem tem o poder de narrar, só que agora evita-se lançar sobre seus problemas um olhar macroscópico, que ultrapasse as questões circunscritas pela vida cotidiana. O papel do intelectual seria, então, o de dar visibilidade ao discurso do outro, sem, entretanto, ter a pretensão de intervir na realidade a que esse relato se refere, como convém a uma época caracterizada pela hipertrofia da esfera cultural.

Fala tu (Brasil, 2003), do jovem cineasta Guilherme Coelho, inscreve-se nessa vertente do cinema-documentário brasileiro. O diretor, que, inicialmente, pretendia fazer um documentário sobre o rap no Rio de Janeiro, teve contato com cerca de 67 pessoas ligadas a esse universo. Mudando o foco, selecionou como personagens principais um morador do morro do Zinco, no Estácio, uma moradora de Vigário Geral e um morador de Cavalcante. O filme acompanha o cotidiano dos três personagens, que têm em comum o fato de estarem engajados, como compositores de rap, na luta pela conscientização dos jovens da periferia, para evitar que sigam o caminho do vício e do crime. Veiculadas por rádios comunitárias, as músicas falam dos perigos das drogas, do cotidiano do indivíduo pobre, submetido a humilhações, mas também da necessidade de continuar lutando por uma vida digna.

Por meio das entrevistas, o espectador vai conhecendo melhor os problemas que os personagens enfrentam no dia a dia, suas angústias e seus desejos. Também fica evidente, pela montagem e seleção das falas, a ênfase dada, no filme, à ideia de que a luta para transpor os obstáculos que ameaçam a realização dos projetos de cada um trava-se no âmbito individual: se nascer excluído é uma fatalidade, deixar essa condição depende da sorte e do mérito próprio. O propósito de apresentar personagens positivos, sem vitimá-los, contrapondo-se, ao mesmo tempo, aos filmes políticos e àqueles que, ao focalizarem a vida nas comunidades, privilegiam os segmentos envolvidos na criminalidade, determina esse empenho em afirmar a importância do esforço pessoal. Pretende-se diminuir a distância entre o espectador de classe média e a periferia urbana, mostrando que, nas comunidades e nos bairros pobres, habitam "pessoas do bem", que nos levam a acreditar no Brasil e a nos conciliar com a cidade, como disse Zuenir Ventura em depoimento sobre o filme.[27] Os entrevistados pelo diretor são inteligentes e talentosos, além de comoventes, já que não se desesperam diante das dificuldades, cujas causas sociais não merecem destaque em *Fala tu*, sendo aludidas nas letras de alguns raps. Os discursos exemplares dos personagens – no que diz respeito à demonstração de força de vontade para contornar as privações – têm como subtexto, no filme, as práticas desviantes, que, por vias transversas, o documentário evoca e condena. No entanto, na contramão dessa mensagem afirmativa, o espectador pode formular, ao sair do cinema, a pergunta que o filme deixa de fazer: por que aquelas pessoas estão condenadas a ter de superar tantos obstáculos, por que não podem ter as mesmas oportunidades dos filhos da alta burguesia e das classes médias?

Fala tu parte da definição de documentário como um encontro do diretor com o outro, mediado pela câmera, tal como formulada por Eduardo Coutinho. Nesse encontro, em que o outro seria sujeito de seu próprio discurso, o fio partido do diálogo entre cineastas e personagens de diferentes inserções sociais seria reatado. No caso do documentário de Guilherme Coelho, a proposta é ver de perto, sem a distância imposta pelas abstrações ideológicas e teóricas, embora a distância seja recuperada pela postura etnográfica do cineasta, que observa e registra as falas desses outros, como se constituíssem um universo fechado em si, como se o diretor não pertencesse à mesma sociedade que naturaliza as injustiças que os atingem.

Como se pode perceber, no cinema brasileiro contemporâneo a tematização da violência e da pobreza faz-se acompanhar, de uma forma ou de outra, pela problematização do papel do artista e do intelectual na sociedade. Nesse sentido, cabe lembrar a polêmica gerada por *Tropa de elite* (Brasil, 2007), de José Padilha, ao encenar

---

[27] Entrevista incluída no extra do DVD do filme.

debates em uma aula de direito na Pontifícia Universidade Católica do Rio de Janeiro (PUC-Rio), chamando a atenção para o divórcio entre teoria e prática na atuação dos personagens estudantes universitários, leitores de Foucault. O filme provocou a reação de intelectuais contra o anti-intelectualismo, que estaria implícito na cena.

Evidenciaram-se nessa polêmica, como observado em obra anterior (Figueiredo, 2010), duas atitudes opostas em relação à função social da arte, relacionadas com diferentes expectativas em face do papel do intelectual. De um lado, ficou claro que o modelo de intelectual que vigorou no Brasil até meados do século XX, isto é, como uma voz de dissenso que tinha como missão conscientizar o povo com o objetivo de mudar os rumos da história, ainda é referência, pelo menos quando se trata de pensar o cinema de ficção. De outro lado, colocou-se em pauta a crise dessa mesma concepção de intelectual – crise que vem se manifestando na busca, por parte de cineastas, de outras soluções, no que diz respeito à representação dos dramas sociais, diferentes daquelas adotadas, por exemplo, pelo Cinema Novo.

Em 2010, José Padilha lançou seu *Tropa de elite II*, que, ao contrário do primeiro, não gerou polêmica, já que, mesmo narrado em primeira pessoa pelo Capitão Nascimento, como o primeiro filme, nele ficou evidente a tese defendida pelo diretor. *Tropa de elite II* é um filme construído de modo a comprovar que o culpado da violência urbana é o Estado. As palavras de Nascimento, culpabilizando "os intelectuaizinhos de esquerda" por amaciar a situação dos criminosos, não causam nenhum desconforto, porque são desmentidas pelo desenrolar da trama, que engrandece o papel do político intelectualizado e comprometido com as causas sociais. Se o primeiro filme, incomodamente, terminava com a arma apontada para o espectador, o segundo termina com um sobrevoo sobre o palácio do governo, em Brasília. Ao mudar de estratégia, o cineasta devolveu ao público a tranquilidade, oferecendo-lhe uma explicação fechada e um culpado visto a uma distância confortável. A plateia de classe média sentiu-se absolvida e saiu do cinema aliviada.

Pensar as figurações do outro na produção cultural brasileira é, então, refletir sobre a imagem do próprio artista, porque representar o outro é também representar a si mesmo, já que toda alteridade é sempre definida a partir do lugar daquele que detém o poder da palavra e, através dela, estabelece proximidades e distâncias. No caso de *Quase dois irmãos*, Lúcia Murat faz a crítica das esquerdas, que, visando a incorporar os excluídos em um projeto geral preconcebido, acabavam por negá-los, mas a diretora não perde de vista a dimensão econômica do conflito entre as classes, expressa, por exemplo, na resposta dada por Jorginho a Miguel no final do filme, quando este último afirma que ambos são perdedores. Diante da observação do amigo de infância, que se tornou deputado, Jorginho, que se tornou chefe do narcotráfico, comenta: "É, Miguel, mas você perdeu bonito. Terno, gravata e carro oficial com chofer." Já em *Fala tu*, a preocupação do diretor em corrigir o descaso com as subjetividades e, consequentemente, a ênfase na esfera individual acabam por deixar em plano secundário a crítica da base capitalista, que, do ponto de vista das privações, iguala os personagens: no filme, o destaque conferido à multiplicidade das partes acaba por ocultar a grande fratura constitutiva do todo, isto é, da sociedade em que estamos inseridos.

Em 2003, em uma mesa-redonda do festival "É tudo verdade", Jorge Furtado, em sua comunicação, que, segundo ele, poderia se intitular "Por que desisti de fazer documentários", assinalava que a dose de representação em um documentário é sempre uma questão ética a ser enfrentada pelo cineasta, já a ficção seria sempre intermediada pela consciência de uma mimese, pelo acordo tácito de suspensão da descrença que se estabelece com o espectador e que envolve qualquer representação, qualquer jogo dramático. Afirmava, então, o diretor:

> O documentário, em oposto, sugere o registro da vida, como se ela acontecesse independentemente da presença da câmera, o que é falso. A presença da câmera sempre transforma a realidade. E essa transformação segue para além do filme. (Mourão e Labaky, 2005: 109)

A transformação que segue para além do filme mencionada por Jorge Furtado diz respeito às alterações que o fato de ser filmado, de se tornar personagem de um documentário gera na vida das pessoas, constituindo um tipo de intervenção de resultados imprevistos. O cineasta demonstra, assim, suas desconfianças em relação à "imediatez ética" – expressão usada por Jacques Rancière, ao se referir à estratégia que visa a substituir a pretensão pedagógica da mediação representativa pela exibição de modos de ser da comunidade. Para Furtado, o documentário enfrenta sempre o problema da "mimese camuflada", inerente ao gênero. No caso do filme *Fala tu*, pode-se dizer que tal camuflagem exibe seus limites mais tensos na cena em que a sogra do personagem Macarrão, invertendo os papéis previstos para o entrevistador e o entrevistado, dirige uma pergunta ao diretor do filme. Em meio ao relato da morte da filha em condições pouco claras, durante o parto em um hospital público, a mulher olha para a câmera e indaga: "Por que você não quis filmar o parto? Por quê? Se tivesse filmado, agora a gente sabia o que foi que houve". A pergunta, que, natural e dolorosamente, fica sem resposta, deixa evidente que o lugar de ator/narrador de pequenas histórias, que o cinema-documentário franqueia àqueles que o capitalismo marginaliza, não implica a participação nas esferas de decisão quanto ao que deve ser filmado, não altera as relações de poder na vida cotidiana, nem no campo da representação, embora contribua, com figuras complexas e extremamente interessantes, para o enriquecimento da galeria de personagens do cinema brasileiro, oferecendo aos documentaristas que tiveram a sorte de encontrá-las um bom material a ser editado.

Referências

AQUINO, Marçal. *O invasor*. São Paulo: Companhia das Letras, 2011.
BERNARDET, Jean-Claude. A voz do outro. In: NOVAES, A. (Org.). *Anos 70*: ainda sob a tempestade. Rio de Janeiro: Senac Rio, 2005.
FIGUEIREDO, Vera Lúcia Follain de. *Narrativas migrantes*: literatura, roteiro e cinema. Rio de Janeiro: Ed. PUC-Rio/7Letras, 2010.
FOUCAULT, Michel. Outros espaços [1984]. In: *Ditos e escritos III*. Rio de Janeiro: Forense Universitária, 2009.

FREIRE, Március. Fronteiras imprecisas: o documentário antropológico entre a exploração do exótico e a representação do outro. In: III SOPCOM, VI LUSOCOM E II IBÉRICO. *Actas.* 2005. v. I.

HOLLANDA, H. B. *Impressões de viagem*: CPC, vanguarda e desbunde: 1960/70. São Paulo: Brasiliense, 1981.

MOURÃO, M. D.; LABAKY, A. (Org.). *O cinema do real.* São Paulo: Cosac Naify, 2005.

ROCHA, Glauber. *Revolução do Cinema Novo.* São Paulo: Cosac Naify, 2004.

――――. *Revisão crítica do cinema brasileiro.* São Paulo: Cosac Naify, 2003.

SODRÉ, Nelson Werneck. Quem é o povo no Brasil. *Cadernos do Povo Brasileiro.* Rio de Janeiro: Civilização Brasileira, 1962. n. 2.

XAVIER, Ismail. *Cinema brasileiro moderno.* São Paulo: Paz e Terra, 2001.

――――. Encontros inesperados. Entrevista. *Folha de S.Paulo*, Caderno Mais!, p. 2, 3 dez. 2000.

Fronteiras físicas e simbólicas: cosmopolitismo e cidadania global

> *Mas há um fator maior que entrou em jogo, uma mudança de ponto de vista sobre a migração: se esta tinha ontem uma existência marginal, hoje é uma problemática medular na cena internacional. Isso não deixa de ter seus paradoxos: quando se multiplicam os intercâmbios e se valoriza a mobilidade, só a mobilidade humana é objeto de restrições, em nome da segurança e do medo da não integração. É o que chamamos de paradoxo liberal: o que é bom para a economia se considera um risco para a política.*
>
> Catherine Wenden

Embora não tenha deixado de constituir a base sobre a qual se apoia a dinâmica econômica e social, o Estado-nação tem enfrentado cada vez mais forças nos campos financeiro, mercantil e tecnológico que ameaçam sua soberania – forças essas que vêm promovendo a crescente interdependência entre diversas regiões do planeta, promovendo desterritorializações, mas também, em contrapartida, reterritorializações ou relocalizações dos processos de identificação simbólica.

Tal quadro explica a busca, desde o último decênio do século passado, no âmbito das ciências sociais, de construção de uma perspectiva epistemológica que se pode chamar de "cosmopolita" e que, por caminhos diversos, procura refletir sobre a emergência de novas fontes de conflito em circunstâncias que extrapolam o âmbito nacional. As grandes cidades, onde se efetua a trama dos investimentos financeiros em escala mundial, facilitada pela instantaneidade das novas tecnologias de comunicação, e para onde convergem indivíduos de diferentes procedências, constituem o cenário a partir do qual se têm discutido e sugerido soluções para problemas decorrentes daquilo que Habermas designou como constelação pós-nacional. Para o filósofo (Habermas, 2001: 86), da mesma maneira que a identidade nacional se impôs, ao longo da história, às lealdades religiosas ou locais, criando condições para a integração social adequada ao contexto moderno e pós-tradicional, seria preciso, hoje, constituir novos laços de integração e solidariedade social que atendam à dinâmica transnacional:

> Nem todos os Estados nacionais eram ou são democráticos, ou seja, constituídos com base nos fundamentos de uma associação de cidadãos iguais e livres, que governam a si mesmos. Mas em todos os lugares que surgiram democracias de tipo ocidental, elas assumiram a figura de Estados nacionais. (Habermas, 2001: 80)

Com a globalização, entretanto, os traços culturais comuns aos membros de uma nação, base da solidariedade cívica, estariam, segundo Habermas, diluindo-se em decorrência do crescimento da imigração e da construção de novas diferenças culturais, ampliando-se o leque das formas de vida existentes. A intensa pluralização cultural no interior da nação ameaçaria os laços de cooperação e as possibilidades de entendimento entre os diferentes membros de uma mesma comunidade política.

Crítico ferrenho do Estado-nação moderno, Arjun Appadurai, ao tentar explicar por que a década de 1990, período do auge da globalização, não constituiu os laços de solidariedade solicitados por Habermas, tendo sido, ao contrário, um período de violência etnocida em larga escala, aponta a incerteza como uma das causas principais de tal violência, indagando:

> [...] por que uma década dominada pela aprovação global dos mercados abertos e da livre circulação do capital financeiro, por ideias liberais a respeito das regras constitucionais e do bom governo e por uma ativa expansão dos direitos humanos produziu, por uma parte, uma pletora de casos de limpeza étnica e, por outra, formas extremas de violência política contra populações civis? (Appadurai, 2007: 15)

Ao responder a tal pergunta, o antropólogo indiano é obrigado a reconhecer que a violência étnica não é apanágio exclusivo do Estado-nação, admitindo que, para compreendê-la, torna-se necessário atribuir-lhe outra causa, segundo ele o lugar que a incerteza ocupa na vida da sociedade. As formas dessa incerteza seriam várias:

> Esta classe de incerteza está intimamente relacionada com o fato de os grupos étnicos de hoje se contarem aos milhares e seus movimentos, mesclas, estilos culturais e representação nos meios de comunicação criam dúvidas profundas acerca de quem exatamente se acha dentro do "nós" e quem dentro do "eles". [...] No contexto de uma emigração rápida ou movimento de refugiados, quantos deles estão agora entre nós? (Appadurai, 2007: 18)

A globalização, para Appadurai, acabaria por intensificar as inseguranças, produzindo incentivos novos para a purificação cultural, à medida que mais nações perdem a ilusão da soberania econômica e do bem-estar.

Assim, embora não se possa negar que a natureza de várias crises contemporâneas excede os limites da nação e atravessa as identidades culturais e linguísticas, que os princípios constitutivos do Estado-nação estão sendo minados pela economia transnacional, como destaca Silviano Santiago (2004: 58), cabe reconhecer que alguns movimentos situam-se na contramão desse enfraquecimento, o que se confirma, por exemplo, pelo fato de o mundo assistir, depois de 1989, a uma profusão de aparecimentos de novos Estados nacionais. É preciso lembrar que, hoje, fazem parte das Nações Unidas muito mais nações do que antes da queda do muro de Berlim.

Em contraposição, precisamos lembrar também que, segundo o Alto Comissariado das Nações Unidas para os Refugiados (Acnur), há um aumento exponencial do número de pessoas deslocadas no mundo: em 2013, 17 milhões foram obrigados a deixar seus países. Daí em diante, pode-se pressupor que os dados foram ainda mais vultosos, já que a fome e as guerras expandiram-se, desalojando um número crescente de pessoas. Nesse contexto, repleto de contradições, o significado que se atribuía a "cosmopolitismo" há poucas décadas tendeu a modificar-se, associando-se o vocábulo ao fenômeno mais recente de migração dos que são excluídos pelo capitalismo global.

A perspectiva cosmopolita trouxe também à tona, por seu caráter supranacional, a questão dos direitos humanos, abordada de diferentes ângulos por autores diversos. Na obra de David Harvey,[28] por exemplo, é tratada pelo viés do direito à cidade e da revolução urbana. Já para Homi Bhabha (2013), a militância pelos direitos humanos passa pelo reconhecimento da necessidade de um novo humanismo, fundado a partir de um universalismo ético-político. O crítico assinala a existência de um cosmopolitismo de prosperidade e privilégios, fundado em ideias de progresso, que guardam cumplicidade com as formas de governo neoliberais e as forças competitivas do livre-mercado. Esse conceito de desenvolvimento global confiaria nos poderes ilimitados da inovação tecnológica e de suas comunidades imaginárias, construídas de vales de silício e campos de software:

> Enquanto elogia a cultura do mundo ou os mercados do mundo, esta classe de cosmopolitismo se move com rapidez e de maneira seletiva de uma ilha de prosperidade a outro terreno de produtividade tecnológica, prestando de modo conspícuo menor atenção à desigualdade persistente e à pauperização que produz este tipo de desenvolvimento desigual e estranho. (Bhabha, 2013: 95)

Bhabha chama a atenção ainda para as hegemonias existentes "em casa", isto é, para as injustiças contra as minorias em âmbito local e regional. Associando a situação dos imigrantes à das minorias nacionais em diáspora, propõe a expressão cosmopolitismo vernáculo para designar o direito à diferença na igualdade:

> O direito à diferença na igualdade pode articular-se desde a perspectiva tanto das minorias nacionais como dos migrantes globais, e em cada caso este direito representa um desejo de revisar os componentes consuetudinários da cidadania – uma cidadania política, legal e social, estendendo-se até incluir o âmbito de uma cidadania simbólica. (Bhabha, 2013: 98)

---

[28] Ver, entre outros trabalhos, *Cidades rebeldes* (Harvey, 2014).

A cidadania simbólica remeteria às questões afetivas e éticas ligadas "às diferenças culturais e à discriminação social, questões de inclusão e exclusão, dignidade e humilhação, de respeito e repúdio" (Bhabha, 2013: 98).

Se Bhabha nos fala de um "cosmopolitismo vernáculo", que contemplaria aqueles que, dentro do Estado-nação, tiveram até agora sua presença cidadã negada ou marginalizada, Boaventura de Sousa Santos faz a defesa do que chama de "cosmopolitismo subalterno", que estaria a serviço de todo indivíduo que foi vítima de intolerância e discriminação, de toda pessoa a quem foi negada a cidadania, ou seja, dos socialmente excluídos. Para ele, o cosmopolitismo tem sido privilégio de poucos, por isso torna-se necessário revisitar o conceito, propor um uso alternativo, voltado para os grupos cujas aspirações são negadas ou tornadas invisíveis pelo uso hegemônico do termo. Do mesmo modo que a globalização neoliberal não reconhece quaisquer formas alternativas de globalização, também o cosmopolitismo sem adjetivos negaria sua própria especificidade. O cosmopolitismo subalterno de oposição seria, então, uma forma cultural e política de globalização contra-hegemônica: consistiria no "nome dos projetos emancipatórios cujas reivindicações e critérios de inclusão social vão além dos horizontes do capitalismo global" (Santos, 2007: 13).

Na esteira da ressemantização do vocábulo cosmopolita,[29] Ulrich Beck, no livro *La mirada cosmopolita o la guerra es la paz* (2005), propõe que o termo substitua o de globalização ou de mundialização, pois estes últimos, para ele, ainda preservariam as polaridades interior/exterior, nacional/internacional que o cosmopolitismo deixaria para trás. O olhar cosmopolita, segundo o autor, teria o sentido do mundo – é lúcido e busca estabelecer um diálogo com as numerosas ambivalências que se dão na época atual. Não sendo um novo universalismo, surgiria dos fatos, pois a realidade mesma teria se

---

[29] Entre as ressemantizações do termo cosmopolitismo, podemos citar, além das já referidas no corpo do texto, as seguintes: cosmopolitismo patriótico (Appiah, 1998); cosmopolitismo enraizado (Cohen, 1992); cosmopolitismo das classes trabalhadoras (Werbner, 1999); cosmopolitismo do pobre (Santiago, 2004).

tornado cosmopolita. A União Europeia é a referência do sociólogo alemão, que a considerava, pelo menos até a publicação do livro mencionado, uma ilustração histórica de sua teoria, um exemplo de soberania ampliada.

O cosmopolitismo edulcorado de Ulrich Beck, pairando acima dos problemas sociais, deixa de considerar que a mobilidade dos pobres está frequentemente ameaçada pelos procedimentos de controle das fronteiras, através dos quais as ideias de migração e de ilegalidade tendem a se misturar. No mundo global, o aumento da imigração é visto, por grande parte da população nascida nos países de entrada, como ameaça à segurança e à estabilidade. Por outro lado, o próprio liberalismo implica a abertura das fronteiras para o intercâmbio de bens e dinheiro: a fronteira, forte símbolo da soberania nacional, é abalada também por redes transnacionais de negócios que atravessam os Estados, desafiando os poderes internos tanto quanto desafiam os que ultrapassam as fronteiras físicas, buscando trabalho e oportunidades de conquista de uma vida melhor.

Nesse quadro, as fronteiras despertam, cada vez mais, a atenção de várias instituições da sociedade e atraem diversos tipos de indivíduos, gerando inclusive uma economia da clandestinidade, tanto mais forte quanto mais aumentam as barreiras à imigração – quanto mais se fecham, mais lucro, por exemplo, para os traficantes de seres humanos e de passaportes, assim como para os que engrossam a demanda de mão de obra barata das sociedades avançadas, empregando trabalhadores sem documentos e, portanto, sem nenhum direito.

Os muros visíveis e invisíveis a serem transpostos pelo migrante pobre são muitos. Há as fronteiras simbólicas, os novos limites que se constroem dentro dos Estados a partir de filiações étnicas, condições raciais, financeiras ou religiosas:

> Desde os anos 90, a clandestinidade faz parte do projeto migratório dos viajantes que a consideram uma etapa obrigatória. [...] Em poucas palavras, foi a aparição de um certo tipo de fronteira que construiu um olhar particular sobre os estrangeiros percebidos como criminosos e confundidos com o inimigo interior e exterior. (Wenden, 2013: 88-89)

As fronteiras urbanas, que visam a delimitar o território dos excluídos das benesses do capitalismo de consumo, são, como observou Bhabha, a face doméstica das fronteiras internacionais, cada vez mais fechadas aos egressos dos países periféricos com o acirramento da segregação espacial. Visto pelo ângulo da nação de origem, o movimento migratório aponta para o afrouxamento dos laços internos, para a descrença no ideal de construção de um projeto coletivo, que implicaria, em princípio, o compromisso de todos. A nacionalidade como sinônimo de restrição espacial é, no entanto, a contrapartida da extraterritorialidade do poder financeiro, como observou Zygmunt Bauman:

> Surge uma nova assimetria entre a natureza extraterritorial do poder e a contínua territorialidade da "vida como um todo" – assimetria que o poder agora desarraigado, capaz de se mudar de repente sem aviso, é livre para explorar e abandonar às consequências dessa exploração. Livrar-se da responsabilidade pelas consequências é o ganho mais cobiçado e ansiado que a nova mobilidade propicia ao capital sem amarras locais, que flutua livremente. (Bauman, 1999: 16)

É para essa assimetria – a extraterritorialidade do poder e a territorialidade da vida do homem comum – que determinada vertente da ficção da última década vem apontando, ao tematizar a consolidação de uma cultura do dinheiro, a desvalorização do trabalho produtivo e o descompromisso com um comportamento ético na sociedade contemporânea: os referenciais de valor parecem flutuar livremente, como os fluxos do capital sem domicílio, que se situa muito além dos controles dos governos nacionais. Tal volatilidade constitui o tema de *O capital*, de Costa Gravas (França, 2012), baseado no romance de mesmo nome do francês Stéphane Osmont. O verdadeiro cosmopolitismo seria o do capital, para o qual não existem fronteiras:

> Finalmente não existe nenhuma dúvida quanto à aceleração sem igual da movimentação de capital nos mercados financeiros conectados por redes eletrônicas e quanto à tendência de autonomização dos circuitos

financeiros que desdobram uma dinâmica própria desconectada da economia real. (Habermas, 2001: 85)

Além disso, grandes empresas instalam-se simultaneamente em vários países, determinam o que cada um deles deve produzir e impõem uma divisão internacional do trabalho; é principalmente em função dessa divisão internacional do trabalho, insuficientemente ressaltada na maioria dos textos que abordam os fluxos migratórios atuais, que se constitui o que vem se convencionando chamar de cosmopolitismo do pobre, embora não se deva esquecer que não é de hoje que os pobres se deslocam em busca de melhores oportunidades de subsistência. De qualquer forma, uma das mudanças mais significativas é o fato de ter se tornado impossível, no mundo contemporâneo, estabelecer uma linha divisória simples entre ricos que viajam e pobres forçados a permanecer em seus lugares. Ironicamente, muitas reivindicações localistas de autonomia têm sido iniciativa dos ricos, enquanto os pobres levantam bandeiras universalistas.

Para nós, latino-americanos, cosmopolitas eram, há até pouco tempo, os membros das elites abastadas que detinham o privilégio de circular pelas metrópoles europeias: além do poder aquisitivo suficiente para arcar com as despesas da viagem entre continentes distantes, tais indivíduos caracterizavam-se por ter recebido uma educação de caráter universalizante, que lhes permitia algum domínio das línguas estrangeiras, contribuindo também para a diluição de marcas identitárias indesejáveis, quando se pretende contornar o sentimento de inferioridade diante das culturas hegemônicas.

Ainda que, na visão geral, esse cosmopolitismo dos ricos fosse marcado positivamente, quase como um valor em si, não se constituía necessariamente em uma garantia contra os preconceitos: associou-se, muitas vezes, à confirmação de estereótipos, ao colonialismo, fortalecendo o vínculo subserviente com a cultura do país dominante no cenário internacional, como observou Gilberto Velho (2010: 58). Se partimos, então, da concepção moderna de cosmopolitismo, que, como destacou Renato Cordeiro Gomes (2014: 3), tem sua base no Iluminismo, pressupondo a ideia do ser humano como cidadão do mundo, tendemos a reagir com estranheza à ideia de um cosmopolitismo do pobre. Como chamar de cosmopolitas aqueles que entram pela porta dos fundos em um país estrangeiro, vivendo na clandestinidade?

Situação nem sempre contemplada pelas novas teorias que ressemantizam o termo, mas tematizada, por exemplo, pela música popular brasileira, em 1998, ao retomar a personagem Iracema, do romance de mesmo nome escrito por José de Alencar, no século XIX. Diz a canção de Chico Buarque de Holanda: "Iracema voou/ Para a América/ Leva roupa de lã/ E anda lépida/ Vê um filme de quando em vez/ Não domina o idioma inglês/ Lava chão numa casa de chá/ Tem saído ao luar com um mímico/ Ambiciona estudar/ Canto lírico/ Não dá mole pra polícia/ Se puder, vai ficando por lá/ Tem saudade do Ceará/ Mas não muita/ Uns dias, afoita/ Me liga a cobrar/ É Iracema da América".

A virgem dos lábios de mel, como a designou Alencar, torna-se, no final do século XX, a Iracema da América: não da América Latina, mas da América do Norte. Atravessará, por si mesma, as fronteiras e não sucumbirá ao desenraizamento, como sua antepassada, que, deixando, por amor ao jovem português Martim, o lugar de origem – a tribo situada no interior – morrerá no litoral. Sobreviverá Moacir, o filho que nasce na praia, na linha de encontro entre o nativo e o europeu, o ser de fronteira, único ponto de partida possível para uma nacionalidade híbrida. No romance de Alencar, é a marcha da história que guia os passos de Iracema e determina sua morte, como etapa necessária do processo civilizatório.

Como observado em obra anterior (Figueiredo, 2010), libertando-se da identidade herdada, do poder das tradições, a Iracema de Chico Buarque assume um projeto individual, que também nada tem a ver com a ordem social como projeto. Com isso, coloca-se disponível para novos começos e não morrerá de nostalgia e solidão na praia:

As Iracemas, agora, libertas dos "laços estreitos" que as prendiam à grande nação Tabajara, têm "liberdade de escolha": podem partir e trabalhar, clandestinamente, em outro país, podem optar por lavar chão numa casa de chá de Miami, Nova York, ou qualquer outro lugar, sem se consumir de saudade, ainda que não sejam exatamente o que se pode chamar de cidadãs do mundo. (Figueiredo, 2010: 191)

Esse amargo cosmopolitismo tem sido tematizado recorrentemente pela ficção cinematográfica, como ocorre em *Pão e rosas* (França, Reino Unido, Espanha, Alemanha e Suíça, 2000), de Ken Loach. O filme retrata a violência a que se submetem aqueles que, não tendo obtido visto de entrada no país, pretendem cruzar a fronteira entre México e Estados Unidos, bem como os problemas enfrentados pelos trabalhadores imigrantes, vindos de diferentes regiões do continente americano. Na cena em que são fichados na delegacia, três trabalhadores substituem seus verdadeiros nomes pelos de Emiliano Zapata, Pancho Villa e Augusto Sandino; ou seja, diante da repressão, do confronto com a ordem policial do país de entrada e da incerteza quanto ao que ia lhes acontecer, os imigrantes recuperam os nomes de seus heróis nacionais, deixando vir à tona as múltiplas lealdades daqueles que vivem em terra estrangeira.

A conexão importante entre migração e colonização que tende, hoje, a ser elipsada pelo pensamento teórico, embora os fluxos migratórios frequentemente repitam, com a direção invertida, as rotas históricas da colonização, vem sendo também lembrada por alguns filmes. No final do século XX, o cinema brasileiro, tomando posição diante do processo desencadeado no país pela estratégia globalizadora do capitalismo e pela política neoliberal, traz à tona histórias que registram o impasse decorrente das exigências da nova ordem mundial. É o que ocorre tanto em *Terra estrangeira* (1995) quanto em *Central do Brasil* (1997), de Walter Salles. Em ambos, o que desencadeia a ação do enredo é a perda da mãe, em uma família em que o pai é ausente. Em ambos, esse acontecimento gera a migração. No primeiro, entretanto, "a ênfase recai nas consequências do esvaziamento da noção de pátria, denunciando-se a falácia de certo discurso que quer fazer crer que, na era da globalização, o lugar do cidadão é o mundo sem fronteiras, vendendo o sonho de uma aldeia global" (Figueiredo, 2010: 204).

Em *Terra estrangeira*, o jovem brasileiro sem perspectiva, estimulado pelo desejo da mãe, que acaba de morrer em decorrência do desgosto causado pelo confisco da poupança realizado pelo governo de Fernando Collor, propõe-se refazer, no sentido inverso, o movimento dos conquistadores da América Latina, adotando, como os antepassados nos séculos XV e XVI, a viagem como solução para os problemas. O que impulsiona a migração é o fato de a própria pátria se tornar terra estrangeira.

Nesse sentido, o filme não opõe Brasil e Portugal; ambos irmanam-se pela falta de alternativas internas, o que impulsiona a aventura da viagem em busca da solução de problemas locais. O Brasil dos anos 1990 pensa Portugal da era dos descobrimentos pelo viés da adversidade que levou o homem a se arriscar, cruzando mares bravios rumo ao desconhecido. Diz Pedro, o personagem português violinista (descrito por outro personagem como alguém que se assemelha a Fernando Pessoa) a Paco, o brasileiro: "Partir, abandonar um lugar ou abandonar-se, faz parte de certo 'destino' português." E, mais adiante, referindo-se a Lisboa: "Isso aqui não é sítio para encontrar ninguém. Isto é uma terra de gente que partiu para o mar. É o lugar ideal para perder alguém ou para perder-se de si próprio." Na mesma direção, a personagem imigrante brasileira, contemplando o oceano à sua frente, observa: "Coragem... Não é? Cruzar este mar há 500 anos atrás... É que eles achavam que o paraíso estava ali, ó. Coitados dos portugueses, acabaram descobrindo o Brasil." O que se vê no filme é, então, um Brasil que não se realizou como país do futuro e um Portugal ainda preso ao passado.

Já no romance *Estive em Lisboa e lembrei de você*, de Luiz Ruffato, é recorrendo à migração para outro país, como fez Paco no filme *Terra estrangeira*, que o personagem Serginho vai tentar refazer sua vida, fugindo da falta de perspectiva em Cataguases, cidade mineira onde nasceu, no interior da Brasil. O romance de Luiz Ruffato, escrito por encomenda, faz parte da coleção "Amores Expressos", projeto idealizado em 2007 que pressupunha a criação de histórias de amor situadas nas diferentes cidades do mundo para onde foram enviados os escritores escolhidos. No lugar de uma aventura amorosa, o livro de Ruffato conta as agruras de um imigrante ilegal brasileiro que, no final da década de 1990, vai trabalhar em Lisboa, sonhando com a melhoria financeira que lhe permitiria voltar vitorioso a Cataguases.[30] A narrativa centra-se no desenraizamento, na perda de identidade, muito bem marcada a partir da cena da venda do passaporte de Serginho para ajudar a amiga Sheila, uma prostituta brasileira em apuros na capital portuguesa. A ideia do amor desdobra-se, assim, para a solidariedade entre os imigrantes pobres fracassados. Diz o autor em entrevista: "Não. *Estive em Lisboa e lembrei de você* não é um romance de amor. É uma história de imigração. O amor que aparece não é o amor convencional entre duas pessoas, mas amor pelo próximo, pelo outro, pelo diferente" (Ruffato, 2009b).

O pensamento de Ruffato sobre a imigração, expresso no trecho a seguir, parece estar na base da construção do personagem Sérgio de Souza Sampaio, que, segundo a nota nas primeiras páginas do livro, teria narrado sua história ao autor:

> Além disso, quando uma pessoa deixa seu torrão natal, e essa é sempre uma decisão tomada em último caso, quando já não resta absolutamente nenhuma outra opção, ela é obrigada a abandonar não apenas o idioma, os costumes, as paisagens, mas, mais que tudo, os ossos de seus entes queridos, ou seja, o signo que indica que ela pertence a um lugar, a uma família, que possui, enfim, um passado. Quando assentado em outro sítio, o imigrante tem que inventar-se a partir do nada, inaugurando-se dia a dia. (Ruffato, 2010)

Em que sentido se podem, então, considerar cosmopolitas, seja qual for o adjetivo que se junte ao termo, imigrantes como o perso-

---

[30] Aliás, o tema da partida da terra natal em busca de uma vida próspera, que permitisse voltar bem-sucedido às origens, está presente em outras obras de Ruffato, como em *O mundo inimigo*, romance adaptado para o cinema por José Luiz Villamarim, com o título *Redemoinho* (2017).

nagem de *Estive em Lisboa e lembrei de você*, que reencontram em terra alheia a penúria e o desamparo de que haviam fugido ao abandonar seu país? Comentando a adaptação do livro de Ruffato para o cinema pelo diretor português José Barahona,[31] Luísa Fresta, do blog *O Gazzeta*, declara:

> É estranho para o espectador português, habituado a viver numa crise estrutural prolongada e agravada por picos de desemprego e quadros econômicos desfavoráveis[,] ouvir um brasileiro exaltar as potencialidades do nosso país como um destino de esplêndidas oportunidades, para "quem não escolhe trabalho". (Fresta, 2016)

No filme, sobre um brasileiro que deixou o país para trabalhar em Portugal, realizado por um diretor português que veio trabalhar no Brasil, os olhares de brasileiros e portugueses cruzam-se, deixando entrever, apesar de todas as diferenças, o ponto de convergência gerado pelas dificuldades que os imigrantes de qualquer parte do mundo compartilham. *Estive em Lisboa e lembrei de você*, lançado no Brasil em junho de 2016, segue de perto a atmosfera do romance – que se apresenta como depoimento "minimamente editado", gravado em quatro sessões – e opta pela narrativa em primeira pessoa, utilizando recursos próprios do cinema-documentário.

Para Appadurai (2006: 9), a comunicação eletrônica e as migrações marcam o mundo do presente, "não como forças tecnicamente novas, mas como aquelas que parecem impelir (e, por vezes, compelir) a obra da imaginação". Juntas, criariam "irregularidades específicas porque espectadores e imagens estão em circulação simultânea" (Appadurai, 2006: 9). O quadro político mundial que vem se configurando a partir do final de 2016 leva-nos, entretanto, a pensar sobre o futuro dessa imaginação migratória, indagando como ficarão as teorias em torno dos ideais cosmopolitas quando líderes nacionalistas de direita assumem o poder em diferentes países. Na era que se anuncia, que alguns já chamam de "pós-globalização", qual o destino das propostas de ressemantização do cosmopolitismo? Cederão

---

[31] *Estive em Lisboa e lembrei de você* (Brasil/Portugal, 2015).

espaço para a discussão de outras questões, como o fechamento de fronteiras físicas ou a adoção de modelos de economia mais fechados, ou ainda a opção por nacionalismos de feição conservadora e xenófoba?

Referências

APPADURAI, Arjun. *Dimensões culturais da globalização*: a modernidade sem peias. Lisboa: Teorema, 2006.

_____. *El rechazo de las minorías*: ensayo sobre la geografía de la furia. Barcelona: Tusquets, 2007.

APPIAH, Kwame Anthony. *Cosmopolitismo*: ética num mundo de estranhos. Portugal: Pbs. Europa-América, 2008.

BAUMAN, Zygmunt. *Globalização*: as consequências humanas. Rio de Janeiro: Zahar, 1999.

BECK, Ulrich. *La mirada cosmopolita o la guerra es la paz*. Barcelona: Paidós, 2005.

BHABHA, Homi K. *Nuevas minorías, nuevos derechos*: notas sobre cosmopolitismos vernáculos. Buenos Aires: Siglo Veintiuno, 2013.

COHEN, Mitchell. Rooted Cosmopolitanism: Thoughts on the Left, Nationalism, and Multiculturalism. *Dissent*, 39(4), 478-483, 1992.

FIGUEIREDO, Vera Lúcia Follain de. *Narrativas migrantes*: literatura, roteiro e cinema. Rio de Janeiro: PUC/7Letras, 2010.

FRESTA, Luísa. Estive em Lisboa e Lembrei de Você (um filme de José Barahona). *O Gazzeta*. Disponível em: < http://ogazzeta.blogspot.com/2016/11/estive-em-lisboa-e-lembrei-de-voce-um.html>. 2016. Acesso em: 14 jul. 2020.

GOMES, Renato Cordeiro. Cosmopolitismos em tempos midiáticos. Trabalho apresentado ao GT Cultura das Mídias. In: XXIII ENCONTRO ANUAL DA COMPÓS. *Anais...* Belém: Universidade Federal do Pará, 27-30 maio 2014.

HABERMAS, Jürgen. *A constelação pós-nacional*. Tradução de Márcio Seligman-Silva. São Paulo: Littera-Mundi, 2001.

HARVEY, David. *Cidades rebeldes*: do direito à cidade à revolução urbana. São Paulo: Martins Fontes, 2014.

RUFFATO, Luiz. Da impossibilidade de narrar. Conexões Itaú Cultural. 2010. Disponível em: <https://conexoesitaucultural.org.br/wp-content/uploads/2010/05/da-impossibilidade-de-narrar.pdf>. Acesso em: 3 mar. 2014.

_____. *Estive em Lisboa e lembrei de você*. São Paulo: Companhia das Letras, 2009a.

_____. Luiz Ruffato e o Amores Expressos. Entrevista. *Odisseia Literária*. 4 set. 2009b. Disponível em: <http://odisseialiteraria.com/2009/09/luiz-ruffato--e-o-amores-expressos/>. Acesso em: 6 jul. 2013.

SANTIAGO, Silviano. *O cosmopolitismo do pobre*: crítica literária e crítica cultural. Belo Horizonte: UFMG, 2004.

SANTOS, Boaventura de Sousa. Para além do pensamento abissal: das linhas globais a uma ecologia de saberes. *Novos Estudos Cebrap*, São Paulo, n. 79, nov. 2007.

VELHO, Gilberto. Metrópole, cosmopolitismo e mediação. *Horizontes Antropológicos*, Porto Alegre, v. 16, n. 33, jun. 2010.

WENDEN, Catherine Wihtol de. *El fenómeno migratorio en el siglo XXI*: migrantes, refugiados y relaciones internacionales. México: FCE, 2013.

WERBNER, Pnina. Global Pathways: Working Class Cosmopolitans and the Creation of Transnational Ethnic Worlds. *Social Anthropology*, 7(1), 17-37, 1999.

O gênero policial como máquina de narrar

> *Se querer conhecer a verdade a todo custo é um grande crime, ou, pelo menos, pode levar a grandes faltas; se a estupidez e a indiferença são uma virtude e uma garantia de equilíbrio, creio que devemos ser muito indulgentes para com esses ilustres culpados, pois, filhos dos séculos XVIII e XIX, esse mesmo vício é imputável a todos nós.*
>
> Baudelaire

O crime como enigma a ser decifrado está presente na literatura pelo menos desde a tragédia grega, e talvez se possa dizer que toda narrativa busca elucidar o grande crime que consistiu no encobrimento de uma verdade primeira: narra-se para imprimir sentido ao caos dos acontecimentos, para tentar resolver o enigma do mundo. Assim, o fascínio exercido pelo crime na narrativa policial moderna não se deve à violência do ato criminoso, mas ao mistério que o envolve, ao desafio à lógica racional suscitado por aquilo que se oculta. Como já assinalaram vários estudiosos do tema, o gênero policial parte sempre, em última instância, de uma indagação sobre a possibilidade de conhecimento, e é a própria trama ficcional que suscita a reflexão epistemológica.

Inscrita, desde sua origem, nas fronteiras entre os campos literário, jornalístico e científico, a ficção policial de enigma equilibra-se em um fio tênue. Para começar, até a crença positivista na eficácia da ciência para o deciframento de todo e qualquer mistério pode desestabilizá-la, pois não sobreviveria em um mundo em que a autoria dos crimes pudesse ser detectada a partir de leis gerais aplicáveis ao comportamento humano, como desejava, por exemplo, Sherlock Holmes: o brilho do trabalho do detetive se reduziria drasticamente se, para a resolução dos casos, bastasse a utilização de um manual contendo fórmulas científicas. Em outro extremo, o crime perfeito também a coloca em risco, porque impossibilita a narrativa, alimentando-se do silêncio, já que, revelada a autoria, o crime deixa de ser perfeito. O crime perfeito é aquele que corta o elo entre o passado, o momento em que o delito foi cometido, e o presente, ou seja, o tempo da investigação, impossibilitando a conexão entre causa e efeito, sem a qual a narrativa policial se dilui.

Para equilibrar-se entre esses dois extremos – a demonstração científica e o mistério insolúvel –, o gênero policial apoia-se na articulação inteligível dos elementos do enredo, isto é, na própria estrutura narrativa como mediação simbólica que permite ao ser humano enfrentar os desafios que o mundo lhe apresenta. Surgida em um contexto de grande prestígio das ciências naturais, a ficção policial parte da fé na objetividade dos métodos científicos, ao mesmo tempo que tenta resistir ao fascínio romântico pelos mistérios insondáveis, pelo lado obscuro da mente humana, que garantiu, naquele momento, o sucesso dos contos de terror, das histórias que exploram o extraordinário. O gênero policial é, assim, produto típico de uma época na qual uma nova hierarquia dos modos de saber se estabelece. Ao longo do século XIX, consolida-se a ideia de que as "ciências exatas" constituem o mais alto patamar do conhecimento, do que decorre a desconfiança no estilo literário, quando se trata de expor os processos e os resultados das experiências do campo científico: a valorização excessiva da forma encobriria a falta de conteúdo. Em contrapartida, considera-se que, para sobreviver, a literatura deve aproximar-se do estilo científico, como afirma Baudelaire (apud Lepenies, 1996: 16): "Não está longe o tempo em que se compreenderá que toda literatura que se recusa a caminhar fraternalmente entre a ciência e a filosofia é uma literatura homicida e suicida."

Assim, os dois eixos que compõem a estrutura da narrativa policial clássica – o do personagem que atua, que realiza a ação investigativa orientada por pressupostos científicos, e o do personagem que narra os sucessos do detetive – refletem as tensões entre o campo literário e o científico, deixando entrever a disputa entre dois modelos de conhecimento. Na base das convenções do gênero, está o modelo epistemológico cujas origens remotas, segundo Ginzburg (1989), encontram-se no paradigma indiciário dos caçadores, atualizado, no final do século XIX, pelos progressos da semiótica médica; isto é, parte-se de sinais aparentemente negligenciáveis, imperceptíveis para a maioria, para atingir a verdade. Ocorre que, da decifração de sinais colhidos no mundo exterior, como pegadas, cinzas de cigarro, manchas nas paredes etc., os detetives deslizam para a leitura de pistas colhidas em narrativas de procedências diversas, que se reportam aos crimes, como as notícias sensacionalistas dos jornais, que fornecem um inventário de casos a serem estudados. Segundo Watson, Sherlock Holmes não tinha nenhum conhecimento de filosofia ou de literatura, mas tinha exatos conhecimentos de anatomia, profundos conhecimentos de química e imensos conhecimentos de literatura sensacionalista. Diz Watson: "parece conhecer cada detalhe de todos os horrores perpetrados no século" (Doyle, 2011a: 22). A mediação desse tipo de texto jornalístico, cujos excessos retóricos contrapõem-se à suposta frieza da abordagem científica, levanta uma ponta de desconfiança quanto ao propalado rigor da investigação empírica do detetive e nos remete a outro campo com o qual, guardadas as diferenças, o gênero também se comunica: o do romance folhetim romântico, com seus populares heróis justiceiros.

Na obra de Conan Doyle, Holmes, cidadão da era vitoriana, vivendo em uma Londres agitada pelas transformações provocadas pela Revolução Industrial, seria o leitor rigoroso de indícios, que gostaria de apresentar o resultado de suas deduções através de uma fórmula. Watson, embora também seja um homem de ciência, recorre à narrativa para esclarecer a verdade sobre o processo de elucidação dos crimes, isto é, faz questão de deixar registrado em seu diário o trabalho meticuloso do detetive, sempre ignorado pelos jornais, que rendem homenagem apenas aos chefes de polícia. Holmes, entretanto, menospreza os relatórios de Watson:

> Suponho que todos os casos dele foram incluídos na sua coleção, e devo admitir, Watson, que você tem alguma capacidade de seleção, que compensa em boa medida o que eu deploro nas suas narrativas. Seu hábito fatal de olhar para tudo do ponto de vista de uma história, e não como

um exercício científico, arruinou o que poderia ter sido uma série instrutiva e mesmo clássica de demonstrações. Você faz pouco caso de um trabalho de maior requinte e delicadeza para se alongar em detalhes sensacionalistas que podem excitar o leitor, mas certamente não o podem instruir. (Doyle, 2011b: 384)

Nessa passagem, Holmes, leitor da literatura sensacionalista dos jornais, reprova o registro de suas investigações em formato narrativo: contrapõe-se, assim, ao que garante a popularidade do gênero policial, isto é, a urdidura da intriga direcionada passo a passo para a solução do enigma. Além de rejeitar a associação entre ciência e narrativa, Holmes também acusa o parceiro de sensacionalismo e de dar um tratamento romântico ao relato dos procedimentos científicos. Em outra passagem, tendo lido *Um estudo em vermelho*, a pequena brochura escrita por Watson, declara:

> Dei uma olhada nela – comentou. – Honestamente, não posso congratulá-lo. A detecção é, ou deveria ser, uma ciência exata, e deveria ser tratada da maneira mais fria e sem envolvimento emocional. Você tentou pintá-la com romantismo, o que dá o mesmo efeito de elaborar uma história de amor ou de fuga com o auxílio do quinto postulado de Euclides. (Doyle, 2011a: 139)

Embora o êxito de Holmes como leitor de indícios se deva ao fato de, a partir deles, construir uma sequência narrativa coerente, que, ao final da investigação, é apresentada aos que o cercam, o detetive renega a história que Watson compõe tendo como base a história primeira montada por ele, Sherlock Holmes. Entretanto, como ambos os personagens são leitores e narradores, dilui-se a distinção entre os dois métodos de recompor a verdade dos fatos, o da narrativa e o da demonstração científica, que, em princípio, pela vontade de Holmes, deveriam estar bem separados. O texto de Watson deixa evidente essa sobreposição de narrativas e, por isso, é rejeitado por Holmes.

As contradições fundantes da narrativa policial refletem-se, dessa forma, na própria fragilidade da divisão entre aquele que narra e aquele que investiga. O discurso do narrador alimenta-se do discurso do detetive, que parte de fragmentos para compor uma narrativa sobre a narrativa lacunar do crime já consumado. Privilegiando a observação dos sinais encontrados no mundo exterior, o gênero policial estrutura-se como uma superposição de leituras que acaba por relativizar a precisão do conhecimento científico. Em meio a essa superposição, a matéria criminal torna-se um pretexto (no sentido daquilo que mascara, encobre o verdadeiro motivo) e um "pré-texto", sobre o qual se dobra um texto segundo, que o interpreta. Por isso, em vez de lamentar, como o compromisso com a ética exigiria, Sherlock Holmes queixa-se da rarefação dos grandes crimes em sua época:

> Não há mais crimes nem criminosos em nossos dias – disse ele em tom queixoso. – De que serve possuir inteligência em nossa profissão? Sei perfeitamente que tenho qualidades para tornar o meu nome famoso. Nenhum homem vive ou já viveu que tenha tido a mesma quantidade de estudo e de talento natural para a revelação de crimes que eu, e qual é o resultado? Não há nenhum crime a descobrir; o que há, no máximo, é alguma vilania grosseira com um motivo tão transparente que até um funcionário da Scotland Yard é capaz de enxergá-lo. (Doyle, 2011a: 27)

Nesse trecho, fica claro que a matéria criminal serve à demonstração da habilidade do detetive: sem crimes bem arquitetados, Holmes não tem como demonstrar seu talento. As palavras do personagem remetem-nos à observação de Foucault (1986) sobre a apropriação e a estetização do crime pela burguesia. Segundo o filósofo, a substituição da ênfase na confissão pela ênfase na investigação, no final do século XVIII europeu, retira do criminoso popular o protagonismo, transferindo-o para o detetive, cuja inteligência vê-se desafiada pela do criminoso, agora proveniente da burguesia. Na confissão, o acusado toma a palavra, é senhor da narrativa do crime que cometeu. A primazia da investigação desloca a autoria do relato sobre o crime e introduz um novo regime de estabelecimento da verdade. A narrativa policial de enigma é, então, uma narrativa de afirmação do inquérito como instrumento para atingir a verdade dos fatos e, como tal, imprime um novo tom à literatura criminal, contrapondo ao envolvimento sentimental do romance romântico o ideal da contenção, do inventário frio e meticuloso.

O gênero, entretanto, alimenta-se do confronto entre "o sólido mundo da realidade", onde o detetive busca ancoragem, e o mundo da ficção, criado pelo criminoso no esforço de encobrir as pistas que levariam ao desvendamento da trama. Visto por esse ângulo, todo criminoso, no gênero policial de enigma, é um ficcionista, que inventa uma história para iludir seu leitor-alvo, isto é, o detetive. Daí que perguntar quem é o autor do crime é perguntar quem é o autor da trama construída para desafiar esse leitor ideal. Pela questão da autoria, desliza-se, na narrativa policial, do plano do referente para o da textualidade, sem, no entanto, chegar a abolir o intervalo que separa realidade e ficção; intervalo ao qual a epígrafe de Poe em "Os crimes da rua Morgue",[32] retirada da obra de Sir Thomas Browne, faz referência ao nos remeter ao episódio de Ulisses com as sereias, na epopeia de Homero. Se o canto das sereias pode ser comparado à promessa de conhecimento que desencadeia as narrativas, a ficção policial de enigma, como Ulisses, reforça os elos com a realidade imediata, para não se dissolver em meio à vertigem da eterna busca de uma verdade última.

Não é, então, por acaso que o canto das sereias seja retomado por Rubem Fonseca em *Romance negro* (1992) – texto no qual o autor homenageia a obra de Edgar Allan Poe, retomando a história do gênero. O enredo gira em torno da ficcionalização da figura do escritor, cuja imagem é construída pela mídia e vendida junto com a obra, por meio de reportagens e entrevistas. A trama policial do conto constrói-se a partir do enigma postulado pelo personagem-autor sobre sua própria identidade, colocando-se, portanto, em jogo a questão da autoria. O lugar do crime será o texto, no qual se pratica o assassinato

---

[32] A epígrafe do conto, retirada da obra de Sir Thomas Browne, é a seguinte: "Que canção cantavam as sereias, ou que nome adotou Aquiles quando se escondeu entre as mulheres, são perguntas que, embora de difícil resposta, não estão além de toda suposição" (Poe, 2003: 39).

do real, porque, a partir dele, tudo torna-se ficção, inclusive a biografia do escritor. Winner, o personagem-autor de romances policiais, inventa seu próprio assassino – um escritor fracassado chamado Landers, que teria tomado lugar do verdadeiro Winner. Inventa outro oculto, no qual residiria sua autêntica identidade, protegida dos holofotes. Defender a existência desse "outro" contra a descrença de todos é recuperar a dicotomia realidade/ficção, que, quando dissolvida, provoca uma avalanche de demolições que levam ao silêncio, à morte da própria narrativa. Por isso, *Romance negro* termina com uma pequena história sobre o bobo que vivia dizendo que viu a sereia e, a partir do momento em que realmente ouve seu canto, emudece: eliminando-se a distância entre ficção e realidade, não é mais possível o relato que dela se alimenta.

Com o crescente ceticismo epistemológico do século XX, as fronteiras entre realidade e ficção, que o gênero policial de enigma, a despeito de sua vocação metaficcional, procura preservar, serão cada vez mais postas em xeque. O crime na ficção de temática criminal vai, progressivamente, deixando de ser algo que ocorre no mundo exterior e precisa ser investigado para que se atinja a verdade, para confundir-se com a própria pretensão de esclarecer a verdade através do ato de narrar. A convicção manifesta no romance moderno, de que antes de qualquer conteúdo ideológico já seria ideológica a pretensão do narrador de representar a realidade, abre o caminho para que se coloque sob suspeita a própria narrativa, que, simulando transparência, encobriria um "discurso de verdade" autoritário e excludente. Assim, a remissão a um esquema genérico surgido da necessidade de afirmar a possibilidade do conhecimento objetivo do real torna-se uma estratégia para que se questione a existência mesma de uma realidade fora da linguagem. Como observado em obra anterior (Figueiredo, 2010), a ficção de trama policial na contemporaneidade constrói-se deixando entrever seu próprio impasse: o que significa decifrar enigmas se, ao cabo e ao fim, tudo parece resumir-se à tarefa infinita de sobrepor uma interpretação a outra interpretação? Não seria o detetive da narrativa de enigma precisamente aquele que tem poder para impor sua versão dos fatos como verdade final? Indagam-se também os parâmetros éticos que permitiriam avaliar a violência em suas diversas formas de manifestação, inclusive aquela que consiste no ato de interpretar. Privilegiam-se situações que põem em evidência a dificuldade de definir os princípios a partir dos quais culpas e responsabilidades seriam claramente estabelecidas.

Considerar que não existem fatos, só interpretações, seguindo o pensamento de Nietzsche, significa, em princípio, ferir de morte o gênero policial, por sua pretensão primeira de alcançar um conhecimento objetivo da realidade. No entanto, o modelo genérico será recorrentemente revisitado em função desse mesmo relativismo, isto é, para que se desconstruam as certezas que lhe davam sustentação: a de um mundo ordenado e transparente e a da unidade coerente do eu. A ordenação causal da narrativa do processo investigativo, que antes era um recurso utilizado para demonstração da força do pensamento lógico como instrumento para desvelar os enigmas que nos desafiam, torna-se cada vez mais um recurso para que se denuncie o caráter ilusório de toda tentativa de dar conta da realidade por mecanismos mentais abstratos. Estes criariam sistemas coerentes, mas que se sobrepõem à realidade, incapazes de controlar sua desafiadora imprevisibilidade, como vemos, por exemplo, na literatura de Borges. Fascinado pelos universos artificiais que recriam o mundo, pela invenção racional de irrealidades coerentes, o escritor argentino foi um cultor do gênero policial. Para Ricardo Piglia, Borges retomou a narrativa policial inglesa, buscando criar uma recepção adequada para seus próprios textos, isto é, esse tipo de relato e de manejo da intriga estaria no centro de sua poética. Diz Piglia (2000: 68): "'A morte e a bússola' é o *Ulisses* do relato policial. A forma chega à sua culminação e se desintegra."

Por outro viés, a vitalidade da narrativa policial de ficção ao longo do tempo pode ser atribuída à renovação do gênero ocorrida com o surgimento do chamado romance negro na primeira metade do século XX, nos Estados Unidos. Entretanto, se é verdade que o romance negro atendeu à demanda de uma sociedade para a qual o crime não é mais uma exceção, mas uma rede intrincada sem princípio nem fim, que permeia todas as esferas de ação, também é verdade que o romance de enigma, a partir daí, passou por um processo de depuração que garantiu sua sobrevivência; isto é, acentuou-se cada vez mais aquela vocação metaficcional que se fazia presente desde seus primórdios. À proliferação da narrativa *noir*, com seus desdobramentos em diferentes meios, em função, inclusive, da grande aceitação por um público mais amplo, corresponde a sofisticação da narrativa de enigma, retomada, sobretudo a partir da segunda metade do século passado, por escritores interessados em explorar suas fronteiras com outras narrativas, como a da filosofia e a da psicanálise, além de tomá-la como base para pensar a narrativa em si. Sem esquecer que a narrativa *noir* também passa por um refinamento quando trabalhada por determinados escritores que privilegiam o enfoque pirandelliano da verdade, é importante destacar que a narrativa de enigma, com a qual o *noir* sempre dialoga, continua sendo o referencial para a ficção, que, buscando se afastar dos padrões do realismo do século XIX, dobra-se sobre suas próprias convenções, problematizando as relações entre narrativa e verdade.

Na atualização do gênero, corrói-se a confiança nas estruturas sequenciais, que, identificadas com a própria linha do raciocínio, com a forma da própria razão, acabavam por ordenar a busca da verdade em um discurso fechado, que eliminava as probabilidades e abolia o acaso. Desde *O processo*, de Kafka, que pode ser lido como um romance policial em que não se chega a nenhuma conclusão – há o acusado e sua morte ao final, mas não se saberá qual o crime cometido –, passando pelo chamado romance negro, surgido nos Estados Unidos na primeira metade do século XX, até o cinema e a literatura dos dias atuais, retoma-se recorrentemente o paradigma da narrativa policial de enigma para dissolvê-lo por dentro. Com a repetição exaustiva desse procedimento, o gênero passa por uma espécie de processo de "destilação", diluindo-se inclusive as oposições que o estruturam: verdadeiro/falso, criminoso/vítima, detetive/criminoso. Outra dobra acrescenta-se à dobra primeira que instituía a investigação do crime como leitura de pistas de naturezas diversas, inclusive textuais: a que decorre da consciência da opacidade do próprio texto, que não remeteria a nada além de outro texto. O resultado é uma espécie de metarromance policial, ou, se quisermos, um romance policial que vive da nostalgia do que perdeu – a ingenuidade de uma narrativa de pretensão realista.

Assim, de um conto de Edgar Allan Poe, como "O mistério de Maria Roget", publicado em 1824, para uma narrativa como "A aventura das provas do prelo", do escritor argentino Rodolfo Walsh, publicada em 1953, mais de um século depois, que mudanças ocorreram nas pautas clássicas do gênero? Dupin, o aristocrata detetive de Poe, decifra o enigma do crime em "O mistério de Maria Roget" a partir da leitura de notícias dos jornais. Daniel Hernández, detetive de Walsh, é um revisor de textos, empregado de uma editora, que desvenda o crime, no conto citado, a partir de pistas encontradas na prova tipográfica de um livro. De um conto para outro, mantida a estrutura básica do gênero, aumenta-se o grau de afastamento da realidade empírica. Se os dois detetives são leitores, o personagem criado por Walsh não toma como base para o desvendamento do crime as notícias de jornais, que remetem diretamente ao referente externo ao texto, mas os sinais utilizados pelos revisores, que, em princípio, remeteriam apenas ao próprio texto. Como o detetive é um revisor, atento às minúcias, recupera o fio tênue que liga o texto ao crime pela irregularidade no traçado dos sinais gráficos. Daniel Hernández dobra-se sobre as provas do livro que Morel revisava – este, por sua vez, era uma tradução, isto é, um texto que se dobrava sobre outro texto: evidencia-se nessa série de remissões o diálogo de Walsh com a literatura de Borges.

O tom parodístico do conto, que se faz notar desde o duplo sentido do vocábulo "prova" usado no título, aponta para o jogo erosivo com a forma tradicional do gênero, ironizando-se o modelo cognoscitivo que lhe dá origem. Acrescente-se que o detetive míope, criado pelo ficcionista argentino, é um homem das letras, mas que exerce uma atividade habitualmente relegada ao segundo plano. Em contraposição ao processo de isolamento dos textos de seus aspectos materiais, promovido pela modernidade, Walsh, que foi revisor e tradutor, confere o protagonismo ao revisor, chamando a atenção para a importância do trabalho técnico realizado na preparação dos livros. Em "A aventura das provas do prelo", a prova grafoscópica lembra-nos ainda que tanto a escrita quanto a leitura não são apenas uma operação abstrata, mas engajamento do corpo, inscrição em um espaço, relação consigo mesmo e com os outros, como assinala Roger Chartier. No conto, o assassinato do escritor/tradutor abre espaço para que a palavra do revisor se torne soberana, destacando-se suas qualidades como exímio leitor. Em comentário sobre o personagem, Walsh ressalta que as faculdades de que Daniel Hernández vale-se nas investigações foram desenvolvidas no exercício diário de sua profissão: a observação, a minuciosidade, a fantasia e, sobretudo, a capacidade de contemplar os diversos planos do texto, atentando para o sentido, a sintaxe e os aspectos materiais que interferem na leitura (Walsh, 2011: 8).

O texto que Morel traduzira e no qual ainda trabalhava na ocasião do crime era de autoria de um médico e literato norte-americano chamado, não por acaso, Oliver Wendell Holmes. Além disso, o título do livro que inclui o conto em questão – *Variações em vermelho e outros casos de Daniel Hernández* – parodia o da novela *Um estudo em vermelho*, de Conan Doyle. A remissão à obra do escritor britânico evidencia a progressiva estilização do gênero, suscitada sobretudo pela analogia entre o ato de ler e o de desvendar mistérios, já presente nos textos considerados como fundadores da narrativa de enigma moderna, mas que assume um lugar central na ficção posterior, servindo a objetivos diversos. O olhar do revisor em "A aventura das provas do prelo", atento aos mínimos sinais para evitar falhas na transcrição de textos, é tão hábil no desvendamento dos crimes quanto o olhar de Sherlock Holmes, aparelhado pelas teorias científicas da época. Daniel Hernández, *alter ego* de Walsh, é, antes de tudo, um decifrador de códigos, como seu criador: em sua estada em Cuba, onde desempenhava atividades jornalísticas, Walsh decifrou o código usado pelas forças militares norte-americanas em uma mensagem que se referia aos preparativos para a invasão da baía dos Porcos, em 1961.

Também no cinema, o jogo com as regras que presidem a convenção genérica da narrativa policial está presente, como se vê em filmes como *Vertigo* (*Um corpo que cai*), de Hitchcock (Estados Unidos, 1958), e *Alfaville*, de Godard (França, 1965), para citar apenas dois exemplos entre muitos outros que poderiam ser lembrados. A estilização do gênero policial já era plenamente realizada por Hitchcock ao questionar em suas obras o próprio estatuto das imagens, problematizando a relação que estabelecem com o olhar que as contempla. Avesso às narrativas que, segundo ele, induzem o leitor/espectador a esperar tranquilamente a resposta para a pergunta "quem matou?", às quais se refere usando a designação pejorativa de *whodunit*, Hitchcock debruçou-se sobre a matéria criminal, deslizando, com distância irônica, entre os subgêneros do suspense, do terror e da narrativa policial. Em *Vertigo*, o crime é arquitetado como um enredo ficcional que envolve o detetive. O criminoso é o grande dramaturgo que dirige o olhar do investigador. Hitchcock, como observou Ismail Xavier, problematiza o próprio ilusionismo do espetáculo cinematográfico através da trama policial do filme. A dimensão reflexiva de *Vertigo* coloca em pauta a questão da ética da representação suscitada pelo direcionamento do olhar do espectador pela câmera cinematográfica:

> A posição de Elster – aquele sabe – corresponde à posição do dispositivo narrador da história no cinema clássico (ele permanece à sombra e orquestra as imagens). Portanto, no enredo que coloca em cena, *Vertigo* espelha o próprio mecanismo desse cinema que, via de regra, constrói-se segundo a lógica do crime perfeito: define seu ponto de vista, dá corpo ao simulacro, é monitor de meu desejo, tal como o dispositivo Elster-Judy-Madeleine-Carlota em relação a Scottie. (Xavier, 2003: 55)

No cinema europeu, os anos 1960 marcaram a virada reflexiva da ficção policial. Godard, em *Alfaville*, recorre ao gênero, dialogando ao mesmo tempo com o romance negro e o de enigma – este último é evocado pela hipertrofia do paradigma científico na cidade futurista de Alfaville. À primeira vista, o filme parece enquadrar-se plenamente no gênero do policial *noir*; no entanto, vai muito além disso: trata-se de uma citação do estilo do filme *noir* que leva o espectador a refletir sobre a visão de mundo que a convenção do subgênero veicula. Para contrapor-se ao mundo da razão que se autonomizou, à lógica fria do computador Alpha 60 que domina Alfaville, Godard lança mão de um detetive de uma série televisiva francesa de sucesso. Agindo sem pensar, respondendo à violência com a violência, como os heróis do cinema de ação hollywoodiano, o personagem encena o declínio do racionalismo na ideologia burguesa. O diretor joga com os clichês da narrativa policial *noir* para denunciar a cumplicidade do gênero com os mitos do individualismo burguês, que, tanto quanto o cientificismo vigente na sociedade de Alfaville, estariam a serviço da uniformização das condutas.

Surgido em meados do século XIX, momento em que se afirma a divisão entre dois regimes de produção cultural, o cultivado e o popular, o gênero policial desafia essa partilha, situando-se na interseção entre tais regimes. A maquinaria engenhosa que o constitui, como observou Jacques Dubois (2005: 9), dá origem a um dispositivo textual ao mesmo tempo rígido e flexível, do qual derivam "tanto textos que se limitam a reproduzir mecanicamente suas regras quanto textos inventivos e semanticamente plurais". Fruto das transformações ocorridas com a modernidade, o gênero é reinventado a cada época. Na atualidade, ajusta-se bem à disposição crítica pouco afeita a antagonismos rígidos, avessa a rupturas radicais com parâmetros do passado e que, por isso, não rejeita a pertinência genérica em nome do experimentalismo, evitando romper os pactos que facilitam a comunicação com o leitor. Se a tensão entre os valores da esfera artística e os do cotidiano burguês, inerente ao processo de autonomização da arte, atenua-se, se a sociedade de massa institucionalizou a revolta modernista, o efeito de choque da atitude provocadora neutraliza-se, tornando sem sentido a invenção de procedimentos de ruptura. A própria categoria do novo fica sob suspeita, já que a novidade é o recurso utilizado pelo mercado para atrair os consumidores, ou seja, a inovação como um valor em si pode ser vista como resultado da pressão da sociedade de consumo e confundir-se com os ditames da moda. A repetição, constitutiva da estética de gêneros, já não precisaria, então, ser vista como algo que se opõe à "verdadeira arte" indissociavelmente ligada à criação do novo.

Diante desse quadro, pode-se dizer que a ficção policial situa-se em um lugar privilegiado, quando se trata de trabalhar nos limites entre os polos alto/baixo, de desestabilizar tal dicotomia, até porque o motivo do crime constitui-se em um ponto de entrecruzamento de diferentes campos da produção cultural, como o literário, o jornalístico, o televisivo e o cinematográfico. Com o declínio da estética da provocação, os autores, visando a alcançar o difícil equilíbrio entre agradar o público, obtendo sucesso comercial, e preservar a complexidade, a dimensão crítica da obra, trabalham com uma multiplicidade de códigos que se interseccionam no texto, permitindo diferentes níveis de leitura, para atender às exigências de um público variado. Preserva-se o enredo, sem preconceito para com aquele leitor que busca se divertir com a intriga. Em contrapartida, oferece-se algo além da intriga, uma dimensão metalinguística e reflexiva, reforçada por inúmeras citações, que permite a outro tipo de leitor contemplar, de maneira distanciada e também nostálgica, as estratégias narrativas que criam o fascínio na primeira dimensão. No caso da narrativa policial, esse procedimento fica bem claro, porque, enquanto o primeiro tipo de leitor busca a elucidação do enigma no nível do enredo, o segundo busca decifrar os enigmas da composição da obra a partir do reconhecimento das referências que se cruzam em seu tecido intertextual.

Nesse sentido, ao atualizar o gênero policial, a ficção contemporânea não está interessada em desviá-lo de seu destino comercial ou em dissolvê-lo em meio à livre pesquisa estética. Está interessada na apropriação de uma estrutura de gênero que, desde o século XIX, vem funcionando como um sistema de convenções que circula entre a indústria editorial, o texto e o leitor. O gênero policial, apropriando-se do esquema de investigação de crimes instituído pela modernidade para transformá-lo em uma espécie de modelo gerador de narrativas, caracteriza-se pelo amplo potencial de reprodução a partir de pequenas variações, adaptando-se bem ao princípio da serialidade e à transposição para diferentes mídias. Afina-se assim também com uma sociedade regida pela vertigem da reprodutibilidade incessante, mas que não abre mão do inventário e do controle. A analogia entre o detetive e o *voyeur*, que Hitchcock já explorava no filme *Janela indiscreta* (Estados Unidos, 1954), pode ser estendida, hoje, àquele espectador que se diverte com a indiscrição, com a possibilidade de devassar a vida privada, o cotidiano do outro, diante de uma tela de televisão ou de computador – as redes sociais oferecem ao detetive/ *voyeur* um vasto campo de observação.

Referências

DOYLE, Arthur Conan. *Sherlock Holmes*: um estudo em vermelho. Rio de Janeiro: Zahar, 2011a. v. 6.

———. *Sherlock Holmes*: a volta de Sherlock Holmes. Rio de Janeiro: Zahar, 2011b. v. 3.

DUBOIS, Jacques. *Le roman policier ou la modernité*. Paris: Armand Colin, 2005.

FIGUEIREDO, Vera Lúcia Follain de. *Narrativas migrantes*: literatura, roteiro e cinema. Rio de Janeiro: Ed. PUC-Rio/7Letras, 2010.

FONSECA, Rubem. *Romance negro e outras histórias*. São Paulo: Companhia das Letras, 1992.

FOUCAULT, Michel. *Vigiar e punir*: nascimento da prisão. Petrópolis: Vozes, 1986.

GINZBURG, Carlo. *Mitos, emblemas, sinais*: morfologia e história. São Paulo: Companhia das Letras, 1989.

LEPENIES, Wolf. *As três culturas*. São Paulo: Edusp, 1996.

PIGLIA, Ricardo. *Crítica y ficción*. Buenos Aires: Planeta Argentina/Seix Barral, 2000.

———. Letras mestiças. *Folha de S.Paulo*, Caderno Mais!. 15 jun. 2003.

POE, Edgar Allan. *Histórias extraordinárias de Allan Poe*. Tradução e adaptação de Clarice Lispector. Rio de Janeiro: Ediouro, 2003.

WALSH, Rodolfo. *Variações em vermelho e outros casos de Daniel Hernández*. São Paulo: Ed. 34, 2011.

XAVIER, Ismail. *O olhar e a cena*. São Paulo: Cosac Naify, 2003.

Cotidiano e anonimato nas cidades: a enunciação peregrina de Rubem Fonseca

> *Das ruas transversais, da Assembleia, do Ouvidor, do Rosário, começaram a surgir pessoas, homens, mulheres, famílias inteiras, carregando cobertores, sacas, esteiras, jornais velhos. As esteiras e os jornais velhos eram colocados no chão, sob as marquises das lojas, e eles se acomodavam, grudados uns nos outros como pencas de bananas. Recolhiam-se cedo, para dormir, pois acordavam antes do sol raiar. Preferiam as portas dos bancos, os banqueiros têm a consciência pesada e relutam em tentar expulsá-los.*
>
> Rubem Fonseca, "O buraco na parede"

Rubem Fonseca tem sido frequentemente apontado como o escritor que inaugura a literatura urbana no Brasil. No entanto, sua obra retoma toda uma tradição de autores brasileiros que fizeram da cidade cenário de suas histórias, como Joaquim Manoel de Macedo, Machado de Assis, João do Rio, entre outros. Além disso, é importante lembrar que seu primeiro livro, *Os prisioneiros*, foi publicado em 1963, ano de estreia também de João Antônio, com *Malagueta, perus e bacanaço*, livro que descortinava para o leitor a São Paulo dos malandros, dos pequenos crimes, dos trabalhadores humildes. A publicação de *Feliz ano novo*, em 1975, coincide com a de *Leão de chácara*, de João Antônio, e a de *A faca no coração*, de Dalton Trevisan. Considerando-se que, além dos mencionados, outros escritores surgidos nos anos 1960 e 1970 também contribuíram para consolidar entre nós uma ficção que tem a cidade como palco dos dramas vividos pelos personagens, caberia perguntar o que, na verdade, há no texto de Rubem Fonseca que lhe confere esse destaque, quando se fala de uma mudança de eixo na literatura brasileira. A linguagem coloquial, a concisão, o corte sincrônico do enredo, que marcam sua obra, são características que, desde o modernismo, como se sabe, estão cada vez mais presentes na literatura brasileira, sendo partilhadas, por exemplo, com os textos de Dalton Trevisan. Perguntamos, então, o que levaria o escritor Cristóvão Tezza a afirmar:

> O primeiro nome a se consolidar entre nós talvez de forma completa com o perfil de escritor urbano, no que essa definição tem de mais desenraizado (a ausência de um sotaque regional, a cidade como espaço abstrato de relações não familiares e transformadoras, cosmopolita ou tendendo rapidamente ao cosmopolitismo; o universalismo como um valor desejável), foi Rubem Fonseca. [...] sua obra estratifica parte substancial da imagem de um mundo urbano brasileiro e num certo sentido dá uma nova direção a uma parte da nossa literatura mais nova. (Tezza, 2012: 188)

Existe uma diferença, sutil que seja, entre ambientar histórias na cidade e fazer literatura urbana? É o que sugere Luiz Ruffato (2003: 2), quando afirma que, "até o surgimento da ficção de Rubem Fonseca, a literatura urbana esteve ligada ao mundo rural, sendo que[,] mesmo nos autores mais urbanos, não havia ainda uma mentalidade urbana". Ou ainda Fernando Bonassi, quando declara que Rubem Fonseca foi o primeiro escritor a escrever sobre a cidade "sem achar que ela é uma destruição do homem ingênuo do interior que vem para cá". Para ele, Rubem Fonseca inaugurou uma visão sem preconceito da cidade:

> Histórias de caras que saem para atropelar os outros, histórias de putas, histórias de médicos e funcionários públicos. Tudo isso sem demonizar a cidade, sem dizer que a cidade é a razão da infelicidade daquelas pessoas. Ele é o primeiro que trabalha essa temática sistematicamente. (Bonassi, 2003)

Mas como se pode caracterizar, na obra de Fonseca (2011), isso que se está chamando de mentalidade urbana? *José*, ficção memorialística, publicada em livro em 2011, oferece-nos algumas pistas para tentarmos responder a essa pergunta. Para além da declaração do personagem-narrador segundo a qual "a maior de todas as criações do ser humano é a cidade" (Fonseca, 2011: 47), as memórias de José estão inseparavelmente entrelaçadas com a história do Rio de Janeiro. O narrador fala de si sem se colocar no centro do discurso: no centro do discurso de José não está a reconstituição de seu passado, está o Rio de Janeiro – cidade para a qual se muda, "vindo diretamente de Paris", pois, embora até os oito anos morasse com os pais em uma confortável casa em Juiz de Fora, não vivia de fato, segundo declara, na cidade mineira, mas na capital francesa dos livros de Michel Zevaco, Ponson du Terrail e Alexandre Dumas. Entretanto, se Paris era habitada e percorrida pelo ato de ler, o Rio será lido pelo ato de caminhar. Perambular pela cidade é o sucedâneo rival da leitura – do traçado das letras e do traçado das ruas emergem as histórias que fascinam José:

> Mas agora a leitura encontrara uma rival, a cidade, e José parava de ler a fim de perambular pelas ruas do Centro, quando conseguia escapar da vigilância da mãe. E as imagens, sons e cheiros daquela cidade chamada São Sebastião do Rio de Janeiro o despertaram para uma outra realidade e o fizeram descobrir um novo e atraente mundo, deram-lhe uma nova vida. (Fonseca, 2011: 35)

Literatura e cidade estão, desse modo, intrinsecamente ligadas, assim como ler e caminhar.[33] Ao contrário do que se podia esperar, José não tem nenhuma tristeza pela perda da casa da família, nenhuma nostalgia em relação ao período da infância passado na tranquilidade da cidade mineira. Aliás, o José das memórias é apenas mais um entre os vários Josés que povoam a cidade e a literatura do autor. Josés cuja existência não se define a partir de uma genealogia, mas se constitui na cidade e pela cidade.

Desde o título do livro, percebemos a opção por atenuar a marca biográfica, apostando, ao contrário, na indiferenciação, isto é, o nome duplo do autor – José Rubem –, usado no círculo que lhe é mais próximo, remetendo a uma identidade privada, é cindido, elegendo-se o primeiro, o mais comum, para designar o sujeito das memó-

---

[33] Nesse sentido, ver Renato Cordeiro Gomes (2008).

rias, e o segundo, acompanhado do sobrenome, para designar aquele que assina a obra. Antes mesmo de abrir o livro, temos de lidar com esse desdobramento em três identidades que se tangenciam, mas não se sobrepõem – José Rubem, José e Rubem Fonseca –, o que, de antemão, abala qualquer confiança em um eu autoral único, garantia de verdade ou de ancoragem na realidade. A identidade homonímica entre autor, narrador e personagem é evocada para ser dissolvida nas fraturas do nome próprio. Assinale-se ainda que, em uma obra em que a narrativa em primeira pessoa é dominante, justamente o livro de memórias de José é narrado em terceira pessoa.

Os diversos Josés na obra de Rubem Fonseca têm poucos traços distintivos, vivendo à revelia no anonimato cotidiano das grandes aglomerações urbanas, e é a partir dessa adesão pedestre ao cotidiano da cidade que se constitui a enunciação peregrina que caracteriza a ficção do autor. A mobilidade do olhar, no esforço de leitura do tecido social para captar o que as ruas escondem e revelam, traz à cena, por exemplo, no livro *Amálgama*, tanto o anônimo apaixonado do conto "Amor", que anda pelas ruas sem querer voltar para casa, porque ninguém o espera, quanto o narrador de "Matador de corretores", que declara:

> As pessoas andam pela cidade e nada veem. Veem os mendigos? Não. Veem os buracos nas calçadas? Não. As pessoas leem livros? Não, veem novelas de televisão. Resumindo: as pessoas são todas umas cretinas. [...] Mas eu, quando ando pelas ruas, vejo tudo. E vejo a pior coisa de todas: a cidade sendo destruída. (Fonseca, 2013: 80)

Contrapondo-se à indiferença que caracteriza o homem apressado que circula nas grandes metrópoles, o José do conto mencionado, que pode ter qualquer outro nome ou não ter nome, não importa, resolve fazer alguma coisa em defesa da cidade, isto é, matar vendedores de imóveis. Como outras figuras criadas por Rubem Fonseca, acompanha a repercussão de suas ações pelos jornais – estes são frequentemente referidos pelos personagens do autor, que se valem da própria invisibilidade para agir, mas, contraditoriamente, contam com a imprensa para conferir notoriedade a seus atos, expectativa já presente no protagonista de "O cobrador", que dá título ao livro publicado em 1979: "Leio os jornais. A morte do muambeiro da Cruzada nem foi noticiada. O bacana do Mercedes com roupa de tenista morreu no Miguel Couto e os jornais dizem que foi assaltado pelo bandido Boca Larga. Só rindo" (Fonseca, 1979: 165).

Espelhos infiéis do cotidiano urbano, os jornais, regidos pelo sensacionalismo, famintos de grandes acontecimentos, desinteressados das "insignificâncias" do cotidiano, acabam por incitar a violência ostentatória:

> Uma pequena notícia? Que absurdo, eu queria causar um choque emocional e sai aquela merreca de notícia? Então tive outra ideia brilhante. A notícia saiu na primeira página. Corretor de imóveis é assassinado. Sua cabeça e os seus dedos foram decepados. O assassino deixou um bilhete: vou assassinar um corretor por dia. (Fonseca, 2013: 81)

Também em *Amálgama*, o personagem de "O ciclista", que circula de bicicleta pela cidade entregando mercadorias, reporta-se à violência que escapa a nossos olhos quando nos deslocamos distraídos pelas ruas – aquela violência da qual os jornais não falam:

> Andando de bicicleta pela cidade a gente tem uma boa ideia do mundo. As pessoas são infelizes, as ruas são esburacadas e fedem, todo mundo anda apressado, os ônibus estão sempre cheios de gente feia e triste. Mas o pior não é isso. O pior são as pessoas más, aquelas que batem em crianças, que batem em mulheres, urinam nos cantos das ruas. (Fonseca, 2013: 60)

Heróis ou anti-heróis anônimos, de ética duvidosa, esses Josés são homens quaisquer, cuja identidade está sempre ameaçada pela dispersão cotidiana, que "recusa os valores heroicos, porque recusa ainda mais todos os valores e a própria ideia de valor, arruinando sempre novamente a diferença abusiva entre autenticidade e inautenticidade", como destacou Blanchot (2007: 245). Sem referenciais fixos de identidade e valor, os Josés podem ser dedicados cuidadores de idosos, mas também podem ser assassinos profissionais ou executivos, loucos, detetives ou escritores. Sempre sujeitos às contingências, aos encontros fortuitos e passageiros, que a cidade, filha e mãe do deslocamento, proporciona-lhes, partilham aquela proximidade, ou melhor, aquela promiscuidade feita de distanciamentos, muito própria da vida urbana, à qual se refere, por exemplo, um conto como "O buraco na parede", cujas tensões decorrem da convivência forçada pela contiguidade dos espaços habitados pelos personagens. No sobrado velho, onde o narrador alugava um cubículo, a privacidade era artigo de luxo, as vidas eram inevitavelmente entrelaçadas. Despejado, é na rodoviária – lugar de passagem por excelência – que busca abrigo. Avaliando suas perdas, indaga:

> Agora estou aqui, no banco da rodoviária, cercado de outros viajantes estremunhados segurando malas e embrulhos, novamente olhando as pessoas passarem e pensando na vida. Se eu não tivesse ido morar no sobrado de dona Ariana a minha vida seria outra? Mas fui morar lá porque quis e não saí de lá na hora certa porque não quis. (Fonseca, 1995: 139)

Mesmo ao buscarem refúgio na natureza, os personagens do autor deparam-se com o fenômeno crescente de urbanização do mundo, que se realiza não só pelos movimentos de migração do campo para a cidade, mas também pelos processos urbanizadores, que ultrapassam o território das cidades, através dos meios de comunicação, da internet, da velocidade dos meios de transporte, fazendo com que todos os espaços sejam, de uma forma ou de outra, percebidos por uma mentalidade urbana.

Em "Viagem de núpcias", por exemplo, um casal rico e educado resolve fazer turismo selvagem na lua de mel. Considerando que, como dizia o professor de filosofia da jovem esposa, "as cidades do mundo são concêntricas, isomórficas, sincrônicas" e que "só uma existe e você está sempre na mesma" (Fonseca, 1997: 42), os recém-casados escolhem descer as corredeiras do "remoto, selvagem e poderoso" rio Colorado, que atravessa "a dramática e fascinante" rocha de 300 metros de altura – tal como anunciado no folheto turístico.

O folheto, entretanto, indo contra todo o espírito de aventura, também informa que "toda balsa tem um toalete especial, que é diariamente esvaziado num depósito antisséptico da balsa e depois levado para a sede da empresa de turismo", sendo "proibido urinar ou fazer qualquer coisa no terreno", já que "o solo e cada pedaço de pedra são preservados e protegidos por lei" (Fonseca, 1997: 42). O casal do conto, cheio de códigos de cerimônia, de ascetismos burgueses, vivendo em um apartamento *clean*, uma vida *clean*, busca algo que fuja ao já conhecido e à rotina vivida na cidade planetarizada. Entretanto, a própria maneira como planeja a viagem de núpcias chama a atenção para a apropriação, pelo imaginário urbano, da representação das forças selvagens e dionisíacas da natureza, colocada a serviço da venda de produtos diversos, entre eles os lazeres programados, vendidos pelo turismo.

A mobilidade dos pontos de vista, a pluralidade das vozes na literatura de Rubem Fonseca estão, desse modo, em consonância com o espaço da cidade, que não só é atravessado por vias de circulação, mas está por inteiro em circulação, em circuitos, em idas e voltas, em transportes. Movimento que a obra do autor absorve com suas remissões de um texto a outro, no jogo das citações e paródias. Literatura e cidade afinam-se, assim, no modo de circulação do sentido. Em ambas, temos um modo de circulação infinito do sentido, que se opõe ao estabelecimento de verdades últimas. Como observou Jean-Luc Nancy:

> Quando se está em um modo finito de sentido, isto é, em um modo segundo o qual o sentido finaliza em uma remissão geral a uma realidade primeira ou última anterior a todos os signos – se poderia dizer remissão final dos signos a uma assinatura ou a uma significação, na qual a remissão se acaba, se aplaca, se imobiliza – então se está em um mundo da religião. (Nancy, 2013: 113)

Para o filósofo francês, a cidade "não é, por casualidade, contemporânea do fim, se não da religião, ao menos do mundo religioso, do fim de uma ordem organizada por sua relação com os deuses"

(Nancy, 2013: 114). Seria a suspensão dessa relação em um contexto mundano, temporal ou secular, que teria feito emergir a cidade em plena configuração. As palavras de Jean-Luc Nancy remetem-nos ao mundo sem Deus dos personagens de Rubem Fonseca, onde não há pecado nem culpa, não há mais que um incessante Mal sem consciência: "se o Mal é uma ocupação, um trabalho, uma distração, uma chama que arde por arder no deserto da vida cotidiana, qual é, então, a transcendência do Mal?"– pergunta o escritor argentino Tomás Eloy Martínez (2009), refletindo sobre a ficção do autor brasileiro. Assim, se Deus morreu, José, o narrador do romance *O seminarista*, não vê maiores problemas em abraçar a carreira de assassino de aluguel, mantendo, no entanto, o hábito de citar brocardos latinos, que, de alguma forma, servem-lhe de referência. Da formação religiosa recebida restam pequenos fragmentos de textos, transformados em máximas e veiculados em uma língua também morta, que, ironicamente, os legitima. O que nos faz lembrar também a resposta do narrador de *Vastas emoções, pensamentos imperfeitos*, ao lhe perguntarem qual era seu sonho de consumo:

> Acreditar em Deus, eu disse.
> Isto mudaria alguma coisa?
> Talvez o meu estilo. Minha linguagem é assindética, cheia de elipses de conjunção. A fé tornaria meu estilo hiperbólico, polissindético. Etc. Na época pensei que estava brincando. (Fonseca, 1988: 67)

O sentido errante une a cidade e a literatura. As figuras do passante e do leitor sobrepõem-se em suas perambulações pelas ruas ou pelas páginas dos livros. Perambulações que caracterizam, por exemplo, o personagem narrador da crônica "Exitus letalis" – incluída no livro *O romance morreu* –, que não percorre só obras reconhecidas como literárias, mas desliza por textos de diferentes espécies, lançando sobre eles um olhar inusitado, atento aos "sofisticados" recursos linguísticos e imagéticos que utilizariam. Leitor "onívoro ou polífago", como ele próprio se apresenta, suas leituras prediletas são de poesia e de bulas de remédio. Segundo o personagem, "a bula, da mesma forma que a poesia, tem as suas metáforas, os seus eufemismos, os seus mistérios, e as partes melhores são sempre as que vêm sob os títulos 'precauções' e/ou 'advertências' e 'reações adversas'" (Fonseca, 2007: 39):

> Trecho da bula de determinado remédio: "Uma proporção maior ou mesmo menor do que 10% de ..." (não cito o nome do remédio, aconselhado pelo meu advogado) "pode causar uma toxicidade que pode evoluir para exitus letalis" (o itálico é da bula).
> Qual o poeta, mesmo entre os modernos, os herméticos ou os concretistas, capaz de eufemizar, camuflando de maneira tão rica, o risco da morte – "evoluir para exitus letalis"? (Fonseca, 2007: 39)

Talvez aí, na opção pelos deslizamentos dos pontos de vista, evitando a comodidade dos lugares fixos, encontremos o traço que mais distingue o que se chamou de mentalidade urbana na ficção de Rubem Fonseca, bem como a dicção realista que a acompanha. A falta de fundamento, conforme observamos em obra anterior (Figueiredo, 2003), é responsável pelo registro artificioso do discurso de seus narradores, que deve ser levado em conta para que se evite o perigo de cair na armadilha da narrativa em primeira pessoa fonsequiana: esta borra os limites entre enunciado e enunciação, mas não para remeter a qualquer instância fora da ficção, como o autor empiricamente considerado, e sim ao jogo infinito de simulações que afasta o espectro de um realismo ingênuo. O descentramento da perspectiva põe em xeque as certezas, inclusive as que fundamentam os discursos generosos e nobres de quem tem direito à palavra, como os artistas e os intelectuais. Nesse sentido, a literatura do escritor segue caminhos divergentes daqueles trilhados pela ficção realista de João Antônio, que, "abraçado ao seu rancor", tendo como horizonte a defesa dos pobres e oprimidos, declara:

> E, assim futricado, só escrevo porque tenho a consciência culposa. Um homem limpo vai para casa e dorme. Ou vive, ama. E não há fantasmas que o atormentem. Um homem de bem dorme [...]. Desaprendi a pobreza dos pobres e dos merdunchos. E, já creio, aprendi a pobreza envergonhada da classe média. (Antônio, 2001: 76)

Diferentemente também dos discursos dos narradores exibicionistas do que se convencionou chamar de autoficção, através dos quais os escritores nada mais fazem do que girar em torno de si mesmos, a primeira pessoa da narrativa de Rubem Fonseca está a serviço da dispersão. Ou, como disse o personagem Mandrake: "Minha cara é uma colagem de várias caras, isso começou aos dezoito anos; até então o meu rosto tinha unidade e simetria, eu era um só. Depois tornei-me muitos" (Schnaiderman, 1994: 538). Não se trata, desse modo, de afirmar ou negar a relação do texto com seu referente; trata-se de arruinar a utopia dos lugares próprios, as divisões. A narrativa em primeira pessoa fonsequiana não está a meio caminho entre a ficção e o real. Não mistura a experiência supostamente real do escritor e a história supostamente inventada do romance, como faz grande parte da literatura contemporânea; a obra do autor borra os limites entre enunciado e enunciação, mas para destacar o jogo infinito de simulações que constitui a construção das identidades em um mundo que só se configura na e pela linguagem.

Em cada livro de contos, a variação de pontos de vista, deixando o leitor sem o apoio de uma voz distanciada e moralizante, suscita a leitura dos fatos por ângulos diversos, abrindo caminho para que as verdades estabelecidas sejam colocadas sob suspeita. Em alguns contos de *Histórias curtas*, por exemplo, para citar uma obra bem recente, a enunciação deslegitimada ao final da narrativa deixa o leitor sem chão, tão perplexo quanto o personagem narrador diante do aparato médico que desautoriza suas palavras como puro delírio, pondo em dúvida sua própria identidade. Quebra-se, desse modo, "o princípio de realidade da ficção", remetendo-se à indiscernibilidade entre o discurso ficcional e o discurso dos loucos. A loucura, entretanto, também não tem um território bem delimitado, podendo ser identificada nos comportamentos que radicalizam valores disseminados pela sociedade. Assim, o narrador de "A luta contra o preconceito racial" conta-nos a estratégia que adotou ao levantar a bandeira do "politicamente correto", lutando contra os preconceitos: ter um filho com uma negra e outro com uma índia, o que lhe permitiria passear nas ruas com os bebês portando o cartaz: "Tenho um filho de uma mulher negra e uma filha de uma mulher índia. Abaixo o preconceito racial." No final da história, deitado na cama do hospital, o narrador faz-nos saber da decisão dos médicos de lhe aplicarem uma eletroconvulsoterapia.

O desenraizamento, apontado por Cristóvão Tezza como marca da literatura urbana de Rubem Fonseca, atinge radicalmente, nunca é demais assinalar, a pretensa unidade de uma voz autoral: esta é minada pela pluralidade de eus e suas idas e vindas no mundo textual – que acaba abarcando tudo. Já em *O caso Morel*, a autoria desdobrava-se nas figuras do criminoso e do escritor – e ambas remetiam à figura do "autor empírico", que não precede o texto, não lhe é exterior, mas é fabricado por ele. Através do par Morel/Vilela, punha-se em fábula a posição fronteiriça atribuída ao escritor, que lhe permitiria ocupar diferentes lugares, sem se fixar em nenhum deles, deslizar, em sua ficção, através das diferentes divisões sociais: "Gente como nós ou vira santo ou maluco, ou revolucionário ou bandido" (Schnaiderman, 1994: 461), diz o personagem de "Intestino grosso", jogando com o imaginário social em torno da figura do escritor.

A relação entre autor, narrador e leitor é, assim, recorrentemente abordada, pontuando os contos e, principalmente, seus romances ensaísticos. Em *Bufo & Spallanzani*, Rubem Fonseca recorre ao personagem-escritor para tematizar a literatura como eterna reescritura de obras alheias, como pura trajetória da letra à letra. O diário, gênero típico da escrita de si, da identificação entre aquele que vive e aquele que escreve, é visitado no romance *Diário de um fescenino*, para que se desfaça exatamente essa identificação, em um jogo de reflexividade infinita, por meio do qual retoma galhofeiramente a própria obra:

> Esse meu novo livro não terá, como os outros que escrevi, personagens infelizes enredados em vicissitudes cotidianas. Será inflado com detalhes de um episódio importante da história universal, terá muitas páginas – os leitores gostam de romances grossos, nem que seja para colocar na estante – como o José e seus irmãos, do Thomas Mann. (Fonseca, 2003: 44)

Seguindo essa linha, a fábula da "letra sem pai", do texto que, circulando no mundo separado da voz que o enuncia, pode ser atribuído a qualquer pessoa ou a um personagem-autor, será desenvolvida em várias narrativas de Rubem Fonseca, nas quais o enigma a ser decifrado decorre da usurpação da autoria, da desconexão entre a assinatura que acompanha a obra e a identidade do autor empírico: narrativas cujas intrigas são tecidas a partir do descolamento entre origem e sentido. No conto "Artes e ofícios", o personagem tira partido da distância instituída pela escrita em relação ao corpo, assinando o romance da *ghost writer*. Em *Romance negro*, o enredo gira em torno da ficcionalização da figura do escritor, cuja imagem é construída pela mídia e vendida junto com a obra, por meio de reportagens, entrevistas e, mais recentemente, com a criação de blogs e a participação nas redes sociais da internet. A trama policial do conto é construída a partir do enigma postulado pelo personagem-autor sobre sua própria identidade, colocando-se, portanto, em jogo a questão da autoria. O lugar do crime será o texto, porque, a partir dele, tudo torna-se ficção, inclusive a biografia do escritor. Winner, o personagem-autor de romances policiais, inventa seu próprio assassino – um escritor fracassado chamado Landers, que teria tomado lugar do verdadeiro Winner. Inventa outro oculto, onde residiria sua autêntica identidade, protegida dos holofotes. Defender a existência desse "outro" contra a descrença de todos é recuperar a dicotomia realidade/ficção, que, quando dissolvida, provoca uma avalanche de demolições que levam ao silêncio. Por isso, *Romance negro* termina com a pequena história do bobo que vivia dizendo que viu a sereia e, a partir do momento em que realmente ouve seu canto, emudece: eliminando-se a distância entre realidade e ficção, não é mais possível o relato que desta se alimenta.

São frequentes, então, na obra do autor, os falsários que se apropriam de um nome ou de uma escritura, aproveitando-se da falha entre a voz e a letra a partir da qual a própria literatura se constituiu. Essa falha, entretanto, deixa a literatura sempre sob a ameaça de perder-se em meio aos discursos cotidianos, anônimos, flutuantes e passageiros que circulam na cidade, mas, uma vez suprimida, também promoveria o fim da literariedade, já que o próprio da literatura seria desmantelar as relações estáveis entre nomes, ideias e coisas. Por esse viés, um dos efeitos do atrelamento da ficção à vida do escritor, promovido pela cultura midiática de consumo, direta ou indiretamente, seria neutralizar a perturbação trazida pela escrita, conter as aventuras da letra sem corpo. É o propósito do mercado editorial de dar um corpo à letra dos romances, com o objetivo de aumentar as vendas, que gera a desgraça do personagem do conto intitulado "Best-seller", do livro *Amálgama*. "Best-seller" começa com a frase do editor: "Rua do pecado não vendeu nada." Em seguida, o autor retruca: "Eu li no jornal que era um dos mais vendidos." Ao que o editor responde: "Demos uma grana para sair aquela nota. Mesmo assim não adiantou." E acrescenta:

> Você tem de escrever um romance autobiográfico, que conte a história de alguém da sua família com doença grave, uma doença que faça a pessoa sofrer muito, algo maligno que não seja mortal. Entendeu? É isso que os leitores querem hoje em dia, uma história que tenha veracidade. Ninguém quer mais ler ficção, a ficção acabou. É isso que vende. Você tem alguém assim na sua família? (Fonseca, 2013: 93-94)

Com medo de decepcionar o editor, perdendo a oportunidade de publicação de um novo livro, o personagem-escritor mente, dizendo que tinha uma história verídica para contar. De volta para casa, pensa em inventar o nascimento de um filho sem pernas e sem braços, fato que teria gerado o suicídio de sua mulher, ateando fogo às vestes, mas dessa ideia deriva a do escritor que está enlouquecendo, odeia todo mundo e resolve se matar ateando fogo às vestes. Resolve, então, em nome da autenticidade do que vai descrever, ensaiar a cena do suicídio, e, sem querer, acaba tocando fogo nas próprias roupas, sofrendo queimaduras gravíssimas. No hospital, todo envolvido em ataduras, recebe a visita do editor, que faz referência à grande divulgação do acidente no país e até no exterior: "Está no YouTube, no Facebook, em toda parte" (Fonseca, 2013: 98), diz ele, ao que o escritor responde, em um enorme esforço para articular as palavras por entre as ataduras: "Foda-se." Antes de se retirar, entretanto, o editor lhe dá a melhor notícia de todas: "Rua do Pecado virou um best-seller. Já imprimimos duas vezes" (Fonseca, 2013: 98).

Nesse conto, Rubem Fonseca transforma em matéria de ficção o processo de criação do escritor, a realidade da escrita e das condições de publicação, remetendo à questão da exposição da vida privada do autor como estratégia de marketing, tão em voga nos dias de hoje: momento em que a narrativa de ficção parece mesmo estar em baixa, buscando legitimar-se com auxílio de procedimentos da esfera dos documentários, renunciando à mediação do trabalho formal, considerado mero artifício. Ao ironizar o drama do escritor-celebridade, aprisionado na condição de personagem de si mesmo, Rubem Fonseca reafirma sua opção pelo regime de visibilidade instaurado pela literatura moderna, isto é, pela ficção que recorta as cenas urbanas, que desliza entre as ocupações cotidianas e os prazeres ordinários dos anônimos, deixando aflorar as vozes dos pequenos egos atormentados.

Dando continuidade, a seu modo, à poética do prosaico, que o romance europeu do século XIX consagrou – ao assumir, como destacou Jacques Rancière (2010: 67), a igualdade de todos os temas, rompendo a hierarquia entre sujeitos própria da ficção clássica –, Rubem Fonseca dialoga com escritores como Balzac e Flaubert, que, em sua época, também tentaram ler o mundo moderno como um amontoado de ruínas, onde se mesclam a vida cotidiana e a poesia. No entanto, se esses escritores buscavam decifrar o sentido oculto nas aparências, se, em seus textos, o banal torna-se belo como rastro do verdadeiro, como hieróglifo a ser decifrado, na literatura de Rubem Fonseca, hermenêutica e desatino caminham juntos. Não havendo nenhuma verdade oculta por trás da superfície, resta ao homem mover incessantemente as peças dispostas sobre ela, reordenando-as em busca de um sentido. A perda da crença em uma dimensão profunda, em que a verdade se ocultaria, transforma tudo em imagens planas e intercambiáveis. Nos textos, como nos espaços urbanos, tudo é remissão de um lugar a outro, de uma escrita a outra, em um incessante movimento de idas e vindas. Falta o fundamento que daria consistência ao real, conduzindo a um fechamento do sentido. A verdade, como as cidades, está sempre se deslocalizando, descentralizando-se: é essa homologia que constitui a literatura urbana de Rubem Fonseca.

Referências

ANTÔNIO, João. *Abraçado ao meu rancor*. São Paulo: Cosac Naify, 2001.
——. *Leão-de-chácara*. São Paulo: Cosac Naify, 2002.
——. *Malaguetas, perus e bacanaço*. São Paulo: Cosac Naify, 2004.
BLANCHOT, Maurice. *Conversa infinita 2*: a experiência limite. São Paulo: Escuta, 2007.
BONASSI, Fernando. Entrevista concedida a Claudinei Vieira e Fransueldes de Abreu. 2003. Disponível em: <http://www.igler.com.br>. Acesso em: 20 mar. 2004.
FIGUEIREDO, Vera Lúcia Follain de. *Os crimes do texto*: Rubem Fonseca e a ficção contemporânea. Belo Horizonte: UFMG, 2003.
FONSECA, Rubem. *Amálgama*. Rio de Janeiro: Nova Fronteira, 2013.
——. *Bufo & Spallanzani*. Rio de Janeiro: Francisco Alves, 1985.
——. *Diário de um fescenino*. São Paulo: Companhia das Letras, 2003.
——. *Feliz ano novo*. São Paulo: Companhia das Letras, 1989.
——. *Histórias curtas*. Rio de Janeiro: Nova Fronteira, 2015.
——. *Histórias de amor*. São Paulo: Companhia das Letras, 1997.
——. *José*. Rio de Janeiro: Nova Fronteira, 2011.
——. *O buraco na parede*. São Paulo: Companhia das Letras, 1995.
——. *O caso Morel*. Rio de Janeiro: Artenova, 1973.
——. *O cobrador*. Rio de Janeiro. Nova Fronteira, 1979.
——. *O romance morreu*. São Paulo: Companhia das Letras, 2007.
——. *O seminarista*. Rio de Janeiro: Agir, 2009.
——. *Os prisioneiros*. São Paulo: Companhia das Letras, 1991.
——. *Romance negro e outras histórias*. São Paulo: Companhia das Letras, 1992.
——. *Vastas emoções, pensamentos imperfeitos*. São Paulo: Companhia das Letras, 1988.
GOMES, Renato Cordeiro. *Todas as cidades, a cidade*. Rio de Janeiro: Rocco, 2008.
MARTÍNEZ, Tomás Eloy. Rubem Fonseca, o narrador do mal. 2009. Disponível em: <terramagazine.terra.com.br>. Acesso em: 1º abr. 2009.
NANCY, Jean-Luc. *La ciudad a lo lejos*. Buenos Aires: Manantial, 2013.

RANCIÈRE, Jacques. *El espectador emancipado*. Buenos Aires: Manantial, 2010.

RUFFATO, Luiz. Entrevista inédita concedida a Andréa Chauffaille Drummond. Rio de Janeiro: PUC-Rio, jun. 2003.

SCHNAIDERMAN, Boris (Org.). *Contos reunidos*: Rubem Fonseca. São Paulo: Companhia das Letras, 1994.

TEZZA, Cristóvão. Rubem Fonseca e sua prosa irresistível em dose dupla. In: FONSECA, Rubem. *E do meio do mundo prostituto só amores guardei ao meu charuto*. Rio de Janeiro: Nova Fronteira, 2012.

TREVISAN, Dalton. *Faca no coração*. Rio de Janeiro: Record, 1979.

1ª edição [outubro de 2020]
Esta obra foi composta em Minion Pro.
Miolo impresso em papel Pólen Soft 80g/m²
e capa em Cartão Supremo 250g/m².